唐朝的那些

诗人

许松华◎著

U0654591

中国言实出版社

图书在版编目（CIP）数据

唐朝的那些诗人 / 许松华著. —北京：中国言实出版
社，2014.5

ISBN 978-7-5171-0549-7

I. ①唐… Ⅱ. ①许… Ⅲ. ①诗人－生平事迹－中
国－唐代－通俗读物 Ⅳ. ①K825.6-49

中国版本图书馆 CIP 数据核字（2014）第 083107 号

责任编辑：郭江妮
特约文字编辑：夏　西

出版发行 **中国言实出版社**
　　地　　址：北京市朝阳区北苑路 180 号加利大厦 5 号楼 105 室
　　邮　编：100101
　　编辑部：北京市西城区百万庄大街甲 16 号五层
　　邮　编：100037
　　电　话：64924853（总编室）　64924716（发行部）
　　网　址：www.zgyscbs.cn
　　E-mail：zgyscbs@263.net
经　　销 新华书店
印　　刷 北京毅峰迅捷印刷有限公司
版　　次 2014 年 8 月第 1 版　2024 年 1 月第 2 次印刷
规　　格 710 毫米×1000 毫米　1/16　19.75 印张
字　　数 265 千字
定　　价 59.00 元　ISBN 978-7-5171-0549-7

序

慵倦的午后，或静静的夜晚，微风轻拂，雪白的荧光灯下，一盏香茗，一卷唐诗，是何等的惬意！

"山雨松子落，灯下草虫吟。"濛濛的山雨声中，一枚松子寂然落下；灯下读书，虫儿在草间长长短短低唱，如此妙谛，幡然悟得，在那警心动神的一刻，瞬间即永恒。

"古木无人径，深山何处钟。"在忙碌的现代社会，在处处心机中，亲近唐朝的那些诗人们，把玩一下唐诗，我们才真正做得富人。

"窗含西岭千秋雪，门泊东吴万里船。"当我们拥有如此胸襟，有什么困境不能冲破呢？有时，不经意的一句唐诗，好像一粒瓜子，一嗑开就满口喷香。

唐朝那些诗人们在时光的上源，把生命的馨香播散给我们。他们用唐诗为我们展现了一幅幅美丽的画卷，散发着永恒的艺术魅力。通过唐朝诗人和他们的诗歌，我们得以真切地走进一千三百年前的唐朝。唐朝经济繁荣，社会开放，风气开明，各国来大唐学习、交流、经商的人很多。唐朝不仅社会经济高度繁荣，而且达到了诗歌艺术的顶峰。

据统计，唐朝有名的诗人达五千三百多人，存诗十四万多首。如此庞大的诗人队伍，生活在不同时期，而且流派众多，可说的内容和角度众多，本书选择其中有特色的诗人，透过他们的立身行事，来认识唐朝社会和唐朝诗人的全貌。比如：李白、杜甫分别代表了浪漫主义和现实主义的不同流派；白居易也是一位主张"文章合为时而著，歌诗合为事而作"的现实主义诗人；李商隐是著名的诗情王子，柳宗元、韩愈不仅是大诗人，同时又是著名的散文家，思想家；李贺的诗歌成就很高，若假以天年，可直逼屈原；再如女诗人，唐朝有名的就有200多人，本书选上官婉儿，不仅因其诗歌艺术水平高，还因为她是当时的诗坛盟主，推动了唐诗的发展。

读了这些诗人的诗文，我们俨然可以成为半个唐史诗歌专家。可以说，其中任何一个诗人，其传记和研究文章汗牛充栋，比如说王维，如果单从他的文化艺术素养，乃至他经营园林的艺术等各个侧面都可以写一本大部头的书。本书力图从不同侧面展现不同诗人的风采，尽量凸显他们的特质和亮点，使我们获得对唐朝社会和不同流派的整体认识，把诗人生存脉络和其诗歌结合起来，既展示诗人的奋斗拼搏的历程，又介绍他们各领风骚的诗歌，使人、诗相映，通过品味诗人的人生，更好地领悟其诗歌，又通过品读其诗歌，更好地把握诗人的生存之道。本书中的这些诗人在仕途营生、性情爱好、日常生活、爱情故事等各方面，均给我们以丰富的人生启示。而对于有些诗人来说，其诗歌本身就代表诗人，甚至比诗人更富于生命力，我们可以通过品味其诗歌怡情养性，提高自己的艺术修养。

真实的历史常常更好看。本书在写作中，力图尊重史实，杜绝曲解，只为展示一个个真实的诗人形象。你可以闻到长安皇都的气息，也可以看到繁华背后的落寞，那些留下千古绝句的诗人们，有人世的悲欢、离合、得意、失意，困境与突围、执着与放浪、追求与迷茫。本书都为你娓娓道来，纵然失却了幻想的粉饰，眼前的真实依然光彩夺目。

阅读《唐朝的那些诗人》，穿越唐朝300年的历史，与那个时代最顶尖的文人交流，用他们不朽的诗篇，陪伴着你，走进真正的歌者盛世，在常读常新中汲取不竭的文化菁华。

许松华

目　录

第一章

诗仙李太白

酒入豪肠，七分酿成了月光
剩下的三分啸成剑气
绣口一吐，就半个盛唐

　　　　　　　——余光中《寻李白》

　　李白（701—762 年），一个光辉四溢的名字！他自号太白，乃太白金星下凡；号青莲居士，又号"谪仙人"，俨然一飘飘道仙；具有多方面的才能，足不为世用，殊为可惜、可叹！其祖籍陇西成纪（现甘肃省静宁县），与唐太宗同宗，是地道的金枝玉叶。李白生于中亚西域的碎叶城，是我国唐代伟大的浪漫主义诗人，被后人尊称为"诗仙"，与杜甫并称为"李杜"。存世有《李太白全集》、《李翰林集》、《太白草堂集李白诗集》。他的诗歌风格豪放飘逸洒脱，想象丰富。韩愈云："李杜文章在，光焰万丈长。"

1 富二代家的大帅哥

唐朝出了个李白。

大概是上天看见大唐疆域辽阔，物阜民丰，霸气外张，可是无人鼓吹其锦绣，宣其国威，于是，某位神仙就对李白吹了一口仙气，说："去吧！"

于是，在中亚西域的碎叶城，有一个妇人梦见长庚星掉进自己怀中，历经阵痛，一个男孩呱呱坠地，他就是后来流光四溢的天才诗人李白。

李白一出世就不同凡响。据《唐才子传》说："母梦长庚星而诞，因以命之。"就是说李白的母亲梦见启明星入怀，所以给他起名李白，后来李白干脆给自己取了个绰号，叫太白。在数百年间，老百姓都认为李白是太白金星转世，天上的文曲星下凡。还说李白年少之时，曾梦见自己所用之笔，头上生花，后来果然天才横溢，名闻天下。关于少年李白，讲得最多的自然是那个"铁杵磨成针"的故事，无非是教育我们好好学习，天天向上。

　　李白五岁左右，由他的老爸牵着从河西走廊来到陇南，然后沿岷江而下，最后驻足在绵州昌隆，即今天的四川江油。

　　在短短的几十年间，李白一家两次大迁徙呢！

　　李白一家流亡西域，与隋末隋炀帝驱李有关。隋炀帝大业十一年（615 年），隋炀帝听信术士"李氏当为天子"的谶语而大杀李氏家族，李白的祖上很可能逃脱了这场灾难，流亡到碎叶，也有人说被流放到碎叶。至于为什么一直到武则天神龙年间，李白的父亲李客才带领家族回归中原？因为他们已在碎叶居住了好几代，有家有业，而且距中原路途遥远，特别是当时的三峡，极其险恶，不是说回来就能回来的。还有一个原因就是李家的谱牒断了，成了黑户口，而唐朝的户籍管理制度是很严格的。因此，李客带领家人走到偏远的蜀地就停留下来，没有继续往中原行进。

　　李白的从叔李阳冰，在《草堂集序》中述说李白的身世时，曾说李白是"凉武昭王李暠九世孙"。李暠（351—417 年），十六国时期西凉的建立者，自称是西汉将领李广之后。唐朝皇室和诗人李白亦称李暠为其先祖。据考证，唐玄宗在大宝元年下过诏书，准许李暠的子孙"隶入宗正寺，编入属籍"。就是说李暠的子孙可以登记上皇族的户口，这在当时可是十分荣耀的事。然而，据史载，李白一家并没有去登记。

　　在李暠的第七代子孙中，还出了一个大人物。在整个唐代，只要一谈到这个人，甭管是谁，都得先恭恭敬敬地向天拱拱手。这个人不是别人，正是唐朝的开国皇帝——唐高祖李渊。这样看来，李白的确是李唐的宗亲，而且比唐玄宗的辈分高出很多，只是由于家谱断了，无法自明，也就不能录入李唐的宗族。

　　李白的父亲是李客，李客不是其真名，客，是客居的意思，李客在碎叶和四川都只有隐姓埋名的。据史料记载，李白的父亲回到四川之后，才恢复李姓。李客经商，可能是丝绸之路上客商中的一个，做物流生意，会剑术，而且经商很成功，不是巨富，至少也是个土豪。李白在家里排行十二，据说他还有一个弟弟，李白晚年时还住在三峡旁，有一个妹妹叫月圆，死后葬在漫坡渡；李白青年出川时，在扬州一年花掉三十万钱，这些都说明，李白是个真正的富二代。李客还是李白的启蒙老师。

李白在蜀度过了二十年左右的青葱岁月。在这二十年里，李白可是个白衣飘飘的大帅哥。

李白长得帅，他自诩"以天为容，以道为貌"。呵，道貌仙风，帅呆了！二十出头的李白初次见到了八十多岁的道教界领袖司马承祯，司马承祯赞他"有仙风道骨，可以神游八级之表。"贺知章初次见到李白，被他的气宇轩昂的气场所震惊，叹其为"谪仙"人！

李白自幼很聪明，不是一般的早慧。他小时候写过一首小诗，是描写萤火虫的：

雨打灯难灭，风吹色更明。若飞天上去，定作月边星。

这首小诗受众人称赞，教他的先生逢人便吟诵。家里来了客人，父亲让他表演。他把诗用草书写成条幅，搭人梯挂到梁上去，喝彩声四起。

李白少年即能出口成章，据说还是最早的上山下乡知识青年。小李同学十四岁，即开元二年（714年），找到昌明县的县令手下当了一名小吏（此时的天子是唐玄宗李隆基，为了避他的名讳，昌隆县已改称昌明县，后改为彰明县）。此事彰明县大匡山的"中和大明寺住持碑"、《谪仙祠堂记》碑文、《全唐诗》均有记载。李白为什么去当小吏呢？唐律规定，有三种人不能参加高考。一是罪人之后，二是工商子弟，三是州县小吏。李白的上辈是从中原被贬中亚西域的碎叶城的；自己是商人之子，想考进士，连门儿都没有。当小吏在唐朝是"流外流"，是个被人轻视的职业，十四岁的李白到县衙当小吏，可能是为了谋取晋升。

说来很雷人，李白的第一份差事居然是给县令放牛，附加干一些杂役。有一天，李白牵着牛经过衙署大堂，县令夫人不知为何突然发怒，对他大加诘责，李白赶紧道歉。不过到底是天才，李白的道歉别出一格，他随口吟了一首诗：

        素面倚栏钩，娇声出外头。若非是织女，何必问牵牛？

这首诗对县令夫人是夸中有责，责中有夸，恰到好处，县令夫人听了心里很舒服，就没继续为难他。县令听了这首诗，惊异于李白的才学，对他也稍稍客气了一些，不让他放牛、干杂活了，让他给自己当个书童。

这个县令也是个文化人，喜欢吟诗。一天，他让李白备好纸笔，想写首咏山火的诗，刚写了前两句"野火烧山后，人归火不归。"就不知道下两句该写啥了，捻着胡须，在那里憋着了。李白在旁边实在忍不住，脱口而出："焰随红日远，烟逐暮云飞。"县令一听，嗬哟，好诗、好诗啊！他越琢磨，越觉得有味道。这么个小娃娃，写的诗不知道比自己高明多少倍，罢了，笔一扔，不写了。

没过多久，县里有条河流暴涨，淹了不少地方。李白陪着县令去查看灾情，见一位年轻女子的尸体在水上漂着，甚是可怜。

李白正在难过，却不料县令诗瘾复发，皱着眉头想了半天，吟了一首诗："二八谁家女，飘来依岸芦。鸟窥眉上翠，鱼弄口旁朱。"

治下的小民死了，你身为父母官的，没有半点怜悯之心，居然还有心思吟诗？！

李白在旁边是一肚子气，就琢磨着损县令几句。怎么损呢？还是用他自己的方式，于是他也立刻回应了一首诗：

        绿发随波散，红颜逐浪无。因何逢伍相，应是想秋胡。

在诗中，李白讽刺县令就像春秋时代行为不轨、玩弄妇女的鲁国大夫秋胡，应该让被吴王夫差冤杀的伍子胥（"伍相"）化作怒潮淹死。

县令一听，明白了，脸色顿时变得极其难看。得罪了父母官，李白也没法继续在这里当小吏了，他卷起铺盖，一走了之。

李白后来还查出了女子落水案的始末，原来是一个恶少企图占有少女，少女坚决不从，遂投河而死。少年时就苦学剑术的李白找到并杀死了恶少。后来他还把这件事写进诗中："笑尽一杯酒，杀人都市中。"

李白学识渊博，活脱脱就是一座藏书阁。小李同学炒了昌明县长的鱿鱼后，隐居大匡山读书十年，博览群书，"制作不倦"，风骨渐壮、学识弥丰。在《上安州裴长史》中，他说自己"五岁诵六甲，十岁观百家，轩辕以来，颇得闻矣"，这可不是一般的气概！其下笔出入经史百子，九流十家，万象奔走乎笔端，便是明证。

李白还学习了纵横术，这在唐朝诗人中是极少见的。十五六岁，李白到长平山拜纵横家赵蕤为师。古今讲纵横术的书，首推《鬼谷子》，其次便是这位赵蕤。他写的《长短经》这本书融会了儒、道、兵、法诸家思想，文韬武略，无不涉及，是一部融治国安邦之策和济世匡时之略于一炉的杂学之作。赵蕤剑术高明，李白还师从他学过剑术。李白跟随赵蕤学习了一年有余，终身仰慕纵横家的为人，喜好纵横之术。唐人刘全白说李白"性倜傥，好纵横术"。李白自比战国时的策士苏秦："乐毅方适赵，苏秦初说韩。"自比张仪："笑吐张仪舌，愁为庄舄吟。"

李白曾经模仿过司马相如写辞赋。在《赠张相镐二首》中，李白说自己"十五观奇书，作赋凌相如"。司马相如是成都人，汉武帝的御座前，他是风光人物。从汉魏一直到隋唐，不少文人向往他的作派：有才，有钱，有官，有名气，有美女。少年李白一口气写下《明堂赋》、《大猎赋》、《拟恨赋》，洋洋数千字，恨不得自己明天就变成司马相如。在蜀地，相如更是家喻户晓，即使看不懂他的文章，也知道他到临邛县娶了富家女卓文君，可谓财色双丰收。一般老百姓，只要提到他，马上就肃然起敬了，小李把他当成偶像，仰慕他，可以理解。

李白擅长书法，还会弹琴、唱歌，吼起来估计跟藏天朔差不多。李白是个天马行空、挥洒自如的人，他的诗歌、书法在墙壁上随便文艺，存留不多，《上阳台帖》是李白传世的唯一书迹，其落笔天纵，收笔处一放开锋，宋朝黄庭坚评李白的诗与书云："及观其稿书，大类其诗，弥使人远想慨然。白在开元、至德间，不以能书传，今其行、草殊不减古人。"大意是说，李白的书法跟他的诗歌一样，使人思绪渺远，慷慨振奋，他的行书、草书一点不比古人差。李白在庐山，常常把自己写的诗歌唱出来。

李白是武林高手，剑术高超！唐朝尚武，小李同学文武兼修，十二个兄弟姐妹当中，父亲器重他。父亲教他剑术，可能处于保护门户的考虑，但李白一学就来劲，他还跟吴指南等一帮少年组织过一个侠客帮，横行乡里。李白说自己"杀人红尘里"、"十步杀一人"；唐朝文宗御封李白的诗歌、裴旻的剑舞、张旭的草书为"三绝"。李白的剑术比裴旻稍差，居第二，如果李白不学文，潜心研究剑术，大概他的剑舞不会逊于裴旻。

李白痴迷学道寻仙。蜀地是道教的发源地，所谓仙山处处。小李读书用功，入学堂脑袋就晃个不停，下课就一溜烟跑了，每天要玩到天黑。绵州有山有水，离成都、渝州（重庆）都不太远，小李到处寻仙问道，六岁就与四川著名道士讨论道教，道士数次邀请他到嵩山访道，《访戴天山道士不遇》就是他少年访道的记录。李白的一生，访过道，寻过仙，炼过丹，采过药，受过道箓，并经常出入道观，研读道经，玄谈道旨，道教修为很深，道教上的铁哥们很多，他跟道士的友谊，比杜甫、高适、孟浩然这些小跟班深得多。

至于喝酒，那就别提了，李白自称是酒中仙，奇的是李白虽醉犹醒，据《天宝遗事》记载，李白沉醺中所撰写文章，未曾错误；与人议事，也多半不出李白所论，所以时人称之为醉圣。

此外，李白还有一门绝技超炫：善训鸟。他竟然能懂鸟语！李白曾在《上安州裴长史书》中说："昔与逸人东严子隐于岷山之阳，白巢居数年，不迹城市。养奇禽千计，呼皆就掌取食，了无惊猜。"这个东严子，据明朝杨慎考证就是纵横家赵蕤。李白说自己在青城山养奇禽上千只，一声口哨，上千只鸟都到他手上吃食，那景象，仿佛李白有挥拥万物的能力。而这些奇禽，据考证，是非常稀少的鹛鸟。李白玩鸟，实际是秀自己道教修为之深。用李白的话说，是"养高忘机"，"不屈之迹"也。

总之，青少年时代的李白绝对是优秀青年，可谓引领当时潮流的男神！他习武修文，炼丹学道，喝酒使横，斗鸡走马，玩鸟驱甲，其实都非常适应唐朝社会的需要。唐朝以诗歌取士，学道寻仙是入仕途的捷径，在他身上明显烙印着他父亲的殷殷期望。

少年李白的意志力朝哪个方向喷射，应该说大致清楚：他月下舞宝剑，灯前写华章，山中访仙道，还念念不忘官场、朝廷。家族的意志，经由父亲的悉心培养传入他的血脉。包括那些从小就伴随他的、影影绰绰的家族传说。

壮士一去不复返。李白二十五岁出川，再也没有回来过。他的官场拼搏、得意和失落，以及他的几位妻妾、一堆孩子，绵州青莲乡的亲人们好像全然不晓。

2 让人哭笑不得的求职者

李白自负有经天纬地之才，吞吐八荒之志，块视三山，杯观五湖，因而他对自己的期许绝不在写诗上，写诗只是为了实现自己雄伟的政治抱负。唐人任华说李白："平生傲岸，其志不可测。"他的奇志就是："申管晏之谈，谋帝王之术，奋其智能，愿为辅弼，使寰区大定，海县清一。"他的政治理想是当丞相，做皇帝的老师。在任华看来，李白不仅是个牛气冲天的天才诗人，更是个冠绝今古的超级政治家。

应该说，李白在青春期，已经为他奔赴官场做好了准备，可惜李白拿不到高考准考证。虽然不能参加高考，但李白还有第二条途径：修道。李白终身求仙，在当时道教界是知名人士，更是资深人士，以他的道教修为，再提高段次，完全可以像司马承祯一样，靠修道受到皇帝的接见，就不难加官进爵了。但李白是何许人也？要他以道士的身份走进仕途，不啻一种侮辱。

既然如此，那就还剩下最后一条途径："荐举"和"制举"，这是朝廷在科举之外选拔人才的两种制度。所谓"荐举"，是按朝廷的规定，五品以上官吏可直接向朝廷荐举贤才，至于"制举"，那就更厉害了，是天子对待非常之才的一种制度。

李白是那种目高于顶、经常把自己比作"大鹏"的人，他要一飞冲天，像姜子牙遇文王，像诸葛亮出山，像韩信封大将，一步登天！像范蠡、张良那样，先立下盖世之功，然后再退隐修道。

为了实现自己宏伟理想，李白一面四处求荐，一面炒作名声。为了让自己名满天下，二十五岁从四川出峡的李白，采取以农村包围城市的策略，给自己策划了一场"二万五千里长征"，即以长安为中心画一个圈，沿着各州县漫游。每到一地，想方设法拜访地方官，投求职信。

纵观李白的求职信，涉及侍卫御、韦秘书、张卫尉、徐安宜、卢主簿、王瑕丘、韦参军、何判官、李邕、苏颋、李长史、裴长史、韩荆州等众多长官。但是他的求职全部失败，空手而归，原因是什么呢？下面简单举几个例子。

开元九年（721 年）春天，原礼部尚书、许国公苏颋出任益州长史，即将到成都赴任。这位苏颋，不但长期在中央担任要职，而且在文学方面名气很大，与时任兵部尚书、燕国公、后来的丞相的张说齐名，世称"燕许大手笔"。

李白认为这是炫自己的绝好时机，又开始认真整理他的行卷，他觉得现有诗文尚不够惊世骇俗，于是思接千载，心骛八极，秀出洋洋洒洒的《明堂赋》和《大猎赋》，再找一个惊世骇俗投求职信的方式。李白记述这件事说："前礼部尚书苏公出为益州长史，白于路中投刺，待以布衣之礼。"李白在苏颋赴成都上任的路上，拦住他的轿子，呈上自己求职书，用平民的礼节对待苏颋。狂！

苏颋此次因事得罪玄宗，下派到益州改造，心情自然不佳，可他读了李白的《大猎赋》后，心头阴霾却似一扫而空，忍不住大加称赞：

"此子天才英丽，下笔不休。虽风力未成，且见专车之骨。若广之以学，可以相如比肩也。"意思是李白这小子真是天才，如果学问再广博一点，跟汉代的司马相如有得一拼！

这位苏颋十分厚道。他在益州长史任上只待了几个月，就被召回京城，上奏朝廷一封《荐西蜀人才疏》，提到："赵蕤术数，李白文章。"可惜这封奏疏石沉大海，朝廷对此没什么反应。

我们知道李白学了纵横术，心仪苏秦、张仪、东方朔等，在求职中常用到纵横术，从李白拦道中途向苏颋投递自荐信可见一斑。但他这般动作，在当时的人看来，是相当另类的，唯有他自己乐此不疲。

开元十五年（727年），李白在安陆成了家。他的老婆许氏通过千折百回的人际关系，联系到了一位李长史，并呈上李白的诗赋。试想，这回该有门儿了吧？然而，李白醉后骑马，偏偏在大街上惊了李长史的驾。按当时的地方规矩，长史的大驾所到之处，十丈内都是回避的范围。官员威仪受损，如何得了？轻则吃鞭子，重则关牢房。许家人担惊受怕，催李白写悔过书，《上安州李长史书》就是这么来的。李白写这类文章，手法如出一辙，堪称最早的无厘头文。这类活用纵横士游说的大文，先是夸自己学究天人，孔子也不在话下，想把对方镇住；再赞对方如尧舜再世，所有人拥护他如红太阳；接着说我李白送上门让你推荐，是把名垂千古的机会留给你；或者扮犀利哥，说自己像个小瘪三，大爷你可得提携我；最后炫一把自己的诗文，实力是真的，对方看没看，李白就管不着。

《上安州李长史书》正是这样一篇妙文。文章一开头说："白崎历落可笑人也。"然后说，古来圣贤都是相似的，我远远看长官你就像北朝的魏洽，于是快步跑上前，投求职信。中间诉没工作的苦大仇深："白孤剑谁托，悲歌自怜。迫于凄惶，席不暇暖……若浮云而无依。"再无厘头地借用"螳臂挡车"典故，把李长史比作历史上建立伟业的"齐庄公"，把自己比作可笑无知的"螳螂"。临末要"沐芳负荆，请罪门下"、"伏剑结缨，谢君侯之德"，最后照例送上一些作品。李白这样一番一会儿充爹，一会装孙子；一会儿装疯卖傻，一会儿说自己是圣人的表演，实际是把李长史当猴耍。任李白说得如何天花乱坠，李长史是既得利益者，惊撞了他，再来一把鼻涕一把眼泪的表演，哪怕你是天才，李长官也不稀罕你！

就这样，李白这次求职又泡汤了！泡汤不说，这件事，在安陆官场成了笑话，李白的悔过书，有人拿到宴席上朗读，佐酒取乐。

开元二十二年（734年），因张嘉贞推荐，李白专程到韩荆州治所襄阳城，拜见鼎鼎大名的韩荆州。此人大名韩朝宗，神通广大，经他推荐、提拔的人，无不官运亨通。李白朋友崔宗之就是经他推荐走红的。李白怎样奔赴自己的梦想呢？

当李白到了襄阳时，正赶上韩荆州举办的酒会，李白也去了。韩朝宗敬酒，愤青李白第一个站起来跟人家碰杯。韩朝宗是地方最高长官啊，他一看是个愣头青抢了镜头，就很生气。接下来，李白就向韩朝宗道歉，又写了一篇无厘头自荐信《与韩荆州书》，开篇就说："生不用万户侯，但愿一识韩荆州！"我李白听说天下人碰到一起，都说一句话，万户侯算什么呢？我只要认识韩荆州就行了。原来李白活用"战国策"，先扎一个茬子，要不怎么引起韩大人的注意呢？然后编一句貌似民谚的天大谎话，把马屁拍到人家心坎里去了，钩住韩荆州，接下来的写作手法，不说大家都知道。不过这一次，李白的纵横术小有收获，韩荆州答应见他一面。

李白是怎样去见韩荆州的呢？他写诗描绘此事：

高冠佩雄剑，长揖韩荆州。

弄一顶烟囱似的高帽，佩一把威武的长剑，见到长官韩荆州，我李白却长揖不拜！——好小子，官是这么见的吗？这分明是战国策士惯用的伎俩！这哪跟哪？这是开元盛世的唐朝！你写信开始讨好人家，见面却还所谓不卑不亢。李白还真不会来事儿！好吧，你小子臭美，你就是天仙也不管用！这位韩荆州，与前任一样，把李白真情洋溢、掏心掏肺的求职信扔进了废纸篓。

开元十五年（727 年），李白在安陆成了家，居于寿山。李白住安陆，即以安陆为中心，多方以求地向外求职。据方家研究，他求职的足迹，北到雁门，南达湘沅，东至越剡，西达武功，四出漂泊，均无结果，李白总结说："酒隐安陆，蹉跎十年。"为了炒作名声，婚后第二年早春，李白到洞庭湖将好朋友吴指南从坟墓中挖出来，用刀子刮泥土，满手筋肉。鄂城（今湖北武昌一带）为之轰动，大小侠客奔走相告。安陆这边，却反应一般。李白喝酒写诗，酒后也能想出高招：他隐起来了。隐了半年多，名声照旧，不大不小的。李白心里焦急，再来了灵感，索性隐到长安去。

开元十八年（730 年），已届而立之年的李白第一次来到长安。长安南面有座终南山，又名太乙山，是秦岭诸峰之一。终南山是道教胜地，是皇帝常去的地方，王公大臣、社会名流趋之若鹜。山中很热闹，离宫别馆随处可见，美酒脂粉俱飘香。而简陋的小客店里，则住满心怀大志的隐士。当时有个顺口溜：隐士不到终南山，隐上千年无人管。然而，隐士见隐士，要吵架，要搏杀，竞争非常激烈。山道上草丛中，如果发现一具或两具尸体，不用问，一定是隐士的尸体。李白的剑术派上了用场，随便舞几招，便吓退半打隐士，总算落下个隐身的窠。

李白在长安三年，可能有两年待在终南山。他立志隐给别人看，写诗舞剑表演书法，山顶山腰山脚，都可见他不甚壮伟的身影，一面展开外交攻势。

果然，他隐出名堂了。他结交了一位姓崔的京官，崔京官带他到长安，将他引荐给当朝宰相张说。李白异常兴奋，可是转眼情绪又低落：张大人正患重病呢，不久死掉了。

老爷子去了，儿子还在，并且有个儿子张垍还是娶了皇帝女儿的驸马爷。这张驸马也写诗，李白就投奔他了。岂料张驸马专爱捉弄人，他介绍李白去终南山玉真公主的别馆。张驸马说，玉真公主读过李白不少诗篇。言下之意，公主是李白的崇拜者。李白一听蹦起来了，不顾连日秋雨，直奔终南山。到那别馆一看，竟像一座废园。不过，李白心中有了公主的倩影，枯藤老树兼凄风苦雨，无不呈现诗意。他等了四十多天，每天粗茶淡饭，一个看园子的老农陪着他。张驸马捎信叫他等下去，等机会更是等佳人。他写诗作回信：《玉真公主别馆苦雨赠卫尉张卿二首》，找山里的农妇要点饭吃，以鹔鹴裘换酒来喝，他确实等得辛苦。

后来他得知，公主当时在华山。他消息闭塞，不然他会跑华山去的。而终南山的这座别馆，公主的芳踪数年未至了。他徘徊废园，害着单相思，把秋天认作春天。

其实他也没有白等。上苍垂怜大诗人，几年后玉真公主和他见面，情动意动。公主读过了他在终南山别馆写的诗，为他的苦等流下了眼泪：早知如此，她也不去华山了。

李白好不容易从终南山下来，回到长安后，就没再去找张垍，而是设法谒见其他王公大臣，可是仍然一无所获，因为苦闷，他还和长安的斗鸡徒大打出手，差点丧命，最终只得怏怏而返，著名的"二难"（《蜀道难》、《行路难》）就在此间问世，"大道如青天，我独不得出"，破空而来的这一声呐喊，千年后听来仍是振聋发聩。

从上面约略可以看出，李白求职无门，一是唐朝所谓开元盛世，各级官吏是最大利益获得者，得意得很，李白那点钱，请吃有余，求官不足；李白虽然姓李，但拼爹不够级别，李白虽然有才，毕竟草根一个，人家根本不把他放在眼里。二是李白恃才傲物，傲岸不羁，喝酒误事，不拘小节，甚至自命不凡，这可犯了官场大忌。他又信奉"以傲为礼"的纵横家哲学，无论怎样假装谦卑，结果也还是"谑浪"，因此李白想不得罪权贵都难，但李白绝不会向命运低头。

经过万里长征，李白在干谒方面最后却以无为而告终。虽然如此，李白的诗文却达到了空前的高度，他的诗歌创作也显得更加成熟。他的诗名已经确立，据传，李白每一诗出，大街小巷竞相传唱，学子们揣摩诵读。贞元六年（790年），刘全自撰《唐故翰林学士李君碣记》碑文云："（李白）文集无定卷，家家有之。"

3 皇帝说朝廷不适合他

开元十二年（724年），对李白来说，确实值得一提。这一年的春天，李白轻舟来到江陵，在江陵偶遇游历蜀中时结交的道友元丹丘。元丹丘告诉李白：道教大师司马承祯要去游南岳衡山，此时正路过江陵。李白闻言大喜。

这位司马承祯绝不是一般人想见就能见的。他和武则天、唐睿宗、唐玄宗这三朝皇帝都有密切联系，去年，即开元十一年，唐玄宗亲受法箓，取得了道士资格，为这位盛世天子授箓的，正是司马承祯。他是道教的领袖，当时身份相当于"国师"。司马承祯弟子众多，在他的再传弟子中有一位叫胡紫阳，道号"紫阳真人"。元丹丘就是这位紫阳真人的弟子。司马承祯还有一位女弟子，道号叫持盈法师。持盈法师不是别人，正是唐玄宗的妹妹玉真公主。这些人对后来的李白都有很大的影响。时年八十岁的司马承祯称赞二十三岁的小兄弟李白有仙风道骨，大大提高了李白的名声，而元丹丘和玉真公主则成为后来李白见到唐玄宗的直接原因之一。司马承祯与李白仅此一面之缘，飘然而去。李白就此写下举世称奇的《大鹏遇希有鸟赋》。

天宝元年（742年）秋，经玉真公主和道士吴筠的推荐，李白奉召入京。大鹏展翅的日子就要来了！李白在诗中毫不掩饰自己的得意之情："仰天大笑出门来，我辈岂是蓬蒿人！"

玄宗此时正在大明宫金銮殿等候，当李白迈着自信而潇洒的步子朝金銮殿走来时，玄宗远远一望，见李白飘然若仙的风采，竟不自觉地从御座上走下来迎接，请李白坐于御座旁的七宝床上，并亲手调了一碗羹汤，递给李白，说："卿是布衣，名为朕知，非素蓄道义，何以及此？"意思说，你虽是草根，大名连我这个皇帝都知道！如果不是你平常有道义，怎么能够如此出名呢？李白在这一天所受到的礼遇可说是前无古人。

李白在宫中的职位和吴筠一样，也是"翰林待诏"。在"翰林待诏"的日子里，李白主要做了三件事。

一是谈论诗文、道术，写歌功颂德的文章，相当于帮闲文人。天宝二年（743年）暮春时节，兴庆宫牡丹盛开，玄宗和杨玉环在宫中的沉香亭观赏牡丹，著名乐师李龟年带着一帮梨园弟子前来歌舞助兴。

当时杨玉环尚未被册立为贵妃，只是以"太真道士"的身份陪伴在玄宗身边，但玄宗早已把她当妃子看待。玄宗乐呵呵地说："赏名花，对妃子，怎能用旧歌词"，于是下诏宣李白进宫。内侍好不容易在长安市上的酒家找到李白，发现他已喝得酩酊大醉，只好用轿子把他抬到了兴庆宫。内侍们手忙脚乱地把他扶到榻上，又是换衣服，又是揉肩捶腿，又是灌醒酒汤，忙得不亦乐乎。李白好不容易清醒了一些，于是被众人扶到沉香亭，见笔墨早已齐备，而杨玉环亲自捧砚。李白在半醉半醒之间纵笔疾书，三首《清平调词》一气呵成，被谱成歌曲，使李白诗名震动朝野。

二是写了著名的《和蕃书》。天宝二年（743年）岁末的一天，李白突然被玄宗召进宫去。宫中的气氛与往常不同。事情跟吐蕃有关，由于吐蕃军队连年骚扰大唐边境，玄宗决定先礼后兵，先以一封《和蕃书》加以劝诫、威慑，如果吐蕃不知收敛，再加以兵威不迟。李白很快就将《和蕃书》写就。玄宗一览之下，只见洋洋洒洒千余言，措辞堂皇，词气纵横，不由得喜出望外。

在玄宗时代，唐朝与吐蕃几乎年年征战，唯独在天宝三载（744年）这一年，两国之间没有发生战事，很可能是李白起草的《和蕃书》发挥了作用。此外，据刘全白在《唐故翰林李君碣记》记载：除了《和蕃书》，李白还上了一篇《宣唐鸿猷》。《宣唐鸿猷》应该类似于后来辛弃疾的《美芹十论》，当是一篇全面反映李白政治思想的作品，可惜没能流传下来。

李白起草完《和蕃书》之后，宫里传闻说玄宗有意封他为中书舍人，让他专门为朝廷起草诏书。李白也自以为升迁在望，谁知道等来等去，却迟迟不见任命，他依然只能每天坐在翰林院，做一个点缀升平的御用文人。

三是喝酒。李白做翰林待诏这份帮闲的工作，对于他来说，太没技术难度了，业余时李白就充分发挥他醉仙的特长，搞了个"喝酒俱乐部"。几年后杜甫到长安，根据市井传说，写了一首《饮中八仙歌》妙趣横生的休闲诗，令今人还能一睹"饮中八仙"的风采。

李白很快就失望了，三年后，李白抱着"乍向草中耿介死，不求黄金笼中生"的决绝态度，主动上疏请求还山。李白做出这个决定并不容易，这意味着他放弃了很多从前的梦想。或许出乎李白的意料，唐玄宗居然很快就应允了李白的请求，并给了他一大笔赏赐，"赐金还山"。李白的翰林待诏生涯，就以这样较为体面的方式结束了。

李白为什么这么快就被"赐金还山"了呢？众说纷纭，流传最广的是"谗言说"。有人说是高力士因遭李白羞辱而唆使杨玉环向玄宗进谗，有人说是李林甫为排斥异己而进谗，也有人说是张垍因嫉妒李白才华而进谗。话说回来，就算李白在长安得罪了不少人，但只要取得一个关键人物的信任，他还是可以平步青云。这个人就是唐玄宗。

那么，唐玄宗肯重用李白吗？

李白本人给出的答案是肯定的。他有两句诗说"君王虽爱蛾眉好，无奈宫中妒杀人"（《玉壶吟》）。其实，李白和玄宗之间有一道明显的鸿沟。李白到长安要做的是"申管、晏之谈，谋帝王之术"那样的大事，可是唐玄宗只要他做君王宴乐之余点缀升平的帮闲文人。

其次，据《唐左拾遗翰林学士李公新墓碑并序》记载："既而（李白）上疏请还旧山。玄宗甚爱其才，或虑乘醉出入省中。不能不言温室树，恐掇后患，惜而遂之。""温室树"是宫廷秘密的行话。玄宗欣赏李白，他可以养着李白，宠着李白，可是李白毕竟经常出入内廷，他性格那么张扬，又常常喝醉酒，玄宗担心他"不能不言温室树"，没准还在想办法怎么让李白走呢，恰好那边李白也待不住了。那就好合好散吧，"赐金还山"，够意思了吧！

李白的辞京还乡，归根结底，还是缘于他对独立人格的追求。他无法忍受任何羁绊，如果任何人要让他以独立人格为代价，换取一身玉带紫袍，李白是绝对不会合作的。苏东坡后来认真研究过李白，他在《李太白碑阴记》中说李白是"戏万乘若僚友，视俦列如草芥"。李白一生从不依附于任何权贵，即使天子也不行，这大概是李白个性中最迷人之处。

4　至死不悟的官迷

实事求是地讲，李白的确只有诗人之文墨大才，没有政治家之远见卓识。

李白"赐金还山"后，对政治仍抱着很大的期望。回顾一下李白自"赐金还山"（天宝三载）以来漫游的历程，我们注意到，李白离开长安以后，漫游的主要区域集中在今河南、河北、山东、江苏、浙江、安徽等地，显然，这些区域要么是接近朝廷政治、经济中心的地区，要么是文化繁荣、人文荟萃的地区。这说明李白的漫游还是具有相当明确的政治目的，而不是毫无目的的游逛。他无时无刻不希望能够东山再起，获得进仕朝廷的机会。

天宝十四载（755 年）十一月丙寅，"安史之乱"爆发。怀有安邦治国之志的李白希望自己能向皇帝献上灭胡之计，拯救危亡的局面，于是和妻子一起，沿着逃亡队伍相反的方向，冒着生命危险奔赴长安。可是还没等李白到达长安，现在的函谷关以东已尽为敌军所得，形势万分危急。李白不得不从华山经商洛大道转道江南，又经溧阳、杭州、金陵，隐居庐山屏风叠，静观形势的变化，随时都在等待时机，出山为国效命。

在去成都的路上，玄宗下诏实行诸王分镇。接到诏书后，永王李璘筹集数以万计的军费和粮草，沿江东下直趋广陵（今江苏扬州），途中路过九江，于是派亲信韦子春上庐山邀请李白加入幕府。入幕后，永王军中救国杀敌的气氛感染着他，李白表现出雄健的激昂情绪，似乎从此就要展开平定内乱、建功立业辉煌的政治人生了！

李白在永王的军队里刚刚待了两个月，他的命运又发生了一次重大的转折。太子李淳首先发兵攻打永王，永王兵败，李白成了新皇帝死囚，后改为流放夜郎，给李白的政治生涯画上了一个悲剧的句号。

乾元二年（759年），因为皇帝要册立太子和关中大旱大赦天下，李白中途被释放，他再次站在了出三峡的船头。这一年，安庆绪杀死父亲安禄山，即位大燕皇帝。乾元二年（759年），安禄山的部将史思明杀了安庆绪，自立为大燕皇帝，大举南侵。这期间，李白在江夏活动，希望能出征，将功折罪，没有任何结果。

上元二年（761年），朝廷任命李光弼为南副帅，听到大军出征的消息，李白激动得热泪盈眶，他戴上军盔，手执长戟，腰佩宝剑，雄赳赳气昂昂地踏上了从军之路，他相信自己能杀敌平贼建奇功。但是，李白这时已经是六十一岁的老人，半路上他就病倒了，次年病死在族叔李阳冰家中。

为了追逐自己的政治梦想，李白从三进长安到扫地出门，从误投永王到花甲出征，终其一生，极其悲壮！

李白虽然倒下了，但他"愿乘长风，破万里浪"的雄心壮志还在，他的精神支柱还未垮。他的一生，虽然倍受摧残、折磨和打击，但他始终相信，他有力量战胜这一切。所以，他说："长风破浪会有时，直挂云帆济沧海！"这就是李白不屈的人格力量之所在。"吾与尔达则兼济天下，穷则独善一身"，李白显露出的精神之伟力，是古往今来平民知识分子奋斗入仕的一个不屈的典型，尽管他历经磨难，成功不多，但他这种执意追求理想、孜孜以求、百折不挠、不断奋进的人格的光环，却是彪炳千古的。此亦即是李白和他的诗历千余年而不朽的原因之一。

5 李白的"女儿经"

大诗人李白一生经历过四次婚姻，其间不乏与青楼歌妓的交往。

李白二十六岁那年，经过孟少府等人的穿针引线，李白在安陆与已故宰相许圉师的孙女许氏成亲，成为许家的上门女婿。"太白娶江陵许氏，以江陵为还，盖室家所在。"李白诗文中都是以满意和自豪的语气写到自己与许氏的成婚。许氏为李白生下一儿伯禽，一女平阳。

许氏是名门闺秀，气度娴雅，和李白才貌相当，志趣相投，常一起探讨诗文，过着诗情画意的生活。李白写下《长相思》，夫人看后说："诗写得好，但最后两句'不信妾肠断，归来看取明镜前'与前人诗相似。"李白随即找出诗卷，果有武则天所写"不信比来常落泪，开箱验取石榴裙。"从此李白更加敬重这位夫人。许氏对李白的亲朋好友也十分尊重和热情。寓家桃花岩期间，李白的好友元丹丘，亲族李令问、李幼成以及安州蔡十、廖侯等"贤俊之士"纷纷前来拜访。

许氏在事业上支持李白。她对李白"达则兼济天下"的宏伟抱负非常理解和支持，她通过父亲的老关系，托马都督找李长史推荐李白，为李白担惊受怕。开元十八年（730年），李白应邀前往长安，许夫人为他绣一锦枕，上绣大鹏和梅花，此后李白一直带在身边达十六年之久。长安花销大，李白不断让丹砂回安陆取钱，许氏在那边卖掉田产，抹眼泪却瞒着他。

许氏善解人意，是李白坎坷人生道路上的"知音"。虽然她跟所有的女人一样希望与丈夫长相厮守，但她对李白的心境非常了解，安陆期间，李白大多时间在外游历，北上太原，东去洛阳，下扬州是家常便饭，离家少则三五月，多则一年，许氏却很少埋怨他。李白经历"一入长安"政治生涯的重大失败，回到白兆山沉湎饮酒浇愁，甚至拿她撒气，她都能曲意抚慰。李白以愧谑口气写下《赠内》一诗：

三百六十日，日日醉如泥。虽为李白妇，何异太常妻。

这首诗既发泄心中郁闷，又自我反省，表达愧疚心情，可见夫妻情深。

许氏始终对李白一往情深，李白游历在外，她放不下心中牵挂，与李白保持书信联系。唐开元十八年（730 年），李白"西入秦海，以观国风"，游历数年，满怀"羞为无成归"的心情作别长安。回到安陆后，许氏以团聚的温情治疗李白内心的创伤。李白借白兆山的奇峰、幽谷、芳草和野色、春烟这些灿然若画的自然美景，来陶冶性情，砥砺志向，并借助夫人的慰藉和鼓励，更加勤奋攻读与努力创作，《山中问答》、《安陆白兆山桃花岩寄刘侍御绾》就是这时期的代表作。李白在诗中写道："归来桃花岩，得憩云窗眠"，对家庭的深切依恋表露无遗。

许氏为家族而活，寿命不长。李白将家迁至山东兖州一带的第二年，许氏得病，李白不再出游，陪侍夫人，又亲到山中采药为其治病。许氏病危之际，拿出一个诗匣，里面是用小楷抄写的李白诗作，上面还有批语，李白热泪盈眶，他为夫人弹奏一曲她最爱听的《峨眉山月歌》。许氏去世后，安葬在泰山脚下，李白又为许氏栽下她喜爱的石榴花。许氏大概死于开元二十八年（740 年），当时李白四十岁，还正在南阳游历。

许氏之后，李白又续娶了刘氏夫人。但是这次婚姻持续的岁月并不长。刘氏很快就发现李白是一尊十分地道的酒仙，还是一个特别专业的旅游者，可绝不是一位称职的丈夫。他可做官，但必然不长久；他也会有钱，但肯定会挥霍一空；他会写诗，但是除了空得才名外，几乎是百无一用。同时后母的日子也属难过，所以刘氏对这段婚姻的必然性渐渐丧失了信心。没有信心的婚姻必然是短暂的婚姻，因此李白与刘氏只能是以分手告终。

第三位夫人，天宝四载（745 年），李白在山东任城，与一当地妇人结婚。这时候的李白刚从首都长安出来，背着一大布袋金银财宝和杜甫、高适一路取道河南商丘，并在此逗留很久。与他二人分手之后，李白自己前往泰山考取道箓，路过任城，他结识了这位妇人，两人情投意合。李白的这位夫人为他生了一个儿子，名天然，并且李白在山东兖州置下了大批田产，在此后他云游在外的生活中，这些田产就交给了妻子。可见，李白对该妻子十分信任，可惜的是这位夫人在他们结婚五年后，不幸亡故。

第四个妻子，天宝九载（750年），李白在河南开封结识武则天时宰相宗楚客的孙女宗氏，时年四十九岁李白在洛阳与宗氏成亲。这位宗氏是个了不得的人物。那一年，李白酒醉梁园，诗兴大起，便挥笔在墙上写下了著名的《梁园吟》，恰逢宗氏路过，仆人要擦掉墙上李白的诗，被宗氏阻止，花千金买下了这面墙壁，留下"千金买壁"的佳话。

宗氏跟李白结婚后，和李白并肩战斗，安史之乱爆发后，为了李白献策，她和李白一起，换上胡人的衣装，趁着茫茫的月色，朝着逃亡众人相反的方向，冒着生命危险奔赴长安。在庐山一道观隐居，李白托人去山东接回儿女，却只带回女儿平阳来信："伯禽患病在床，无钱求医，暂不能动身……"李白心情沉重，贤惠的宗氏将许多首饰变卖，换成钱后托人带回东鲁为小儿伯禽治病。当李白答应加入永王李璘当幕僚时，宗夫人竭力反对，虽然没有劝阻成功，但反映了这位宗夫人有非同一般的政治头脑。

李白因随永王李璘北伐而获罪被捕入狱，被判死刑。这时，如果没有宗氏利用宗家的老关系，上下奔走，估计李白是难逃噩运了。"闻难知恸哭，行啼入府中。多君同蔡琰，流泪请曹公。"这是李白在九江监狱里写给宗夫人的帖子。里面用蔡文姬向曹操求情来比拟宗夫人救自己。多半是宗夫人的奔走加上李白的文名感动了诸如李光弼等权贵，李白死刑免去，被发配夜郎劳动改造。

李白被捕狱中，李白极度思念宗夫人和一双儿女。而此时，宗氏已托人将平阳和伯禽接到豫章，本想等李白归来一家团圆，但得到的消息是李白囚于浔阳死牢之中，她昏倒在地，第二天，宗氏带着平阳和伯禽，翻山越岭，夜以继日地赶到浔阳探狱，全家在狱中短暂团聚，李白在朋友力救之下免去死罪流放夜郎，浔阳江边，李白再次与夫人和儿女话别，夫人让他保重身体，她在家中继续许夫人未整理完毕的李白的诗稿。

唐肃宗乾元二年（759 年）二月，李白流放途中获赦免，李白恨不得立刻与宗夫人和儿女相聚，于是调转船头向千里之外的江陵驶去，留下了千古传诵的《早发白帝城》：

> 朝辞白帝彩云间，千里江陵一日还。
>
> 两岸猿声啼不住，轻舟已过万重山。

从此，历史方知此诗所表达的李白思归之情。第二年春天，他返回豫章与宗氏重聚，十月，李白到南陵五松山看望寄居在荀妈妈家中的一双儿女，新春之际，将女儿平阳嫁给一位朴实的农民，小儿伯禽已娶农家姑娘为妻。

上元二年（761 年）五月，李白再度从军，他已六十一岁，李白赶到金陵突然病发，被当涂县令、他的族叔李阳冰接去养病，第二年九月，李白病危，他将许氏和宗氏用心血整理的诗集交给李阳冰，题名草堂集，请李阳冰作序。这时他已极度虚弱，他握住宗氏的手久久不肯松开，感激她伴他度过艰辛岁月……

诗人多情。除了对几任夫人的情感牵连外，李白还把更多的恋情和强烈的审美欲望，投入到了萍水相逢的歌女、舞女、邻女等随缘相见的美人身上。

千金一掷为红颜，拼得一醉为红妆，诗泉翻涌为红粉，执迷不悟拜红裙。否则就不成其为李白，不成其为诗人，不成其为酒徒，不成其为壮士！

据说李白那次离开金陵要去扬州，船刚解缆，便有一位绝色歌女跳上船头，扑向诗人。诗人不忍见女孩子珠泪滚滚之状，就将歌女收为己有，直奔扬州而去。等到在扬州花光了钱财之后，诗人又将歌女转送给好友卢六。后来有人攻击李白拐带金陵良家女，由头便出于此。

从《赠段七娘》来看，李白要害起相思病来，居然也是那么的浓烈，火辣辣的情诗，至今还给人以发烫灼人的感觉：

> 罗袜凌波生网尘，哪能得计访情亲？
> 千杯绿酒何辞醉，一面红妆恼杀人！

在东鲁居住期间，李白还曾对一位邻家少女产生过很大的好感。他也为如何获得姑娘的芳心而大犯踌躇，于是就有了《咏邻女东窗海石榴》一诗：

> 鲁女东窗下，海榴世所稀。珊瑚映绿水，未足比光辉。
> 清香随风发，落日好鸟归。愿为东南枝，低举拂罗衣。
> 无由一攀折，引领望金扉。

这哪里是在咏花，分明是对花之主人的衷心爱慕。有人说李白曾将这首情诗投到邻女窗前，却被他人拾到，因此给诗人惹出了许多是非。

当然，使得李白作苦苦追求状的女孩子看起来还不算太多。更多的情况是李白与朋友们狎妓纵酒、观妓作乐、带着歌儿舞女们登名山、泛江湖。人生苦短、及时寻欢的情绪经常在诗人的笔下流露出来。且看他的《邯郸南亭观妓》：

> 歌妓燕赵儿，魏姝弄鸣丝。粉色映日彩，舞袖拂花枝。
> 把酒顾美人，请歌邯郸词。清筝何缭绕，度曲绿云垂。
> 平原君安在，科斗生古池。座客三千人，于今知有谁？
> 我辈不作乐，但为后代悲。

唯其生活在一个追欢买笑寻常事的时代，唯其与美女们接触是这般轻易随便，所以他的相思病才犯得那么高洁，他对几任妻室的情感才显得那么真挚而弥足珍贵。

唐武宗会昌三年（843 年），剑术宗师裴旻的曾侄孙裴敬拜谒李白墓。当地人告诉裴敬，李白的孙女至少五六年没来扫墓了，可能也已经去世。这时距离李白去世已经八十年。自此，史籍就再也没有李白后世的记载。

"青山明月夜，千古一诗人。"一代诗仙身后萧条，但古往今来，人们被他的诗歌、文章和人格魅力感召，纷纷前来湖北安陆白兆山寻访诗仙遗迹，从这个意义上说，一代诗仙是永生的，他的影响是永恒的。

6 诗神无人能挡

酒入豪肠，七分酿成了月光
剩下的三分啸成剑气
绣口一吐，就半个盛唐

——余光中《寻李白》

李白出世太亮眼了！他一出世，就横扫唐家诗坛数百年。李白是孤月一轮，是诗坛霸主。唐朝以后的诗坛是杜甫领着一众诗人与李白一个人拔河。

李白流传下来的诗歌，许多就是天籁。如妇孺皆知的《静夜思》：

床前明月光，疑是地上霜。举头望明月，低头思故乡。

这首诗的妙处，就妙在你说不出她的妙处，妙在你无法赏析。她浑然天成，清水出芙蓉，天然去雕琢，大家念了就上口，上口就入心，口口相传，千年传唱。

李白有一种与生俱来的"仙气"。唐代诗人皮日休这样赞美李白："言出天地外，思出鬼神表，读之则神驰八极，测之则心怀四溟，磊磊落落，真非世间语者，有李太白。"用现代的话来说，李白大概就是星外来客，难怪李白写诗喜欢用"天上来"！他的"谪仙人"名号不是白叫的，他的境界、大气令后人望尘莫及。杜甫的诗能够学，李白的诗没法学。且不说学做李白的诗，就是想要读好、写好都不容易。李白的《行路难》多少人朗读了？可仍期盼着将来会来那么个飙哥能读出李白味。

李白具有宇宙宏观境界，是上帝视野。他的诗，想象力"欲上青天揽明月"，气势如"黄河之水天上来"，无人能及。他一出手就是匪夷所思的神奇气韵："飞流直下三千尺，疑是银河落九天"，银河落到了庐山，除了李白，谁有这样的神气？"黄河落天走东海，万里泻入胸怀间"，除了李白，谁有这样的胸襟？看了崔颢写《黄鹤楼》的诗，李白不服气又无奈，于是要"一拳捣碎黄鹤楼，一脚踢倒鹦鹉洲"，除了李白，谁有这样的天真霸气？

李白一出手便是撼天动地的大手笔："长风几万里，吹度玉门关"，"燕山雪花大如席，片片吹落轩辕台"，一般人读起来都感到呼吸困难；"三山半落青天外，一水中分白鹭洲"，他还随意拎动山水；"白发三千丈，缘愁似个长"、"黄河捧土尚可塞，北风雨雪恨难裁"，这些话凡夫俗子哪里敢想？"登高壮观天地间，大江茫茫去不还"，非仙人岂能道哉；"高堂明镜悲白发，朝如青丝暮成雪"，岂非"山中方七日，世上几千年"的仙人所不能感悟？

常言道：读李白的诗，要学人家的夸张手法。可不知李白的夸张岂是我们能学来的呢。骨子里透着仙风道骨，睥睨一世，傲视万古，用他经常挂在嘴边的一句话："我是天才，我怕谁！"就算是神仙，白大爷也跟仙人平起平坐："太白与我语，为我开天关"，太白金星和我聊聊天儿，给我打开天关请我进去，给我当了回仆人，瞧，谁是大爷？"云间连下榻，天上接行杯"，他跑到云上睡大觉，喝着仙人的美酒；"永结无情游，相期邈云汉"，在地上过得不如意，我不跟你要了，跑到银河中划船快活去。

对于王侯将相，李白倒是乐意追求，可是追求不来！黄鹤楼都敢捣，王侯将相就一边凉快去："屈平词赋悬日月，楚王台榭空山丘"，那个什么楚王，滚回土丘里去吧！我明摆着如日月长存。"安能摧眉折腰事权贵，使我不得开心颜"，达官贵人算什么玩意，我不高兴了，就不侍侯你们。

李白天生有一种老大心态，一种穿透历史的霸气，读李白的诗让我们从人性回复到神性。我们一般人挣扎在世俗的各种羁绊中，常是跪着看世界，看达官贵人，活得低到了尘埃中，而李白却是中国文化的一股浩瀚雄风，是塞外的一匹汗血马，浑身毛孔都散发着的血腥气。李白描绘自己说："虽长不满七尺，而心雄万夫。"（《与韩荆州书》）中国古代人物中李白式的自由奔放，实属罕见。他的精神世界完全是自由不羁的。他写诗，不守格律，还是唐朝最早写词的。

我们来看他的《蜀道难》。当他抬头仰望蜀道，劈头一句："噫吁嚱，危乎高哉！"瞧这开头，太目无诗律，太没把别的诗人当人了嘛！"噫吁嚱"三个感叹词连用，除了他李白，恐怕找不出第二个。可这三字一出，仿佛太古洪荒，一声啸傲，留下的音响效果达于天庭；"危乎高哉"，"危"与"高"不是重复吗？李白连病句都敢用，而且经他一用，就特别猛，蜀道那个高，简直比天还高！悬想斯时，李白站在蜀道下，俨然就是天地的代言人，在他的精神世界里，天为大，自己姑且委屈当个老二吧。然后再紧承一句："蜀道之难，难于上青天！"绝了！对蜀道天险的描述，恐怕再难找出一个更牛的。而对于作家来说，用这两句话等于封杀了自己的描写！但李白何人？他是高手中的高手，顶尖中的顶尖。对于他来说，这不是绝境，才刚开头呢！他如椽巨笔，另辟源头：

> 蚕丛及鱼凫，开国何茫然！尔来四万八千岁，不与秦塞通人烟。西当太白有鸟道，可以横绝峨嵋巅。地崩山摧壮士死，然后天梯石栈方钩连。上有六龙回日之高标，下有冲波逆折之回川……

李白对千年典故信手拈来，澎湃直下，一泻千里，令人眼花缭乱。

难怪贺知章读了他这首诗后，惊叹李白是"谪仙人"，喜得连忙解下自己腰间的金龟，拉李白喝酒去！

歌德写一个小说，单说一个鬼，随身一抖，鬼火都变成满地金子。李白正是这样，他走到哪儿，哪儿就是诗，他随手一捞就是诗。他不像孟郊，把一生都献给了唐朝壮丽的诗歌事业，不像贾岛，"两句三年得，一吟双泪流"，甚至连杜甫都成了他的粉丝。杜甫写诗很苦："为人性僻耽佳句，语不惊人死不休。"写一句诗，那可是使出吃奶的力气；杜甫羡慕李白："白也诗无敌，飘然思不群。"李白写诗跟玩儿似的。他在旅社里涂鸦，在墙壁上写诗，写完"抽身走，千里不留名"。李白写诗简直就像说话，像唱歌，像孩子绕口令。他把诗歌玩得滴溜溜转，吹得满世界响。李白在五松山下荀媪家留宿时，有过这样一首诗：

> 我宿五松下，寂寥无所欢。田家秋作苦，邻女夜舂寒。
>
> 跪进雕胡饭，月光明素盘。令人惭漂母，三谢不能餐。
>
> （《宿五松下荀媪家》）

这首诗简直是跳出来的。我们再看他的《将进酒》中："岑夫子，丹丘生，将进酒，杯莫停……"这不是猜拳喝酒时喊出来的吗？

李白存诗九百首，而实际超万首，许多诗都已散佚。白居易晚年把自己的诗整理成册，正是吸取李白不存留诗稿的教训。

李白的诗于豪迈奔放的热烈抒情中蕴含着一种雄伟俊逸之气；于瑰丽绚烂的色彩里给人以清新自然的感觉，他的诗风格多样，气象旖旎。我们来看他的《子夜吴歌》中的《秋歌》：

> 长安一片月，万户捣衣声。秋风吹不尽，总是玉关情。
>
> 何日平胡虏，良人罢远征？

这首诗把怨妇的幽情写得苍凉慷慨。写山陡峭："山从人面去，云傍马头生"，写实不输杜甫；写农家乐："白酒新熟山中归，黄鸡啄黍秋正肥。呼童烹鸡酌白酒，儿女嬉笑牵人衣"；写美女："镜湖水如月，耶溪女似雪。新妆荡新波，光景两奇绝。"读这首诗，整个的感觉就是惊呆了。江南的水也白、月也白，女人的脚，比雪还白。而且她们穿得那样艳丽，驾着小舟在水上荡来荡去。"新妆荡新波"的两个"新"字，用得很到位，道出了李白乍到金陵看到江南女子的惊艳之情。

德国诗人荷尔德林说："人充满劳绩，但还诗意地栖居在大地上。"感谢李白，用他天才的诗歌，把我们华夏燃烧得诗意漫天。他是个天大的奇迹，是唐代诗歌上的巨无霸，他的诗歌光耀华夏民族一千多年，而且还将光耀下去！

第二章
诗圣杜甫

"自古大才难为用，只可为栋梁，不可以为小器。"杜甫（712—770 年），字子美，我国盛唐时期伟大现实主义诗人，被后世尊称为"诗史"、"诗圣"，其行世有《杜工部集》。

杜甫是个奇怪的综合体，他少年时过着锦衣玉食的生活，中年时却穷困至小儿子饿死；他才华横溢，却没有得到重用；他嗜酒、狂傲绝不输李白，因其狂傲，也只做到工部、拾遗一类的小官，但杜甫在后人心目中却是儒家的典范！他有豪壮阔大光明的胸襟，在后人的眼里，却是一副苦瓜相；他生前诗名默默，知者不多，但随着时代越往后推移，他的诗名越来越大，直追并几乎盖过李白！

1 一览众山小

　　杜甫出身名门之后，书香世家，不折不扣的官二代。

　　杜甫喜欢自称"杜陵布衣"或"杜陵野老"，"杜陵"，代表着杜甫的家族荣耀。

　　开元二十九年（741 年）寒食节，三十岁的杜甫写过一篇《祭远祖当阳君文》。这位当阳君，是杜甫的十三世祖，曾任西晋驸马都尉镇南大将军当阳成侯的杜预。

　　这位杜预爷，文武双全。"缮甲江陵，裸清东吴"，为国家的统一大业做出了卓越贡献；"《春秋》主解，槁隶躬亲"，后人称之有"《左传》癖"。这位先祖的文治武功都是那样的耀眼夺目，如一颗闪亮的星星指引与注视着他的后裔。

　　在整个家族中，杜甫念念不忘，经常用来激励自己的，就是这位杜预爷。在杜甫看来，杜预爷给这个家族奠定了优秀的传统与良好的基础，即"传之以仁义礼智信，列之以公侯伯子男"，杜夫子的"奉儒守官"，源远流长。杜预爷为杜家后人的具体好处，是可以不交纳租税，不去前线当兵作战。

除杜预外，杜家中还有一个猛人，是令诗人倍感自豪的祖父杜审言。杜审言当时官拜膳部员外郎，中央级领导。杜审言的儿子叫杜闲，时任奉天（今陕西乾县）县长，他就是杜甫的父亲。

这位审言爷，吹牛仅在李白之下。他曾放言说，论文学水平，即使屈原、宋玉再世，也只有当自己学生的份；论书法水平，王羲之只配给自己磨墨。对于当世名人，杜老先生正眼也不瞧！有一天，他突然神秘兮兮地对人说，苏味道（大文豪苏东坡的祖宗）就要死了！旁人很奇怪，问其原由，他解释说：我的文章写得如此这般好，苏味道见到后肯定会羞愧而死。后来，这老人家病了，奄奄一息之时，宋之问等人去探望他，老先生说："我活着的时候，骑在你们头上，使你们无法出头；现在我要死了，你们终于有机会扬眉吐气了。"从这位杜爷的浮夸风中，可以看出，唐朝官场学风浓，文风盛，文化人还是可以显摆的。

杜审言是武则天皇帝时期的诗人，当时名气很大，杜审言的老婆，是唐太宗李世民的第十子李慎的孙女。武后执政时，李慎因李贞起兵讨伐武后牵连下狱，他的次子李琮也被拘入河南狱，他的一个女儿嫁给崔氏，天天穿着草鞋布衣，面容憔悴，徒步出入狱中，送衣送饭，在洛阳的街上往来，使许多人深受感动，被人称为"孝勤"。

这个女子，就是杜甫的外祖母。

唐睿宗太极元年（712 年），杜甫出生在河南巩县（今河南巩义市）的瑶湾村。他出世两年，母亲去世。他的母亲是清河人，姓崔，大家闺秀。他的舅舅散居各地，大都出色，杜甫写诗颂扬："贤良归盛族，吾舅尽知名。"

杜甫年幼多病，父亲忙着做官，继母生下了诸多的弟妹如杜颖、杜观、杜占、杜丰等，自然无力照顾他，只好把他寄养在洛阳二姑家。有一次，杜甫与姑母的儿子同时病倒了，巫医说，靠房柱子东南方睡觉就可能痊愈。二姑的儿子原本就睡在那个地方，这时便与杜甫调换了位置。时隔不久，杜甫奇迹般的痊愈了，而二姑的亲生儿子却死去了。

二姑爱杜甫胜过自己的儿子，这种人性的温暖，照耀杜甫的一生。

幼年的杜甫拉着二姑的手从洛阳街走过，如小鹿刚走出树林。洛阳，是唐时东都，繁华仅次于长安，胡人、外国人随处可见。胡人在街头活蹦乱跳，寒冬互相泼冷水，欢度他们的泼寒节；跳得忘形时，裸体狂叫，汉人为之侧目，朝廷出面干预。

六岁，杜甫在郾城看了一场顶级剑舞。一身戎装的公孙大娘剽悍、雄浑的剑器浑脱神技，给病弱的杜甫极为强烈的震撼，五十年后，写成传世之作《观公孙大娘弟子舞剑器行》。有"草圣"之称的张旭，看公孙大娘跳剑器浑脱舞，悟出神韵，草书才大为长进。

杜甫七岁学诗，写下一首歌咏凤凰的诗：

> 凤凰出东方，翱翔于四溟。凤鸣如箫笙，凤舞天下平。

九岁练习书法，废掉纸笔无数。他具有乖孩子的那种勤奋，和李白神童般的勤奋有区别。明朝人胡俨，在内阁见过杜甫的书法，形容为"字甚怪伟"。

在姑母的精心照顾下，杜甫长到十几岁时，已经健壮得像头小牛犊，一天到晚欢蹦乱跳。姑母家的院子里种着梨树和枣树，八月秋风送爽时，树上梨黄枣红，他像只顽皮的猴子，不停地爬上爬下，帮助姑母摘梨打枣，欢声笑语飞满庭院。他在《百忧集行》中回忆欢快的童年：

> 忆年十五心尚孩，健如黄犊走复来。
> 庭前八月梨枣熟，一日上树能千回。

十四、五岁，杜甫就经常出入考场了。考试成绩如何呢？他没有夸耀，估计是没有值得炫耀的地方。他得意的，是他的诗文在洛阳显露头角了。洛阳名士如崔尚、魏启心等见了他的作品，都为之惊赏，说你小子简直就是班固、扬雄再生。杜同学还混上了岐王李范和玄宗宠臣崔涤这样的顶级权贵。

这时的小杜还在茂腾腾地生长，上下求索，还有待他充分挖掘传媒学的潜力，爆炒诗名，以便顺利通过高考。

文学青年杜甫踏上了自己的征程，开始了壮游，他一生共有三次漫游，历时长达十年之久。

开元十九年（731年），二十岁的杜甫正式开始了历时四年的吴越之游（731—734年）。吴越如画的风景和悠久的人文吸引了他。在常熟当主簿的姑父和在武康（浙江德清）当县尉的叔叔，给他提供了物质支撑。年轻的杜甫暂时还不急于声名与仕途，他一路走来，关注的是当地的风流人物与风土人情。

读书之余，诗人走了很多地方。他到达了姑苏（苏州），在江边眺望扶桑，甚至做好了渡海东游日本的准备，但未能成行。在苏州，他去虎丘山探寻阖闾荒凉的坟墓，去石壁探访峭拔幽深的剑池，去长洲苑观赏亭亭玉立的荷花，去嵯峨的阊门拜谒肃穆的太庙。后来，诗人又沿着当年秦始皇东巡的路线，渡过钱塘江，登上会稽山，游览鉴湖，泛舟剡溪。这次漫游，灵山秀水的江南给诗人留下了良好的印象。此后，他只有在梦中温习这江南秀色。终其一生，他再也没有机会重游。

开元二十四年（736年），杜甫参加在洛阳举行的高考落第，开始了他人生中第二次的齐赵之游（736—741年）。诗人落第，虽然懊恼，却不沮丧。他用两句诗，描绘了自己齐赵漫游的飞舞轻扬："放荡齐赵间，裘马颇清狂"（《壮游》）。

齐赵一带，是现在的山东与河北南部。他能以裘马清狂，是因为他的父亲当时在兖州做司马。他在这期间内，往北到过邯郸，往东到过青州，春天他在邯郸的丛台上唱歌，冬天在青州以西的青丘游猎。和他一起游猎的有武功苏源明（后中天宝元年进士），还结交了唐朝历史上有名的边塞诗人高适。杜甫在汶水之上遇到高适的时候，高适还没中进士，生活异常艰难，经常需要以打柴、捕鱼来维持生计。但是，高适并没有因为仕途的失意而抑郁，相反，在诗人身上流露出与生俱来的那份豪气和洒脱。他们常常骑着马在原野游猎，有一天忽然看见远远飞来一只鹜鸽，杜甫把马放开，向天空射出一箭，霎间这只鸟儿便落在马前。从这里可以知道，杜甫在当时不只是一个诗人，而且是一个箭不虚发的英武射手。

开元二十五年（737年）的深秋，二十五岁的杜甫登上泰山，写下平生第一首的传世佳作《望岳》：

> 岱宗夫如何？齐鲁青未了。造化钟神秀，阴阳割昏晓。
>
> 荡胸生层云，决眦入归鸟。会当凌绝顶，一览众山小。

年轻的杜甫展示了他雄伟抱负以及对未来满怀信心和希望，这首诗很快就在洛阳传开。

天宝三载（744年），杜甫与李白结识，开启了他第三次的梁宋之游（744—745年）。李白与杜甫游梁、宋时，高适也加入到他们的行列。三人同行，同样是满腹才华，同样的怀才不遇、功名不显。一路上，他们有着太多的共同话题，互诉衷肠，开怀畅饮，纵情高歌。他们去了著名的梁园，登上了当年汉高祖刘邦藏匿过的芒山、砀山。傍晚寒风中，他们还登上了宋州以北的单父台。那时候的宋州，是一个繁荣兴旺有充满豪侠气息的城市。宋州人口稠密，街道宽广，楼台高达，有来自四面八方的游客。当地人十分好客仗义，嫉恶如仇，路见不平，拔刀相助。他们恩怨分明，为了报仇，可以在闹市杀人，为了报恩，可以为其赴汤蹈火，倾其所有。这样的侠气氛围，让三位诗人激情四溢，热血沸腾。天宝四载（745年），三位诗人离开了这里。高适到南方漫游，李白去齐州紫极宫。杜甫则去拜访了早就希望与他结识的北海太守李邕。

后来，杜甫在另一份求职书《奉赠韦左丞二十二韵》中，大刮他爷爷的浮夸风，说大才子李邕请求与他见面，王翰希望能够把家搬到他的隔壁做邻居，即"李邕求识面，王翰愿卜邻"。

齐赵之游，杜甫认识了后来成为他的妻子的杨氏，其父杨怡是某县财政局副局长，门当户对。杨美女算得上大家闺秀，颇有古典美。杜甫写诗赞她:"香雾云鬟湿,清辉玉臂寒"。

三十岁那年,杜甫与在洛阳渑池县首阳山下,盖了一栋房子(窑洞)。洛阳是大唐的东都,房价不比现在低,杜甫有了一套自己的房子,翻身做主的心情大好。他把新居取名叫"陆浑庄"。陆浑是渑池县的古名。"庄",不是随便叫的。"庄"是一处田地中间的宅子,宅子不止一间,田地不止门前,"陆浑庄"就像西方的农场。杜甫盖了房,还买了田地,当起了地主。杨美女顺便当起了地主婆。夫妻二人情爱深深。

"陆浑庄"附近,有杜审言和杜预的坟墓。杜甫用先祖激励自己,而立之年写下《祭远祖当阳君文》。有了娇妻,做了人父,可是无一寸功名,杜甫心里能不急吗?

天宝五载(746 年),杜甫来到长安,预备明年的高考。

杜甫写的诗,大多苦大仇深。但是三十五岁以前的杜甫,绝对是衣食无忧的公子哥。他不懂世间有那么多苦难。懂得苦难,要等到来日。

2 在长安清水挂面的十年

天宝六载(747 年),玄宗下诏,天下凡有一技之长者皆可入京就选。杜甫踌躇满志,以为经过十多年磨练,中个举人,如囊中取物。但这年高考,没有一个考生跳进龙门。

这一次,不是杜甫没水平,而是有人作梗,作梗人:当朝宰相李林甫。

李林甫居相位长达十九年。为了维持大唐的和谐稳定,营造繁荣富强、海晏河清的大好局面,他曾对朝臣们,尤其是谏官们发表一个重要讲话:"明主在上,群臣将顺不暇,亦何所论?君等独不见立仗马乎,终日无声,而饫三品刍豆;一鸣,则黜之矣。后虽欲不鸣,得乎?"(《新唐书·李林甫传》)

李丞相让所有言官闭上了乌鸦嘴:当今有明主在上决断,你等下臣奉承还来不及，瞎咧咧什么呢？没看见老板家做仪仗用的马吗？终日不乱鸣叫的，可吃到精美的饲料；一乱鸣叫就会被退出，到后来想不乱叫，也不可能再被征用了！

李大人三言两语，把大唐事业推进到万马齐喑、波澜不惊的新阶段。

为了不让后来者居上，李林甫让考生全部落榜，并恭喜玄宗说：野无遗贤。七十多岁的玄宗大脑不灵光，一笑而过。

同是河南诗人的元结也是这场考试的受害者，他当即在《喻友》中，指名道姓控诉了李林甫玩弄权术、压制人才的恶行。杜甫怕事，直到李林甫死后许多年，才咬牙切齿：

> 破胆遭前政，阴谋都秉钧。微生沾忌刻，万事益酸辛。

> (《奉赠鲜于京兆二十韵》)

李林甫玩弄阴谋诡计，害得我此后的生活更加辛酸。

高考不成，杜甫展开外交攻势，结交达官贵人。

杜甫的人脉资源是相当丰富的。他的一位萧姓姑表兄，当时正担任工部郎中之职；他的堂弟杜位，是当时宰相李林甫的女婿。朝中另一位宰相房管是河南偃师人，是杜甫的同学，还是棋友。当时名相严挺之跟杜甫家是世交，严挺之的儿子严武曾先后担任御史大夫、吏部侍郎、成都尹、剑南节度使等职，威震西南。他对杜甫一向非常欣赏，后来长期接济杜甫一家。时任尚书左丞的韦济，在担任河南尹期间就曾多次去拜访住在偃师老家的杜甫，非常赏识杜甫的才华，常在朝廷当着众官员的面，朗诵杜甫的诗作，为其延誉（《奉赠韦左丞丈二十二韵》"每于百僚上，猥诵佳句新"）。曾任国子监司业（副校长）、秘书少监的苏源明，是他的铁杆兄弟。

杜甫对琴棋书画都有很深的造诣，还能豪饮，完全可以从容周旋于上流社会的各种交际场合。他在长安的外交卓有成效。天宝五载（746

年），杜甫进京献求职信《赠特进汝阳王二十韵》，汝阳王李琎是唐玄宗的侄子，深受唐玄宗宠爱。"精理通谈笑，忘形向友朋"，"披雾初欢夕，高秋爽气澄"（《赠特进汝阳王二十韵》），两人一见如故，此后跟李琎过从甚密。杜甫名作《饮中八仙歌》，就描写过李琎的饮酒风采，还结识了当朝驸马郑潜曜。杜甫后来跟郑潜曜的叔郑虔结成铁哥们。郑虔是河南荥阳荥泽人，有"诗书画三绝"之称。比杜甫大二十岁的郑虔，时任广文馆博士，相当于今天的北京大学教授，社会科学院院士。因为有人告发郑虔"私撰国史"，郑虔混得一穷二白，杜甫不时周济他。名相张说后来迁居河南洛阳，杜甫跟他的三个儿子有来往。张说长子张均封燕国公，任户部、兵部侍郎；次子张垍是驸马，任太常卿，文章写得呱呱叫，差点当了宰相；三子：张琳任给事中、宜春郡司马，都是朝廷高官要员。

杜甫还结交了不俗的诗文朋友，如书法家顾诫奢、画家曹霸、韦偃、王宰等；日后也有比较发达的，如王维、岑参、元结。王维官做到尚书右丞；比杜甫小三岁的岑参，先后任太子中允，虞部、库部郎中，嘉州刺史；跟杜甫一道参加过科举考试的元结，做过监察御史、水部员外郎、道州刺史等。杜甫还用李白、贺知章等名流提高自己的声誉。

杜甫给权贵写过求职信的，还有京兆尹鲜于仲通、河西节度使哥舒翰、左丞相韦见素、驸马崔惠童、何大将军等。这些人，杜甫未必跟他们都有多么亲密的关系，但是，能向他们投求职信，说明也是有一定关系的。

按照当今社会的游戏规则，杜甫要想谋公务员的职位，轻而易举。这些跟杜甫有过多或少、或深或浅交情的人中，可以汲引举荐杜甫的人，为数不少，而实际上对杜甫施过援手的，并不多。所能确知的是，严武举荐杜甫挂了个"检校工部员外郎"的虚职。

但确有人暗中帮过他，这个人是张垍。

天宝九载（750年），杜甫在长安认识张垍，投求职信——《赠翰林张四学士珀》，把张垍吹捧一通后，要求找工作：

翰林逼华盖，鲸力破沧溟，天上张公子，宫中汉客星。

张垍您简直就是皇宫里面的文曲星，我们就是全靠你了。

天宝十三载（754年），杜甫又给张垍写了一封道歉信："吹嘘人所羡，腾跃事仍暌，碧海真难涉，青云不可梯，顾深惭锻炼，才小辱题写。"您吹嘘我的时候，别人都以为我能青云直上了，可是没想到我从这梯子上没爬上去，说到底是我自己本事不行，辱没了您对我的提携。

怎么回事呢？得从头说起。

天宝九载（750年），有个叫王玄翼的道士，一日神秘地对唐玄宗说，我见到轩辕黄帝老子了，而且在宝仙洞里头发现了一本秘籍，叫《妙宝真符》。玄宗醉迷长生术，马上派一个大臣，去宝仙洞找《妙宝真符》。

派谁去呢？张垍的哥哥张筠。张筠一找就找着了。大臣们马上拍唐玄宗的马屁。李林甫还表示，愿意把自己的住宅捐给道教，以便能让皇帝长生不老。唐玄宗马上在长安的南郊举行大祭。

在这活动的当口上，杜甫写了三篇大文章献给皇帝。这就是后来提到的《三大礼赋》。分别是《朝献太清宫赋》、《朝享太庙赋》、《有事于南郊赋》。

唐玄宗一看，这个文章来得太及时了。《新唐书·杜甫传》浓重地记下了一笔："帝奇之，使待制集贤院，命宰相试文章。"让杜甫待制集贤院，命宰相考试他的文章。杜甫在一天内声名大噪，考试时集贤院的学士们围绕着观看他秉笔华章。这次考试让杜甫备感荣耀，多年以后他回忆起当时的场面，还心潮澎湃，《壮游》诗说："天子废食召，群公会轩裳。"玄宗不用膳就把我召见，见而奇之，集贤士齐聚一堂。在《莫相疑行》中津津乐道："忆献三赋蓬莱宫，自怪一日声辉赫。集贤学士如堵墙，观我落笔中书堂。"

可是这个幸运一闪即逝。考试后他等候消息，结果毫无下文。

杜甫的试卷呈给李林甫，他看都不看，随手扔掉了。

杜同学只好像等待戈多一样等待。等到第二年的春天他又回到洛阳小住时，他绝望地向集贤院的两个学士说，仕进的前途没有多大希望了，只有继承祖父的名声努力做诗吧。

实际上杜甫不甘心就此沦落。为了早日获得实授的官职，天宝十三载（754 年），杜甫又写了两封上访信进献：《封西岳赋》和《雕赋》。所以这一年，杜甫写诗感谢张垍。

但是，这次杜甫苦心营造的自我展示机会，化为泡影。李林甫既然在玄宗那里说了"野无遗贤"。又怎么能单单让杜甫一个漏网呢?!

天宝十载（751 年）以后，过了四十岁的杜甫，在长安的日子小有起色。朋友们给杜甫资助，帮他在长安南郊的少陵原上盖起房子，结束了京城流浪的日子。这位饱受权贵和客栈老板白眼的诗人，终于有了自己的家，欣喜之情藏不住，动不动就自称"少陵野老"、"少陵布衣"。杜甫把家人接到长安，可见他对未来信心大增。妻子杨氏，此时不到三十岁，大儿子宗文五岁，小儿子宗武未满周岁。杨氏到长安，面呈喜色，宗文宗武蹦蹦跳跳。

然而家里用度紧张，杨氏心中有数。有钱买米无钱买盐，赊借是常事。偏偏这一年，绵绵秋雨又来了，一连下了六十多天，米价暴涨，很多人家顾不得御冬，抱着棉被换米吃。

杜甫的父亲死于这一时期，长安的开支巨大，一年又一年的沉寂，权贵们对他失去了耐心，对他越来越冷漠。杜甫不得不靠卖药为生，他自嘲饿不死，十天一顿饭，也捱过来了。长安城里他四处转悠，挎着宝贵的药篮子，"酷见冻馁不足耻"（《病后遇王倚饮赠歌》）。

天宝十三载（754 年），杜甫大病一场，差点死去。"疟疠三秋孰可忍? 寒热三日相交战"（《病后遇王倚饮赠歌》）。他卧病一百天，瘦得皮包骨头，身体坏透了，心情糟透了。偏偏这年秋天，长安多雨，他的衣服被子生了霉，下床便是青苔，出门踏水坑，积水中还生出小鱼。（《秋述》："多雨生鱼，青苔及榻。"）

在这种贫病交加的状态下，杜甫反倒很坦然，饥饿时就睡觉，不去麻烦别人，衣服破了就破着穿，补什么补啊。诗云：

> 饥卧动即向一旬，敝裘何啻联百结。
> 君不见空墙日色晚，此老无声泪垂血。
>
> （《投简咸、华两县诸子》）

"朝廷故旧礼数绝"，杜甫的富朋友们，在他患难时踪影全无。幸亏一位叫王倚的普通朋友，把大病初愈的杜甫接到他家去，花钱请医生买补品，使他慢慢康复。病榻上的杜甫，终于看见这几年自己在长安的真实身影：

> 朝叩富儿门，暮随肥马尘。残杯与冷炙，处处潜悲辛！
>
> （《奉赠韦左丞丈二十二韵》）

大病一场，跟死神照过面了，寻视周遭的目光会产生变化。这几句诗，道出多少文人的辛酸。

杜甫不得不将妻儿送往奉先（陕西蒲城）投靠亲戚。老婆孩子走了，家里变得空荡荡。杜甫深夜守着孤灯，写下一封又一封求职信。"贫贱夫妻百事哀"，其实从那时起，杜甫就有意无意地过起了到处乞讨的日子。《云仙杂记夜飞蝉》引《放怀集》："杜甫每朋友至，引见妻子。韦侍御见而退，使其妇送夜飞蝉，以助妆饰。"老婆一副寒酸相，杜甫自己还不觉得，客人看不过眼，叫夫人送了一个头饰过来。

杜甫有个族孙杜济住在长安城南郊，为了叨扰一顿饭吃，他每每前去走动，但这位族孙生活也不宽绰，见长辈来了，心里老大的不乐，嘴上不好说什么，却在行动上表现出来：打井水淘米，使劲摆动水桶，把水搅得挺浑；到园中砍菜，放手乱砍一气。杜甫对此感慨万分，作《示从孙济》：

> 平明跨驴出，未知适谁门。权门多噂沓，且复寻诸孙。……

> 所来为宗族，亦不为盘飧。小人利口实，薄俗难具论。
>
> 勿受外嫌猜，同姓古所敦。

这便是遭遇"宗族"冷落后凄凉心境的表露。

杜甫的上层外交起了作用。天宝十四载（755年），朝廷一纸任命，派他到河西县担任县尉。到长安这么多年了，这可是破天荒头一遭。县尉系实职，专管衙役、捕快，大致相当于现在的公安局长兼刑警队长。唐代县尉多由进士担任，京畿县尉职位尤重。县尉有油水的，灰色收入数不清，捉人放人都得些好处。

但是河西县离长安太远，而且也只是个从九品，杜甫不去。

第二年，朝廷给他另安排了一个小官职：兵曹参军，从八品，保管军用仓库的钥匙，被军官们呼来喝去，开门锁门。好处是有点俸禄，他不用去卖药了。门前喝酒，仓库里读书，倒也自在。余下一些银两，准备带给老婆孩子。杜甫在少陵（长安城东南）有一个家，结束了京漂生活。

仕途不幸诗家幸。长安十年，杜甫在天堂和地狱里煎熬过。他的诗歌脱胎换骨。情携沉郁，诗语顿挫，杜甫形成了的诗歌风格。

安史之乱前，杜甫写的诗，首推长诗《丽人行》。天宝十二载（753年）的春天，杜甫亲眼目睹一大群宫中丽人游曲江，踏青芙蓉苑，写下著名的《丽人行》：

> 三月三日天气新，长安水边多丽人。
>
> 态浓意远淑且真，肌理细腻骨肉匀。

三月三为上巳节，宫中佳丽鱼贯而出，曲江边上姹紫嫣红。杨玉环和她的三个姐姐走在丽人队伍前边，佩环摇动，酥胸半裸。这一年长安涝灾，许多房屋倒坍，成千上万的穷人啼饥号寒，高官富人画船争艳，正忙着欣赏雨中秋色。杨国忠欺骗玄宗没有雨灾，杜甫愤怒地写诗揭露。

他为唐朝统治者好大喜功，穷兵黩武深深忧虑。天宝年间，唐军疯狂开边：鲜于通攻南诏（云南西北部），大败，死六万人；高仙芝远征大食（阿拉伯），带去的数万人全军覆没；安禄山强攻契丹，又死六万人。朝廷不甘心失败，大募新兵，连抓带骗送往军营。《资治通鉴》说："于是行者愁怨，父母妻子送之，所在哭声震野。"

还有一首写于天宝中后期的《兵车行》。杜甫几番站在长安渭水咸阳桥旁，目睹为皇帝开拓边疆士兵们，一拨又一拨从桥上走过，是撕心裂肺的送别场面，在简陋客栈写下著名的《兵车行》：

> 车辚辚，马萧萧，行人弓箭各在腰。
> 爷娘妻子走相送，尘埃不见咸阳桥。
> 牵衣顿足拦道哭，哭声直上干云霄。
> 道旁过者问行人，行人但云点行频。
> ……
> 长者虽有问，役夫敢申恨？且如今年冬，未休关西卒。
> 县官急索租，租税从何出？信知生男恶，反是生女好。
> 生女犹得嫁比邻，生男埋没随百草。
> 君不见，青海头，古来白骨无人收。
> 新鬼烦冤旧鬼哭，天阴雨湿声啾啾。

后来，杜甫又写《前出塞九首》，直接追问统治者了："君已富土境，开边一何多？"杜甫一眼看透皇权的要害处，追问它的逻辑，它的运行模式。

杜甫深切地感受到，盛唐离乱唐只一步之遥。

3 少陵野老吞声哭

天宝十四载（755年）十月初，杜甫从长安赴奉先（陕西蒲城）探亲。这次探亲，杜甫的心情是愉快的。长安十年长漂，毕竟跻身仕途，少陵原上有个家。

他骑马，半夜从城里出发，天寒地冻，风嗖嗖地从耳畔划过。凌晨路过骊山，伫马遥望华清宫，想象玄宗与杨氏兄妹正在宫中享受春天般的温暖。《旧唐书·杨贵妃传》说："玄宗每年冬十月幸华清宫，国忠姊妹五家扈从。每家为一队，着一色衣。五家合队，照映如百花之焕发。"

杜甫快马加鞭，昼夜兼程，耳边回响着华清宫的音乐。飞雪夜归人，多么兴奋！推开柴门，却听见哀嚎声：他最小的儿子刚刚饿死。

杨氏痛哭，四邻抹泪，杜甫老泪纵横心如刀割。

草草安葬了幼子，杜甫在奉先写诗，五百字一气呵成。《自京赴奉先县咏怀五百字》，这是中国诗歌史上的丰碑。

> 杜陵有布衣，老大意转拙。许身一何愚，窃比稷与契。
>
> 居然成濩落，白首甘契阔。盖棺事则已，此志常觊豁。
>
> 穷年忧黎元，叹息肠内热！……

诗中说，杜陵这地方，有我这么个布衣，年纪越大，反而越傻。对自己的期望，多么愚蠢可笑，私自下了决心，要做稷、契那样的社稷之臣。这种想法竟然落得个到处碰壁，现在头发都白了，却甘愿辛辛苦苦，不肯休息。有一天盖上棺材，这事便无法再提，只要还没有咽气，志向就不能转移。一年到头，都为老百姓发愁、叹息，想到他们的苦难，心里像火烧似的焦急。

诗从志向入手，忧国忧民，矢志不渝，愈挫愈勇，老而弥坚！

四百字后，诗人才写到幼子饿死：

> 老妻寄异县，十口隔风雪。谁能久不顾？庶往共饥渴。入门闻号咷，幼子饥已卒……所愧为人父，无食致夭折。

诗人自叹：老婆孩子在风雪那边受冻挨饿，我怎能长久不管？这次去探望，就为了有难同当。谁知一进门就听见哭声酸楚，我那小儿子，已活活饿死！……惭愧呀，做父亲的人，竟没本事养活孩子！

中年丧幼子，杜甫承受着巨大的悲痛，却能看到自己是特权阶层的人，比失去田地的农民、到远方打仗的士兵强多了。他都这么悲惨，平民百姓又将如何？"默思失业徒，因念远戍卒。"

杜甫对皇帝的忠诚，就像葵花向太阳："葵藿倾太阳，物性固难夺。"可是同样坚定的，是他伟大的民间立场："彤庭所分帛，本自寒女出。鞭挞其夫家，聚敛供城阙！"

横征暴敛，民不聊生。杜甫发出沉痛的怒吼："朱门酒肉臭，路有冻死骨！"这一声吼，惊天动地！

忠君、爱国、爱家、爱天下苍生，推己及人，时刻不忘记自己的责任和使命，杜甫崇高的思想境界和博爱的胸怀，闪烁着夺目的光辉！

在这首诗中，杜甫已经预感到貌似宏丽的大唐危机四伏。

果然，一个月后，掌控着东北、华北广大地区的军政大权的安禄山，在范阳起兵二十万反唐，安史之乱爆发了！铁骑所过之处，血光遍地。仅三十三天，洛阳沦陷。

天宝十五载（756 年）的暮春，还在奉先探亲的杜甫，仓皇加入逃难的人流。百万难民忽东忽西乱窜，哭喊声动地。杜甫的马被人抢去，慌不择路，跌入荆丛，摔伤了腿，眼看落入胡兵手。家人走了十多里，才发现杜甫不见了。幸亏侄子王砅骑了一匹马，赶回去，把杜甫从这荆丛里救上来，扶他上马，自己一手牵缰绳，一手拿大刀保护杜甫，这才赶上家里人。

一家人在陕西境内流窜。路过彭衙（今陕西白水县境内）时，小女儿饿得大哭，惹来虎狼长啸。夏季雷雨大作，山洪又来了，很多人往树上爬，有胆小的，数日不下树。杜甫与杨氏拖着二儿一女，泥泞中连滚带爬，到鄜州的羌村（今陕西富县南）。后来，杜甫在《彭衙行》中记载了他携妻子儿女逃难经过彭衙时的情形：

……痴女饥咬我，啼畏虎狼闻，怀中掩其口，反侧声愈嗔，小儿强解事，故索苦李餐，一旬半雷雨，泥泞相牵攀。……

杜甫把家小安顿在羌村，又想起朝廷。自己是朝廷官，要去报到。

太子李亨在宁夏灵武称帝。杜甫启程向北，只身走延安，欲出芦子关（陕西横山附近），投奔灵武。

这一路艰险无比。四周胡兵虎视眈眈，沿途岗哨林立。杜甫挥剑开路，躲避虎狼，千辛万苦，还是被胡兵捉去，押送长安。这一关就是一年。

时在九月，杜甫再入长安，不过是囚犯。他看到的长安，"决眦入血腥"。

长安沦陷近百日，大屠杀已经过去。劫后的京城惨不忍睹，到处都能闻到尸体的气味儿。断垣残壁下，曲江渭水中，头颅、断肢横陈，肿胀尸身漂浮。大屠杀发生在炎夏，艳阳照着成千上万的尸体，街巷堵塞，渭水不流。胡兵杀汉人，连婴儿都不放过。腐烂的尸身臭气熏天，胡兵又驱使汉人清扫战场。城北的皇宫禁苑、富人区，尸体堆成山。

杜甫大半个冬天躲在没人住的房子里，春日入夜溜出去，沿曲江潜行。忆及京都繁华，杜甫悲从中来，写下在《哀江头》：

> 少陵野老吞声哭，春日潜行曲江曲。
> 江头宫殿锁千门，细柳新蒲为谁绿？
> 忆昔霓旌下南苑，苑中万物生颜色。
> 昭阳殿里第一人，同辇随君侍君侧。
> ……
> 明眸皓齿今何在？血污游魂归不得。
> 清渭东流剑阁深，去住彼此无消息。

杨玉环葬于渭水之滨，而玄宗远在剑门关内，彼此永无消息。杜甫又写《哀王孙》，对沦陷的故国、昔日的长安寄托了深沉哀痛。杜甫身陷贼中，却密切地关注战事发展。

唐军与叛军激战于陈陶，丞相房管指挥的四万人几乎全部战死，杜甫悲愤之极，写下《悲陈陶》：

> 孟冬十月良家子，血作陈陶泽中水。
>
> 野旷天清无战声，四万义军同日死。
>
> 群胡归来血洗箭，仍唱胡歌饮都市。
>
> 都人回面向北啼，日夜更望官军至。

四万良家子，从早晨拼杀到黄昏，鲜血染红了河流。而群胡得胜回城，唱胡歌饮美酒。沦陷的长安百姓向北啼哭，日夜盼望官军来。

妻子儿女在鄜州，生死未卜，杜甫写《春望》，寄托深沉的忧家忧国之思：

> 国破山河在，城春草木深。感时花溅泪，恨别鸟惊心。
>
> 烽火连三月，家书抵万金。白头搔更短，浑欲不胜簪。

杜甫官小，没名气，胡兵看管不严，他瞅个空子逃出来了。他发挥游击队员的功力，昼夜疾走，穿过唐军与叛军对峙的地带，从一座山偷偷爬到另一座山，几次险些丧生。时隔多年，杜甫想起这一幕还心惊胆战。

唐军在郭子仪的带领下，连打胜仗。肃宗李亨从灵武迁到凤翔。杜甫再见到肃宗时，"麻鞋见天子，衣袖露两肘"。

朝廷草创，正用人之时，肃宗被杜甫的忠心感动，封他做左拾遗。左拾遗的主要职责是提建议，官不大，八品，但是属中央级官，职位很重要。

杜甫履行职责，提的第一个建议，是为丞相房管辩护。

房管打了败仗，他的政敌诬陷他的琴师董庭兰贪污。战争特殊时期，肃宗下令查办。

经过周密调查，杜甫认定房管没有贪污，便提建议说："罪细，不宜免大臣"。肃宗大怒，转而查办他，幸亏宰相张镐说情，这才把肃宗怒气压下。

这事看起来简单，实质是太子党和玄宗党的斗争。肃宗解决房管，是清理门户。杜甫没弄清就里，就放了一炮。

杜甫的不来事儿，还在后头。他回家写了一封检讨书，先把房管夸了一通，再说我做错了。肃宗火上加油，给他放长假，让他回家看看。这些都说明，杜甫不是当官的料。

从凤翔到鄜州，660多里，杜甫发愁，向一位叫李嗣业的将军借一匹马。他在《徒步归行》一诗中写到打借条：

> 青袍朝士最困者，白头拾遗徒步归。……
> 妻子山中哭向天，须公枥上追风骠。

老杜说：我知道战争时期，马匹是紧缺物资，可是我老婆天天在家哭着，我孩子在家里面见不着我，你就给我一匹马，还得好点的马，不然怎么走得到呀。好吧，李嗣业给了他一匹马。

不管自己混得怎样不如意，战乱年代，能跟家人相见，杜甫是高兴的。

群山绵延，马背上瘦削的杜甫渐行渐远……

《羌村三首》（其一），记录这次赴羌村与家人团聚：

> 妻孥怪我在，惊定还拭泪。……
> 夜阑更秉烛，相对如梦寐。

妻子惊喜地望着杜甫，你还活着，这不是做梦吧?! 千言万语，无限酸楚，在流泪又转笑中，照见了平凡的幸福。

长安收复，新老皇帝相继返京，杜甫举家迁长安，但他的好日子一晃而过。

乾元元年（758 年）端午，肃宗赐给杜甫香罗和甲衣。杜甫《端午日赐衣》：

> 宫衣亦有名，端午被恩荣。细葛含风软，香罗叠雪轻。
> 自天题处湿，当暑著来清。意内称长短，终身荷圣情。

杜甫惊喜不已：宫衣上面居然还有我杜甫的名字啊！这是怎么回事？原来，此时肃宗正在打击他老爸的臣子，把房管、张镐、严武、贾至、高适、岑参等人贬出京都，杜甫愣以为皇帝眷顾自己，没想到端午节过后几天就被外放了。

杜甫贬为华州（陕西华县）司功参军。华州原来是没人去的穷山沟，杜甫的办公桌上蝎子爬，苍蝇蚊子满天飞。积压了几个月的公文堆到杜甫手上，使他冲到山崖边发狂大叫。气愤之余，还是写诗吧，这就有了《早秋苦热堆案相仍》：

> 七月六日苦炎蒸，对食暂餐还不能。
> 常愁夜中皆是蝎，况乃秋后转多蝇。
> 束带发狂欲大叫，簿书何急来相仍。
> 南望青松架短壑，安得赤脚踏层冰。

洛阳也收复了，杨氏带着孩子回洛阳老家。次年初，杜甫向州官请了假，千里迢迢赴洛阳，住了不到一个月，又匆匆返回。

战局多变。三月，史思明再次攻破洛阳城。相州（河南安阳）大会战，六十万唐军全线溃退，每过一地，抢掠民宅，州官县官止不住。杜甫正在返回华州的途中，目睹了大混乱。唐军为补充兵员，到处抓人。河南陕西，抓得鸡飞狗跳，十室九空。

杜甫就沿路看到战乱之后的情景，写了著名的"三吏""三别"。"三吏"就是《新安吏》、《潼关吏》、《石壕吏》；"三别"就是《新婚别》、《无家别》和《垂老别》。《新安吏》写在河南新安征兵，征到一个小孩子，孤儿，杜甫很同情他，鼓励了他一番。《石壕吏》写杜甫投宿石壕村，遇官吏抓丁服役，老翁逾墙逃走，老妇出门应对并自请应役的经过。《潼关吏》是告诫当时戍守潼关东大门的唐朝军队，不要再犯哥舒翰的错误。《新婚别》是说一个新婚不久的妻子要送自己的丈夫上前线。《无家别》是说刚刚在前面的战场上溃退回到家的战士，看到自己的家已经荡然无存，却接到了官府的文书，要求他再次参军。《垂老别》是说一个老人家里没有孩子了，也被征到兵要去作战，跟自己的老伴儿告别，上前线。

这一组诗歌，是杜甫代表作，与《诗经》、《乐府》中的一些名篇比肩而无愧。

乾元二年（759 年），杜甫回到华州后，不久弃官而去。《新唐书》载："关辅饥，辄弃官去。"杜甫弃官，因为四月关中大旱。战乱年代，又逢天灾，物价飞涨。杜甫那点工资，只够买半斗粮食，一家六七口没法活下去。这一年，杜甫四十八岁，辞官意味着他不复留恋仕途。他开始了一生中最为遥远的大迁徙。

杜甫有个从弟杜佐做襄阳节度使，他在秦州有一个小庄园。杜佐说庄园里的瓜果蔬菜茂盛，这对杜甫来说，吸引力太大了，他就举家翻越陇山迁徙。陇山高近千丈，古人戍边行役，一向视为畏途。旧日记载说，山路九转，翻越要用七天的功夫。杜甫在秋风萧瑟的时节来到秦州，住在郊区的一个小破屋里头，一到下雨，内外如注。杜甫在《佐还山后寄三首》（其二）一诗中记叙了向杜佐借米的情景：

> 白露黄粱熟，分张素有期。已应舂得细，颇觉寄来迟。
> 味岂同金菊，香宜配绿葵。老人他日爱，正想滑流匙。

他大概觉得诗价等于米价，杜佐却躲得远远的。老杜饿得肚子咕咕叫，还在操心国家大事。"西征问烽火，心折此淹留"。老杜担心吐蕃以后攻长安。后来的事实印证了杜甫的操心。老杜在秦州无法解决温饱问题，住了三个月再次迁徙。

　　这一年还发生了一件事：肃宗将亲生小女儿宁国公主，进贡给回纥六十多岁行将就木的老可汗为妾，出嫁回纥仅三个多月，老可汗便死了。回纥人按本国风俗，准备让宁国公主殉葬。宁国公主据理力争，回纥才同意她回长安。但不能安然回去，贵臣们执行回纥的风俗，在公主的脸上割了几刀。公主只有带着创伤，嚎啕着回到长安。远在秦州的杜甫，感慨良多，写《即事》一首：

　　　　闻道花门破，和亲事却非。人怜汉公主，生得渡河归。

　　　　秋思抛云髻，腰支胜宝衣。群凶犹索战，回首意多违。

　　此诗评肃宗对回纥和亲政策之失计。

　　乾元二年（759 年）冬天，可能杜甫写过求助信，同谷县令邀请他到同谷，于是杜甫举家迁至同谷，可是到了同谷，县令连影子也没有。杜甫贸然走他乡，过于相信亲朋，全家陷入困境。他写下了许多悲伤的诗句，即《乾元中寓居同谷县作歌七首》，读来不由催人泪下：

　　　　有客有客字子美，白发乱发垂过耳。

　　　　岁拾橡栗随狙公，天寒日暮山谷里。……

　　零下十几度，杜甫不得不拣拾橡树果子为食，不然就去挖地里的野芋头。苦苦捱了一个月，眼看有人要饿死，杜甫和妻子紧张商议，决定长途跋涉，到天府之国成都。

　　一家老小又上路了。时在十二月，最寒冷的日子。途中有传言，李白已死，杜甫一连三夜梦见李白，写《梦李白二首》（其一）：

　　　　死别已吞声，生别常恻恻。江南瘴疠地，逐客无消息。

　　　　故人入我梦，明我长相忆。……

　　"诗是吾家事。"这一年，杜甫从洛阳返华州，从华州到秦州，从秦州到同谷，从同谷向遥远的成都进发，几千里折腾，受冻挨饿，却是写诗最多的年份。在秦州，他写了八百多首诗。

4 草堂春秋

千秋华夏一诗圣，万里江山两草堂。

杜甫一家人，走了整整一年才走到成都。当时的成都，号称十万户，实际人口在二十万左右。繁华仅次于扬州。而成都远离战火，杜甫对它寄予莫大希望。

乾元三年（760年）春，在朋友的资助下，杜甫草堂在浣花溪暂落成。虽然简陋，但是对于饱受颠沛流离之苦的杜甫来说，已经非常满足了。他写下了一首清新明快的《江村》：

> 清江一曲抱村流，长夏江村事事幽。
>
> 自去自来梁上燕，相亲相近水中鸥。
>
> 老妻画纸为棋局，稚子敲针作钓钩。
>
> 但有故人供禄米，微躯此外更何求？

初夏时节，浣花溪畔山青水碧流水淙淙，天上飞翔的白鸥给河边的小村庄增添了一丝灵动的气息。河边有几位少年在垂钓，岸边的垂柳底下有几个老翁在下棋。有朋友供给柴米和住所，还有什么可奢求的？杜甫满眼喜悦。

杜甫的表弟王十五在城里做司马，他和高适、严武及邻居都来资助杜甫。杜甫此时的人生如《春夜喜雨》：

> 好雨知时节，当春乃发生。随风潜入夜，润物细无声。
>
> 野径云俱黑，江船火独明。晓看红湿处，花重锦官城。

不久，当地的县太爷崔明府来看望他。杜甫喜出望外，写下了《客至》：

> 舍南舍北皆春水，但见群鸥日日来。
> 花径不曾缘客扫，蓬门今始为君开。
> 盘飧市远无兼味，樽酒家贫只旧醅。
> 肯与邻翁相对饮，隔篱呼取尽余杯。

环境幽美，邻里和睦，主人殷情，客人贵雅，一派明媚。

草堂附近，得地有数十亩。杜甫为建设宜居家园，忙得不亦乐乎：《萧明府处觅桃栽》、《从韦二明府处觅绵竹》、《凭何少府觅桤木栽》、《凭韦少府班觅松树子栽》、《诣徐卿觅果栽》，从这些诗题看，杜甫的家相当于一个小农场了，花团锦簇。诗人漫步花径，看见邻居黄四娘，《江畔独步寻花》（其六）信手拈来：

> 黄四娘家花满蹊，千朵万朵压枝低。
> 留连戏蝶时时舞，自在娇莺恰恰啼。

黄四娘家小路两边的花丛里蝴蝶飞舞，在各色的花朵间留连忘返翩翩起舞。不时有一两声莺啼在林间传来，把春意渲染得更浓。因为杜甫，这位无名的黄四娘芳名千古。

杜甫在成都草堂定居下来以后，又在锦江岸上搭建了水亭，专门用来垂钓和远眺。《水槛遣心》写出了杜甫满足的心情：

> 去郭轩楹敞，无村眺望赊。澄江平少岸，幽树晚多花。
> 细雨鱼儿出，微风燕子斜。城中十万户，此地两三家。

水亭虽然离城市很远，但是视野开阔，是个眺望的好地方。碧绿的锦江水面宽阔，很多地方几乎见不到江岸。蒙蒙细雨洒在江面上，小鱼们在水面上吐着水泡，欢快地在水里游动；微风轻拂，小燕子倾斜着掠过江面，留下一丝轻微的漪澜。草堂的四周林木茂盛繁花似锦，在春日的黄昏里散发着阵阵香气。

杜甫最钟情丞相诸葛亮，武侯祠少不了要去缅怀，写下了著名的《蜀相》：

> 丞相祠堂何处寻，锦官城外柏森森。
>
> 映阶碧草自春色，隔叶黄鹂空好音。
>
> 三顾频烦天下计，两朝开济老臣心。
>
> 出师未捷身先死，长使英雄泪满襟。

祠堂周围松柏森森，显得庄严肃穆。台阶和墙角碧草丛生，一派生机盎然。茂密的树叶里传出几声黄鹂的鸣叫，反而使祠堂显得很沉寂。诸葛亮所处的那个年月跟现在很相似，杜甫对诸葛亮的仰慕和诸葛亮功业未成的惋惜之情，千秋共鸣。

大概杜甫的性格有点放大自己的痛苦，深秋的一天，一场大风把草堂屋顶上的茅草吹走了，著名的《茅屋为秋风所破歌》诞生了：

> ……安得广厦千万间，大庇天下寒士俱欢颜，风雨不动安如山！呜呼！何时眼前突兀见此屋，吾庐独破受冻死亦足！

佛祖说："我不入地狱，谁入地狱？"杜甫总是站在个人的苦难低谷，愿天下苍生幸福。

然而平静的生活维系的时间并不长，一年之后，杜甫在成都所依靠的朋友严武入朝为官。走到半路，剑南兵马使徐知道就起兵作乱。杜甫在草堂待不住了，不得不去梓州避难。

杜甫的"草堂生活"在这一年的冬天暂时告一段落，离开草堂以后，他先到射洪县参观初唐大诗人陈子昂的故居，然后到通泉县参观郭元振故居。顺便还到庆善寺薛稷的书画壁。

次年，广德元年（763 年），唐政府军收复河南河北，史思明的长子史朝义自缢身亡。历时八年的安史之乱结束。杜甫听说后大喜，产生了回京城的念头。《闻官军收河南河北》便是此时所作：

> 剑外忽传收蓟北，初闻涕泪满衣裳。
> 却看妻子愁何在，漫卷诗书喜欲狂。
> 白日放歌须纵酒，青春作伴好还乡。
> 即从巴峡穿巫峡，便下襄阳向洛阳。

这首诗感情奔放，凸显了急于返回故乡的欢快之情，被后人称为杜甫生平"第一快诗"。由于种种原因，杜甫的重返京城的计划始终没有实现。就在他游荡东川的这段时间里，成都传来消息，好朋友严武任剑南节度使，重新回到成都。

杜甫听说后才从梓州搬回来。再次进入草堂，心情大好，提笔写下一组《绝句》（其三）：

> 两个黄鹂鸣翠柳，一行白鹭上青天。
> 窗含西岭千秋雪，门泊东吴万里船。

此诗风格明丽，意境雄浑，气象光明，堪称七绝"绝唱"。

在严武的推荐下杜甫做了节度使参谋，好歹也算是吃公家饭的，每月都能按时领取工资，总比单纯靠朋友资助过日子好一些。不过杜甫对那种幕僚生活很不满意，没过几个月便请假回到草堂。第二年三月便写了辞职报告，彻底结束了幕府生涯。

剑南节度使严武病故以后，杜甫失去依靠，无奈举家南下，至此"草堂生活"告一段落。

杜甫离开成都草堂以后，他后半生最后一段安定的时光就此结束。杜甫带着家人从成都往南走，先后到达四川乐山、宜宾、重庆等地，在重庆的龙兴寺居住一段时间之后，顺江流而下移居奉节白帝城（那时候叫夔州）。此时的杜甫已是体弱多病，基本上可以说是五十多岁的人七十多岁的心脏。流离的生活给了晚年的杜甫一副多病的身体。

杜甫在夔州的这段时间里，多亏了夔州都督柏茂琳的资助，得以再次有了安身之地。这时候的杜甫开始着手整理早年的作品，很大程度上对其作品的保存和流传起到了作用。

大历二年（767年）春，五十六岁的杜甫迁居瀼西草屋。草屋附近有果园四十亩，菜园子好几亩，还有稻田若干顷，还有伯夷、辛秀、信行、阿段、阿稽等几个"隶人"，可以说生活衣食无忧。

然而秋季的丰收和暂时的定居没有给杜甫带来喜悦。杜甫天生就是操心的命，忧国忧民、忧天下社稷。此时"安史之乱"虽然已结束四年，但地方军阀割据、朝廷暗弱，人民照旧生活在水深火热之中，大唐盛世一去不复返，他的心情自然不会好。

在一个秋风萧瑟的日子里，杜甫抱病登高，千古名诗《登高》一泻而下：

> 风急天高猿啸哀，渚清沙白鸟飞回。
> 无边落木萧萧下，不尽长江滚滚来。
> 万里悲秋常作客，百年多病独登台。
> 艰难苦恨繁霜鬓，潦倒新停浊酒杯。

大江两岸猿啼声声，显得十分悲哀。举目远眺，看见飞鸟在沙洲上盘旋，形单影孤，心情更加低落。北风吹过，树叶纷纷飘落，连大自然都为诗人而哀愁。滚滚长江水从天边流向另一个天边，不可阻挡的滚滚而逝。"无边落木萧萧下，不尽长江滚滚来。"可见杜甫的胸怀。

大历二年秋冬之际，杜甫在夔府看到了一个女子在做舞剑表演。一问，竟是公孙大娘的高徒李十二娘。杜甫一阵感叹，不由得回忆起儿时观看公孙大娘舞剑的情形。

杜甫在草屋居住了一段时间，有一个吴姓朋友自忠州来，他把草屋借给了朋友居住，自己则有了东游荆襄的打算。于是收拾行装顺江东下来到荆楚大地。他久病的身体依旧不见好转，因为某种疾病的原因，左耳朵也聋了。

大历三年（768 年）元宵佳节后，杜甫离开夔州踏上了前往荆襄的道路，苦心经营一年的草屋连同果园菜园也赠给了别人。杜甫出三峡后在江陵逗留了几个月，迁往公安，几个月之后移居衡州。途径岳阳的时，登上了江南三大名楼之一的岳阳楼，号称古今登楼第一诗的《登岳阳楼》诞生了：

> 昔闻洞庭水，今上岳阳楼。吴楚东南坼，乾坤日夜浮。
> 亲朋无一字，老病有孤舟。戎马关山北，凭轩涕泗流。

大历五年（770 年）春天，一直在湖南漂泊的杜甫遇到了京城好友李龟年。看着朋友落魄的样子，杜甫有感而发写下一首《江南逢李龟年》：

> 岐王宅里寻常见，崔九堂前几度闻。
> 正是江南好风景，落花时节又逢君。

杜甫写下这首诗的时候可能有预感，他这次见到李龟年恐怕是最后一次了，毕竟两个人都年纪大了，而且都有病在身，燃烧的生命随时会枯竭。杜甫和李龟年分别之后来到衡阳，在游览岳庙的时候被大雨所阻隔，一连十几天没有吃东西。在衡阳待不下去，他起身投奔郴州的舅氏崔伟，在经过耒阳县的时候又被雨水阻隔。这事被耒阳县令知道了，这人对杜甫非常崇敬，于是驾船把杜甫接到耒阳县城。县令给杜甫准备了丰盛的酒宴，当时的杜甫实在是饿极了，一下子吃了好几斤牛肉白酒，可能是由于肠胃的原因，第二天便与世长辞。一代诗圣就此陨落。

孔庆翔说：杜甫是"中国唯一影响随着时间不断增长的诗人"。杜甫在世时，籍籍无名，即使在创造出大量优秀作品乃至死后的相当长时间内，依然不被人们所熟知。但是随着杜甫的背影与人世渐行渐远，形成了"千家注杜诗"的局面。

杜甫的诗歌艺术和人格在古代诗人和知识分子中，是崇高的、完美的，堪为世人的典范，称之为诗圣，是当之无愧的。

第三章

诗王白居易

缀玉联珠六十年，谁教冥路作诗仙。

浮云不系名居易，造化无为字乐天。

童子解吟长恨曲，胡儿能唱琵琶篇。

文章已满行人耳，一度思卿一怆然。

——唐宣宗《吊白居易》

白居易（772—846 年），字乐天，是早慧的神童，也是早恋的情种。他的情诗写得回肠百折，令人叹为观止；在现实中他也倾情上演《长恨歌》。他是贞元进士，善于用诗歌这个独门武器经营仕途，制造人气场和保护盾甲，历任杭州刺史、苏州刺史、刑部尚书，晚年官运更隆。他写诗上取《诗经》，瞄准杜甫，自觉地用文字打败时间，以诗歌扬名后世。他的乐府诗针砭现实，质朴刚健，观察入微，通俗易懂，为百姓喜闻乐见。他晚年号醉吟居士、香山居士。他的诗与元稹齐名，世称"元白"。代表作有《长恨歌》、《琵琶行》等，存世有《白氏长庆集》。

1 到京城买房很容易

白居易是中唐一声嘹亮的唢呐，富丽，婉转，尖锐，有时呜咽。

他轻轻浅浅，百姓喜爱他，皇帝怀念他。

有此殊荣，白翁该得意。

唐大历七年（772年）正月二十日，大诗人白居易出生在河南新郑县城东郭村。

白居易的先祖，有一个大大的名人，就是白起。白起是继中国历史上自孙武、吴起之后又一个伟大的军事家。白居易在自述白氏先祖世系的《故巩县令白府君事状》中，记载白起的先祖是楚国公族白公胜。后来秦始皇封白起的儿子白仲于太原，白氏在太原成为望族。于是白居易写诗、作文时，动不动自称"太原白居易"，原因在此。

白居易世代书香门第，而官阶不高。他的父亲白季庚先后做过彭城县令、徐州别驾、襄州别驾等职，后来他把家迁居新郑县西的东郭村，白居易在此度过童年。

白季庚四十一岁时结婚，夫人陈氏当时只有十五岁，两年后，白居易出生。

父亲常年在外做官，母亲陈氏担负起教育子女的责任。陈氏善良贤惠，有学问，有见识。她教育出的孩子，个个不凡。

白居易出生六七个月就能识字。《新唐书·白居易传》记载，有一次，乳母指着屏风上"之"、"无"两个字，读给他听，白居易尽管还不会说话，却似乎记住了。后来，无论谁让他指认这两个字，他都能明辨无误，百试不爽。白居易不满周岁，就为汉语贡献了一个典故："略识之无"。

白居易三岁，母亲手把手地教他读书写字，温声细语，昼夜教导。五六岁，已开始学作诗，八九岁懂得诗词声韵，能用琵琶熟练地弹奏《秦王破阵舞》，乡邻都称其"神童"。

白居易的一生，几乎见证整个中唐。安史之乱后，唐朝由盛转衰，朝廷的控制力极大削弱，吐蕃进犯，藩镇割据、宦官专权、朋党之争不断。他的青少年时期，在战火中飞蓬流转。唐建中二年（782年）成德军节度使李惟岳、魏博节度使田悦叛乱。四月，河北藩镇朱滔叛乱。六月，王武俊叛乱。十月，李希烈叛乱。次年，朝廷对两河用兵，十月，德宗逃往奉天，朱泚据长安称帝，围奉天。十二月，李希烈陷汴州。这一年，武元衡进士及第。

为避战乱，十一岁的白居易随母迁往父亲的官地徐州。徐州未住多久，战事又起。白季庚将白居易的母亲送到符离（安徽省宿州市埇桥），安居在濉水南畔东林草堂，另送白居易到苏、杭避难。从此，白居易便开始了"关河千里别，风雪一身行"的漂泊生活。贫困的生活，使白居易更加思恋自己的故乡与亲人。

白居易十五岁时在越中游历，发奋读书，诗文成就，已见不凡，准备应进士第。还经常跟文人士子讨论天下事，找机会接触韦应物、房孺复这样有名的地方官，跟他们学作文，制事方略。

贞元三年（787年），白居易从越中回到了符离家中，此时的白居易已经写出不少可以传世的好诗，其中最有名的是五言律诗《赋得古原草送别》，在"赋得体"中堪称绝唱。

白居易虽然诗才出众，但不是生徒出身，只有走乡贡一条路。唐朝科举制度规定，参加科举考试的考生主要有两个来源：一是生徒，指由京师及州县学馆出身的学子，直接送往尚书省应试；二是乡贡，指学馆以外的学子，按"怀牒自列于州县"的规定，而先经所在州县的考试，及第后再送尚书省应试，因为他们是随各州的进贡物品同时解送的，所以称乡贡。况且唐朝试卷都不"糊名"，达官贵人和名士推荐，对考生有举足轻重的作用。

贞元五年（789年），十七岁的白居易在父亲白季庚的鼓励下，希望通过自己的诗才得到达官显贵的赏识，被举荐而谋得一官半职，满怀希望要去京城长安。

唐朝的张固《幽闲鼓吹》载："白尚书应举，初至京。以诗谒顾著作。顾睹姓名，熟视白公曰：'米价方贵，居亦弗易。'乃披卷首篇曰：'咸阳原上草，一岁一枯荣。野火烧不尽，春风吹又生。'即嗟赏曰：'道得个语，居即易矣。'因为之延誉，声名大振。"

这段记载的背景是，贞元三年（787年），顾况为李泌所荐引，担任掌管编纂国史和起草朝廷重要文件的著作郎，是诗界大腕，文坛掌门。尤其在李白、杜甫、王维等顶级大师离世之后，他独撑唐诗一片天，无论朝野，求见者极多，常常昼夜等待，门庭若市。他是大诗人，又是宰相李泌的挚友，十分高傲，一般士子求访不易，更难得到他的赞赏。

到了贞元五年（789年），李泌去世，顾况也于此年三、四月间，被踢出长安，贬饶州司户参军。他被贬的原因据说是"傲毁朝列"（李肇《唐国史补》），"不能慕顺，为众所排"（皇甫湜《顾况诗集序》）。

顾况在贬官南下途中，路经衢州，与要到长安去的白居易有了这次接触，白居易的诗名不胫而走。

初见时，顾况很有点瞧不起白居易这个初出茅庐、年未弱冠的陌生少年，就疑惑地问："你家住何处啊？"白居易连忙答道："晚生姓白名居易，从东都来冒昧拜见先生。"说完就恭敬地呈上名帖和诗卷。

顾况看到书衣上的姓名，忍不住调侃道："近来长安米价很贵，只怕居住不容易呢。"

白居易被顾况说得脸面泛红，不知如何应对才是。只是低头恭恭敬敬地站在旁边请求指教。

戏言毕，顾况还是拿起诗卷，随手翻开，阅读下去。过了一会儿，在《赋得古原草送别》一页，他的手停了下来，眼睛盯着诗卷，不由轻轻地吟诵："离离原上草，一岁一枯荣；野火烧不尽，春风吹又生……"

顾况读到这里，大为赞赏，脸上显露出兴奋的神色："妙啊！青年才俊如此，长安居亦易矣！"

正是顾况对白居易的刮目相看，使白居易的诗名惊动长安，他一到长安便名声大振。

不久，十七岁的白居易乘着激情写出《王昭君二首》，在长安城被争相传抄：

> 满面胡沙满鬓风，眉销残黛脸销红。
>
> 愁苦辛勤憔悴尽，如今却似画图中。
>
> 汉使却回凭寄语，黄金何日赎蛾眉？
>
> 君王若问妾颜色，莫道不如宫里时。

时在夏天，长安天气酷热难忍，达官贵人抢购冰块祛暑，以至于货缺价奇，不得如愿，然而，白居易需要冰块，售冰者却用筐装送，分文不收，他们喜爱这位难得的诗才，愿意无偿为他服务。

而这一年，白居易在长安城，由于生活条件的艰苦，再加上刻苦攻读，不但不能久居下来，相反，他大病一场，差点死去，不得不返回符离。

贞元六年（790年），十八岁的白居易重返符离家中发奋攻读。他在《与元久书》中写道："十五六始知有进士，苦节读书。二十已来，昼课赋，夜课书，间又课诗，不遑寝息矣。以至于口舌成疮，手肘成胝。"读书读得舌头成疮，写字写得手肘生茧，达到废寝忘食的程度。

经过几年的苦学，白居易学识文章上得到了长足的进步。

贞元十年（794 年）五月二十八日，白居易的父亲白季庚突然病逝于襄阳官舍。由于白季庚生前为官清廉，没有什么积蓄，突然过世，担任符离主簿的白幼文和白居易、白行简兄弟三人不但没有能力把他的灵柩运回原籍，甚至也无力较好地安葬，只好把父亲灵柩暂厝于襄阳县东津乡南原村，然后跟哥哥一起护送母亲、外祖母和弟弟返回符离故居。

父亲去世，没有工资，白幼文因为守孝丁忧，也没了薪水，再加饥荒岁月，白居易家庭的经济情况变得非常困难，日常生活常常难以维持，"昼行有饥色，夜寝无安魂"。

贞元十四年（798 年），二十六岁的白居易在溧水顺利通过乡试。贞元十五年（799 年），在叔叔白季康的和哥哥白幼文的安排下，参加了宣歙观察使崔衍在宣州主持的贡试。

白居易参加乡试的试题是《射中正鹄赋》和《窗中列远岫》（诗题出自谢朓《郡内高斋闲望答吕法曹诗》）。白居易在《窗中列远岫》中写道：

> 天静秋山好，窗开晓翠通。遥怜峰窈窕，不隔竹朦胧。
>
> 万点当虚室，千重叠远峰。列檐攒秀气，缘隙助清风。
>
> 碧爱新晴后，明宜反照中。宣城郡斋在，望与古时同。

这首诗造语玲珑、意境悠远，后来有人将它与盛唐诗人祖咏的名作《终南望余雪》称为科场诗作"双璧"。白居易由此很得崔衍赏识，被破格选为宣州"乡贡"，获得了去京城长安参加考试的资格。

贞元十六年（800 年），白居易再赴长安参加进士考试。首都长安，轩车高乘络绎不绝，笙箫歌舞喧闹不止。

这年二月十四日，中书舍人高郢主持的进士试如期举行，试题为《性习相近远赋》和《玉水记方流诗》，另加策论五道。白居易考中了第七名进士。在同榜进士陈权、王鉴、郑俞、吴丹、杜文颖、崔玄亮等十七人中，时年二十九岁的白居易还是最年轻的一个。白居易不无得意地写道："慈恩塔下题名处，十七人中最少年。"

离京之际，同科进士设宴欢送，同唱衣锦还乡曲。

贞元十六年（800年）秋，进士及第后的白居易重返宣州，专程拜谢崔衍"贡"举之恩，并希望继续得到崔衍的提携。白居易在《叙德书情四十韵，上宣歙崔中丞》一诗中，称自己是"身忝乡人荐，名因国士推。提携增善价，拂试长妍姿。"在宣州与杨虞卿相识。

回到长安后，白居易先后参加了吏部侍郎主考的"拔萃科"和唐宪宗亲自主考的"才识兼茂，明于体用"科，以第四名高中均奏凯而归，"十年之间，三登科第，名入众耳，迹升清贵。"

贞元十七年（801年）秋天，白居易离开符离，转道洛阳，准备次年应考吏部的拔萃铨试。这届铨试是吏部侍郎郑珣瑜主持的。经过一次次考试选取，白居易与元稹、刘禹锡、李建、崔玄亮等名列甲等，联袂登第，数月的拔萃考试也使他们几人之间建立了深厚的友谊。贞元二十年（804年）春，白居易西归，路过洛阳，拟偕母亲与弟弟同赴长安。他果然在长安住下来。

一年后，他把家搬到离好友元稹比较近的永崇里华阳观，与元稹一起准备中央公务员考试。白居易闭户累月，潜心结撰策论，"闭户累月，揣摩当代之事，构成策目七十五万"，将自己的策文七十五目编为四卷，名曰《策林》。在《策林》中，白居易陈述了自己"酌人言、察人情，而后行为致"的政治主张，于政治、经济、军事、外交、刑法、吏治、风俗等各个方面，都阐述了自己的观点。

后来，白居易和元稹同时通过"才识兼茂明于体用科"考试。元稹考得甲等，授官左拾遗，白居易入选乙等，被任命为周至县尉。

2　官场愤青的突围

白居易是富贵诗人。唐代三大诗人中，他排第三，但从职场生存智慧比较，他高居第一。

初入官场的白居易，向污浊朝廷"作狮子吼"，一个字：猛！

贞元十九年（803年），白居易和元稹同时被授予秘书省校书郎的官职。

唐顺宗李诵将贞元二十一年（805年）改元为永贞元年，开始了以王叔文的"永贞革新"。白居易写一封三千言的长信《上宰相书》，对永贞党人表示支持。仅半年之后，永贞党领袖王叔文贬为渝州司户，旋又赐死，韦执谊被发配海南崖州，忧愤而死；其余都遭贬谪。白居易差点撞上刀口，惊恐之际，也受到极大触动，刚刚生长的"兼济天下"之志几被摧折。

元和元年（806年），白居易被任命为周至县尉。县尉要到民间催缴赋税，诗人的良心滴血。

在折腰为小吏的惆怅日子里，白居易写了大量反映民间疾苦的诗歌。芒种时节，黄鹂催唱，白居易策马南召冈，他看到一幅令人心酸的图景，这就是诗歌《观刈麦》：

> 田家少闲月，五月人倍忙。夜来南风起，小麦覆陇黄。妇姑荷箪食，童稚携壶浆。相随饷田去，丁壮在南冈。……家田输税尽，拾此充饥肠。今我何功德？曾不事农桑。吏禄三百石，岁晏有余粮。念此私自愧，尽日不能忘。

一个贫妇人怀里抱着孩子，手里提着破篮子，在割麦者旁边拾麦。为什么要来拾麦呢？因为她家的田地已经"输税尽"，为缴纳宫税而卖光了，如今无田可种，无麦可收，只好靠拾麦充饥。由农民生活的痛苦，白居易想到自己生活的舒适，感到惭愧，内心里久久不能平静。

这样的诗传到京城，县令脸上不好看，让他靠边站。

白居易乐得游山揽胜，最喜的是城南三十三里的仙游山和仙游溪：

> 何处感时节，新蝉禁中闻。宫槐有秋意，风夕花纷纷。

> 寄迹鸳鹭行，归心鸥鹤群。唯有王居士，知予忆白云。
>
> 何日仙游寺，潭前秋见君？

仙游山上有寺，曰仙游寺，水复山重，清雅宁谧，乃是隋文帝避暑的山宫。仙游溪中有潭，曰黑龙潭，虽不甚宽阔，却青森无底，深邃幽静。

元和元年（806年）冬日，白居易和王质夫、陈大亮聚会于仙游寺云居阁，在诗酒畅叙中，大家谈到唐玄宗和杨贵妃的爱情故事。马嵬与周至本就不算太远，天宝十五载的马嵬喋血也才刚刚过去半个世纪，人们记忆犹新，话及马嵬兵变，个个唏嘘感叹。

三人相约，由白居易写《长恨歌》，陈大亮写《长恨歌传》，王质夫先行赏析，评判。

周至，仙游，云居阁，诗坛醉约……运传神妙笔，逞卓荦才华，回环曲折，宛转超凡的千古绝唱《长恨歌》由此诞生：

> 汉皇重色思倾国，御宇多年求不得。杨家有女初长成，养在深闺人未识。天生丽质难自弃，一朝选在君王侧。回眸一笑百媚生，六宫粉黛无颜色。
>
> 春寒赐浴华清池，温泉水滑洗凝脂。侍儿扶起娇无力，始是新承恩泽时。云鬓花颜金步摇，芙蓉帐暖度春宵。春宵苦短日高起，从此君王不早朝。
>
> ……
>
> 临别殷勤重寄词，词中有誓两心知。七月七日长生殿，夜半无人私语时。在天愿作比翼鸟，在地愿为连理枝。天长地久有时尽，此恨绵绵无绝期。

这篇洋洋洒洒的爱情诗，写情缠绵悱恻，书恨杳杳无穷。文字哀艳动人，声调悠扬宛转。

随后，陈大亮也完成了《长恨歌传》。陈大亮在《长恨歌传》中叙写创作缘起道:"白乐天,深于思者也,有出世之才,以为往事多情而感人也深,故为《长恨词》以歌之,使鸿传焉。"

《长恨歌》和《长恨歌传》相得益彰,各具其妙。

千古名篇,常读常新。有人认为白居易在巧妙地利用《长恨歌》,含蓄地向皇帝进谏。进谏的都是国是:宦官当权,国家不幸,皇帝社稷危如累卵;藩镇割据,国家永无宁日;内宫规模过大,开支庞大,直接影响了黎民百姓的正常生活和官场的正常秩序。

写爱情也罢,讽谏也罢,把皇家写得一往情深的《长恨歌》,迅速传到京城,被青楼妓女谱成歌曲,不多日便传布朝野。

不久,白居易获得升迁,受命入朝,任官翰林院。愤青白居易发扬书生本色,连上一道道奏疏,拼死拼活,把众多不可一世的权臣拉下马。

元和三年(808年)夏,因牛僧孺科场冤案,宪宗听信李吉甫和众宦官,贬杨于陵为广府节度使,罢裴垍翰林学士,除户部侍郎,裴垍、王涯出翰林院,白居易义愤填膺,上《论制科人状》,慷慨陈辞,然难以改变宪宗的决定。

元和三年(808年)九月,荆南道节度使裴均和山南东道节度使、守司空、同平章于頔请求入朝,白居易上奏指出裴均在驻地大肆搜刮,进奉朝廷,于頔更是公然聚敛,肆意虐杀,提醒宪宗加以拒绝,宪宗不纳。裴均、于頔因此记恨白居易。

不久,淮南节度使王锷来朝,要求宰相头衔。王锷曾任岭南节度使,大肆搜刮民财,让他的儿子在朝廷天天请客,对宦官巨款贿赂,对宪宗厚贡进奉。白居易上《论王锷欲除官事宜状》,强烈反对王锷的买官之举,宪宗看了奏章后,便给王锷加封官衔,把他打发了。

元和四年(809年)春夏季节,天气久旱,饿殍载途。白居易上疏《论和籴状》,主张改配户和籴为开场自籴,或者改和籴为折籴。这么好的利民举措,宪宗竟不予采纳。

元和四年春上,成德节度使王士真死了,其子王承宗要继任。宗宪宗早就想革除河北三镇的世袭积弊，可笑地把兵权交给了宦官吐突承璀。白居易作速上奏，请宪宗罢去吐突承璀，未予采纳。后来突承璀涉足军界，宦官集团形成气候，朝政日非。

元和五年（810年）二月，元稹因追查河南尹房式弄虚作假，在华阴县敷水驿住宿时，遭宦官刘士元使马鞭痛打。元稹贬官。白居易上奏表三次，力陈元稹无罪，不当贬黜，无果。

而在长庆二年（822年）二月，好友元稹做了宰相，他有意要解除裴度的兵权，怂恿穆宗罢兵。穆宗听从了元稹的意见。白居易对元稹的这种作法极为愤慨，于是上《论请不用奸臣表》，揭露元稹："臣素与元稹至交，不欲发明。伏以大臣沈屈，不利于国，方断往日之交，以存国章之政。"白居易不以私害公的凶猛，实在让人钦佩。

作为御史大夫，白居易的工作是卓有成效的。但是，壮年气盛、直言无忌的白居易并没有实现他的目标，反倒给自己招惹了不少强大的敌人。事实上，他那过于急切直率的作风，让亲自提拔他的皇帝都受不了，有时皇帝老子话还没说完，白居易就直愣愣地顶嘴："陛下错了。"皇帝当场变了脸色，事后对人说："这小子是我提拔的，居然敢这样，多半是不想混了。"

面对大势，思考再三，白居易上了一道陈情表，以"臣家素贫，臣母多病"为名，要求下派锻炼。

元和五年（810年）五月，白居易便被授为京兆府户曹参军，官品倒是上调了，正七品，掌管京兆府的户籍、租税，对白居易却是沉重打击。元和六年（811年）四月三日，白母陈氏在长安宣平里第逝世，偏偏祸不单行，他的不足三岁的爱女金銮子也患了重病，不久离世。慈母与爱女的相继谢世，白居易极为悲伤。

为母亲守孝三年期间，白居易广泛接触民众，甚至亲自下田种作，朝廷的黑暗，使他了萌生乡居种田的念头。

元和九年（814年），白居易守孝结束回朝廷，任太子左善赞大夫，是个闲职，活动范围仅限于东宫。但只要陪太子玩好，太子登基之日，就是出头之时。

这时候，朝廷为新任宰相武元衡主使，加紧部署对反叛的淮蔡节度使吴元济的用兵，引起割据称雄的巨镇强藩的恐慌，担心唇亡齿寒，最终被各个击破。

元和十年（815年）六月初三，天尚未亮，武元衡早起入朝，由住所走出靖安坊的东门时，突然有贼从黑暗处以箭射之，随从们吓得一哄而散，贼人抓住武元衡的马，杀死了他，割下他的头颅而逃走。大约在同时，另一伙贼人在通化坊击伤主战大臣御史中丞裴度的头部，裴度从马上摔到沟里，幸亏毡帽较厚，阻挡了刀锋，才得以不死。

血案发生，京城大骇，人心惶惶，不可终日。

白居易挡不住血脉喷张了，他不顾权限，上书皇帝，认为在京城里刺杀丞相，是对皇权的蔑视，是朝廷的莫大耻辱。要求追查凶手，捕贼雪耻。

白居易出于忠心，请求捉贼以肃法纪的正义举动，却触怒了另一宰相韦贯之等政敌。韦贯之、吐突承璀一帮，早就不满于白居易那些针贬时弊、揭露奸佞的讽喻诗和他的所作所为，此时借机报复，说白居易并非谏官，不当言事，应该定罪。

但是按照《唐律疏义》，东宫官员先于谏官言事，并不构成罪名，况且，白居易是在京师发生宰相被杀、合朝震竦的非常事件时，毅然率先上奏请求捕贼雪耻的，本应受到奖赏，若似此忠君忧国有罪，岂非荒唐难解？

不料此时，有人乘机散布谣言，说白居易性情浮华，文人无行，其母因赏花堕井而死，白居易却还在作《赏花》及《新井》诗，如此违背人伦、忤逆不孝的人不能居官东宫陪太子读书，而且这样败乎礼俗、伤乎名教的人也不宜在京城里任职。这使白居易百口难辩，悲愤莫名。

在谏事和舆论的双重作用下，白居易被下派当江州（九江）司马。

初到江州，白居易的心情十分低落。总结几年官场生活，白居易若有所悟。他在庐山下搭起草堂，貌似要扎根山区。不过他的草堂，比杜甫的草堂不知好多少。按官品，江州司马是五品高官，比他父亲当年的官阶高出了好几级。他为家族争了这么大的光，忍不住要欣慰，要悠哉游哉。

秋天来了。浔阳山清水秀，秋声不绝于耳。我们陷入苦闷的诗人，在一个送客的秋夜，为《琵琶行》赢得了一个契机。天才作品不期而至。《琵琶行》开篇写道：

> 浔阳江头夜送客，枫叶荻花秋瑟瑟。主人下马客在船，举酒欲饮无管弦。醉不成欢惨将别，别时茫茫江浸月。忽闻水上琵琶声，主人忘归客不发。寻声暗问弹者谁？琵琶声停欲语迟。移船相近邀相见，添酒回灯重开宴。千唤万唤始出来，犹抱琵琶半遮面……

"黯然销魂兮，唯别而已矣"（南朝江淹《别赋》），何况秋瑟瑟的江头。枫叶，荻花，江月，主与客，马和船，均被离情别绪所笼罩。喝酒无管弦，于是醉不成欢。

琵琶女的出场，韵味十足。秋弥大江，女子色衰，一个"抱"字，写琵琶女的生命中只剩下琵琶了。羞于见人的背后，多少辛酸！江州司马从琵琶声中似乎听到了琵琶女的心声：

> 转轴拨弦三两声，未成曲调先有情。弦掩抑声声思，似述平生不得志。低眉信手续续弹，说尽心中无限事。轻拢慢捻抹复挑，初为《霓裳》后《六幺》。大弦嘈嘈如急雨，小弦切切如私语。嘈嘈切切错杂弹，大珠小珠落玉盘……

起初只有两三声，轻轻的，柔柔的，曲子未成，而情已出，全场寂静，唯见秋江荡秋月。琵琶挽留过去的时光，叹息黯淡的当下与未来。她哀怨，只因她始终活在生命的灿烂与凋谢的反差之中，她不认命才不得志。什么志呢？显然是嫁个好丈夫，爱她疼她欣赏她，使她原本不凡的生命得以洋溢喜悦。三两声，信手弹，琴技炉火纯青，却反衬情路堵塞，琴与情，背道而浑成。"冰泉冷涩弦凝绝，凝绝不通声暂歇。别有幽情暗恨生，此时无声胜有声。"沉默，显现了情路堵塞，并作短暂的、也是永恒的停留。她的人性情态，就是如此这般，只有过去，不复有未来。萨特有名言："人是人的未来。"而琵琶女却看不到未来。

突然，琵琶弹声起，"银瓶乍破水浆迸，铁骑突出刀枪鸣。曲终收拨当心划，四弦一声如裂帛！东船西舫悄无言，惟见江心秋月白。"什么东西在震撼人？是她的命运。

她站起身了，"整顿衣裳起敛容"，在陌生的知音面前，她尽情表达，又不失礼数。也许她三十多岁，往后还有若干年，知音再难邂逅。对她来说，这是多么难得的一次邂逅。

陌生与邂逅，乃是男女间的经典情态之一，其瞬间的交流有如原子裂变。没有后文。白居易有妇，琵琶女有夫，然而此情此景，二人终身不忘。花是去年红，月向梦中白……

诗人听她讲自己的身世和命运：

> 自言本是京城女，家在虾蟆陵下住。十三学得琵琶成，名属教坊第一部。曲罢常教善才伏，妆成每被秋娘妒。五陵年少争缠头，一曲红绡不知数。钿头云篦击节碎，血色罗裙翻酒污。今年欢笑复明年，秋月春风等闲度。门前冷落车马稀，老大嫁作商人妇。商人重利轻离别，前月浮梁买茶去……

这些句子，透出多少烟花女子隐忍的辛酸。白居易发感慨：

> 我闻琵琶已叹息，又闻此语重唧唧。
> 同是天涯沦落人，相逢何必曾相识！

一个是失意的高官，一个是沦落的娼女，身份悬殊，地位迥异，但白居易眼中却没有这些。他看到命运捉弄人，琵琶女色衰守空船，他年纪也大了，待在浔阳这地方，辜负平生抱负。相逢何必曾相识！一句话说尽各自境遇，以及白氏对琵琶女的尊重。二人一见面，便有异样的好感。娼女从"千唤万唤始出来"，到"嘈嘈切切错杂弹"，表明她弹琵琶，继而向陌生男人倾诉，是经历了一个曲折的过程。她自重，也赢得白居易的高度尊重。

轮到白居易向琵琶女倾诉了：

> 我从去年辞帝京，谪居卧病浔阳城。浔阳地僻无音乐，终岁不闻丝竹声。今夜闻君琵琶语，如听仙乐耳暂明。莫辞更坐弹一曲，为君翻作琵琶行。感我此言良久立，却坐促弦弦转急。凄凄不似向前声，满座重闻皆掩泣。座中泣下谁最多？江州司马青衫湿。

白氏一席话，令娼女大为感动。她见过的官员不计其数，谁对她这样？互为知音，提到命运的层面了。良久立，良久是多久？五分钟还是十分钟？心中无限事，涌向喉头与指尖。这"涌向"何其不易，她五脏六腑的积郁得以翻江倒海。枫叶荻花秋瑟瑟，亭亭玉立琵琶女。良久立，立于白氏的杰出诗篇，也立在我们的心头。

《琵琶行》六百多个字，把两个人的命运和盘托出，交互黯淡，又相映生辉，黯淡与辉煌，同时照亮浔阳江头的秋天。佳句比比皆是，仿佛随手一划，就传向千万年。

多谢白居易，多谢琵琶女！

这首长诗，再一次显示白居易对女子命运的深度关切。他能看到细微之处。而在细看的背后，总有什么东西在支撑。

白居易"吏隐"江州，设草堂于庐山脚下，混迹于青楼歌姬间，携同精美绝伦的《琵琶行》，飞向京城，流传民间。他似乎向暗波翻涌的朝廷，透露了这样一个信息：我白居易学乖了，跟你们一样堕落，再不是那个血脉喷张的愣头青，我无意高官，不当你们的政敌。

四年后，元和十三年（818年）底，白居易离开江州，到忠州（四川忠县）做刺史。这是他第一次做地方行政长官，白居易一展宏图，"整顿地方行政，宽刑均税，奖励生产"，放宽刑罚，取消土豪特权，与平民一样收税。仅一年，忠州变样，吏风带动民风，犯罪率减少，粮食产量上升。

忠州任期未满，元和十五年（820年）朝廷调他回京。白居易鸿运高照，升至中书舍人，在皇帝身边起草诏令。

此时宪宗死，穆宗立。这穆宗比宪宗又差一截，遇事毫无主见。党争又起，藩镇再叛。白居易针对军政大事屡上奏折，没用，皇帝的耳边声音太多，朝政日非。

所谓圣君贤臣，只能减缓一个朝代崩溃的速度。

权衡大势，白居易决定远离是非之地，请求外放做地方官。长庆二年（822年），白居易转任杭州刺史。官阶再升，四品大员。

在杭州，他和在忠州一样政绩斐然。修西湖水利，浚杭州六井，充分利用朝廷给的权力，为人民做好事，不怕得罪既得利益集团。这些事，史料记载明确，并非后人溢美之辞。

杭州一年半，州民送他，老幼拦道哭，白居易自知杭州豪强势力比忠州过之，心里抱愧：唯留一湖水，与汝救凶年。

回朝廷的路途中，升官诏书已至。其间穆宗却死掉，敬宗坐龙椅。这小皇帝年仅十六岁，贪玩，乖张，朝政付与一帮宦官。白居易走到洛阳停下了，不愿到长安。

长庆四年（824年）年三月，改任苏州刺史。白居易拖着病体，勤政为民如故，一病再病，他实在撑不住了，请求离任。

北上的那一天，全城市民送他，刘禹锡写诗描绘送行盛况："苏州十万户，尽作婴儿啼。"

黑压压的小民哭成一大片，哭声透出皇权下的老百姓的无尽辛酸。

北上途中，惊闻噩耗：小皇帝被宦官刺杀。泪尽北望，白居易对政治空前的失望。

文宗李昂上台，下决心着手对付太监，也搞暗杀，密令宰相精心策划。然而策划不周，宰相反被太监们置于死地。另一边，高官之间争斗激烈，姓牛的斗姓李的，闹得乌烟瘴气。

白居易不搞党争，官倒越做越大，后来做到太子少傅，正二品，并进封冯翊县侯。俸禄极为丰厚，却经常闲着。

五十八岁，他才得一儿子，取名阿崔，爱如珍宝。阿崔长到三岁，生病，一命归西。白居易的三个孩子，仅有二女儿阿罗长大成人。

同年，元稹也死了，五十几岁。白居易得知消息当场晕倒。他把给元稹写墓志铭的厚赠财物，转赠他常去的香山寺。他是香山寺的居士，人称白香山。

他长居洛阳，远离长安的是是非非。

六十八岁，他得了中风病，几个月下不了床。

七十岁，他以刑部尚书致仕，退休金是该职的一半，相当于四品官的俸禄，随意花销也花不完。他致力于慈善事业，出巨资开凿洛阳龙门八节滩。那地方滩险流急，又是商船必经之地，常有船翻人亡。

会昌六年（846年）白居易卒，虚岁七十六，葬龙门山。洛阳人及四方游客常祭奠，墓前经年泪不干。有人专程从遥远的忠州赶来……

三年后杨氏请李商隐写了墓志铭。谥号"文"，世称白傅、白文公。

江州司马四年，无疑是白居易的突围期。白居易从亢辞逆上的官场斗士，转化到谐世和流的士大夫，与他很好地利用了自己拥有的特别武器——诗歌艺术，使之成为求生存的一种利器，并将自己的智慧赋予其中，有密切关系。他自知压抑不住自己抗恶的冲动，在几个重要时期，自请离开朝廷，到地方做官，且政声显著，从而比较完美地走完了人生的旅途。

3 倾情上演《长恨歌》

白居易是情种，情痴。

一如他早慧的诗歌，他的爱情也早熟。如果像元稹写成《莺莺传》，他的爱情段子，又不知是会被谁演绎成怎样感人的"扇底桃花"。

白居易写了千古名诗《长恨歌》，他自己也在生活中上演了一曲凄婉动人的《长恨歌》。

唐建中三年（782年），十一岁的白居易为躲避战乱，离开新郑，寄家符离。符离南临汴河，有埇桥，虽不如江南山水秀丽，但也清幽恬静。浩荡的汴河，从城南缓缓流过。著名的濉水，从西北流入，奔向洪泽湖。城的附近，港汊纵横。城中的碑湖，每到夏天，碧波粼粼，白鸥飞舞，也算是个风景秀丽之地。

在那里，他认识了不少小朋友，其中就有小他四五岁的东邻农家女儿湘灵。他和湘灵，青梅竹马，两小无猜。

白居易的父亲去世后，白居易回到符离开始三年丁忧生活（为父守孝）。一直到贞元十三年（797年），他始终未离开过埇桥。三年中除了刻苦攻读外，他还开启了他的初恋，这次恋爱是让他刻骨铭心的。

再次来到符离，湘灵十五岁了，正是情窦初开的年纪，出落得非常美丽，而且略通音律，嗓音婉转悦耳，白居易爱上了她，偷偷塞给她一个小纸条《邻女》：

> 娉婷十五胜天仙，白日姮娥旱地莲。
>
> 何处闲教鹦鹉语，碧纱窗下绣床前。

娉娉婷婷的姑娘，十五岁的花季，像美丽的莲花，像下凡的姮娥，在白居易心里，她胜过一切天仙。

在熏香醉人，秋高菊黄的季节，白居易与湘灵开始相互爱慕，随之沉入热恋之中，"愿作远方兽，步步比肩行；愿作深山林，树枝连理生。"俩人彼此倾心，相爱弥深，在某一个日子，偷食了禁果：

> 艳质无由见，寒衾不可亲。
>
> 何堪最长夜，俱作独眠人。　　　　　　　　（《冬至夜怀湘灵》）

服孝期满后，白居易离开符离，前往长安参加科举考试，他与湘灵不忍别离：

> 泪眼凌寒冻不流，每经高处即回头。
>
> 遥知别后西楼上，应凭栏杆独自愁。　　　　　　（《寄湘灵》）

中举后，喜荣归，再到符离。白居易的这次归来，若说是为湘灵而回来的，不免有些过分，但是他在符离安静地住下来，而且住了将近十个月，不能说不是为了湘灵。他写下一首《花下自劝酒》的诗：

> 酒盏酌来须满满，花枝看即落纷纷。
>
> 莫言三十是年少，百岁三分已一分。

从诗里可以看出诗人是苦闷的，感到青春易逝而前途路茫茫，因而产生及时行乐的念头。这种怅惘、空虚、落寂的情思，与他和湘灵在一起生活的愿望不得实现是相关联的。

这年深秋，白居易启程参加拔萃考试，离家远行当然难过，令他最痛苦的是和湘灵分别。他的一首《生别离》字里行间充满对湘灵的依恋之情：

> 食蘗不易食梅难，蘗能苦兮梅能酸。未如生别之为难，苦在心兮酸在肝。晨鸡再鸣残月没，征马连嘶行人出。回看骨肉哭一声，梅酸蘗苦甘如蜜。河水白，黄云秋，行人河边相对愁。天寒路旷何处宿，棠梨叶战风飕飕。生别离，生别离，忧从何来无断绝。忧极心劳血气衰，未年三十生白发。

好比黄蘗苦难咽，又似吃梅酸，有情人难舍难分，爱情的滋味酸酸甜甜，令人肝肠寸断！白的是河水，黄的是秋云，一对有情人在河边相对忧愁。天冷了，路迢迢，今夜住在哪里？只听见棠梨树叶颤抖，寒风飕飕。诗人是写情高手，一咏三叹，把离别后的孤凄和绵绵不绝的思念，渲染得热泪潸潸。

　　贞元十六年（800年），白居易考中进士，开始了官场生活。这一年他二十九岁，应该说，年龄不小了，官也当上了，可以成家了，可是他仍然不娶，心中还是想念着湘灵姑娘，总想有一天能回到符离去相见。

　　这一天终于来到了，贞元十九年（803年）冬，白居易回符离搬家（搬到陕西下邽）。年已三十二岁且名噪诗坛的白居易，和当年一样，他没有勇气去公开地和湘灵姑娘见面，只是在搬家完毕，临走前才悄悄去和湘灵姑娘告别。湘灵拿出一个香荷包和一双绣花鞋送给白居易。由于怕别人知道了，既不敢哭，也不敢说话，双方都忍受着极大的痛苦。白居易有一首《潜别离》写出了当时的情形：

　　　　不得哭，潜别离。不得语，暗相思。两心之外无人知。深笼夜锁独栖鸟，利剑斩断连理枝，河水虽浊有清日，乌头虽黑有白时。惟有潜离与暗别，彼此甘心无后期。

　　这首诗写得很沉痛，千余年后读来仍令人为之嗟叹不已。

　　元和二年（807年），白居易已三十六岁。此时他对与湘灵结婚的事已完全绝望。他们的结合不会再有希望了，白居易苦闷万分：

　　　　惆怅时节晚，两情千里同。离忧不散处，庭树正秋风。
　　　　燕影动归翼，蕙香销故丛。佳期与芳岁，牢落两成空。

（《感秋寄远》）

　　当春光明媚的季节，白居易说出了心里话："少府无妻春寂寞，花开将尔当夫人。"孤独寂寞的生活对白居易来说是难以忍受的。

　　这一年，经老友杨虞卿介绍，白居易认识了杨汝士的妹妹，并有意于她。这一年的整个春天，白居易几乎都逗留在长安，而且是在杨家食住：

　　　　春初携手春深散，无日花间不醉狂。
　　　　别后何人堪共醉，犹残十日好风光。

（《醉中留别杨六兄弟》）

元和三年（808 年）春，白居易与杨氏完婚。

人无论是最痛苦的时候还是最荣光的时候，都希望自己最爱的人在身边。婚后多年，白居易始终不能忘记少年时代的女友湘灵。湘灵是他梦里永远的新娘。

元和六年（811 年）白居易回渭村为母丁忧，秋雨连绵秋色凄凉夜色黑暗，白居易想起了不知身在何方的湘灵，一首《夜雨》脱口而出：

> 我有所念人，隔在远远乡。我有所感事，结在深深肠。
> 乡远去不得，无日不瞻望。肠深解不得，无夕不思量。
> 况此残灯夜，独宿在空堂。秋天殊未晓，风雨正苍苍。
> 不学头陀法，前心安可忘？

这首诗充满了哀怨和无望，饱含着凄惘与悲伤。在这凄风苦雨的秋夜更使白居易思念"隔在远远乡"，"无日不瞻望"的"所念人"湘灵，埋在心底的"所感事"不断涌上心头。可是，"乡远去不得"，湘灵远得不知在何方；"肠深解不得"，不是不愿解，而是无力解。面对独宿的"空堂"，除了思念还是思念。是啊，那发自心底的爱又怎么会忘记呢？

长庆元年（821 年），白居易五十岁，这一年他好事连连。这年夏天他由尚书主客郎中，知制诰加朝散大夫，又转上柱国，妻杨氏授弘农县君，十月转中书舍人。白居易的心情会好一些，可是他的苦闷和惆怅突如其来。他在《寄远》中想着湘灵：

> 欲忘忘不得，欲去去无由。两腋不生翅，二毛空白头。
> 坐看新落叶，行上最高楼。暝色无边际，茫茫尽眼愁。

当年湘灵姑娘曾送给白居易一双鞋子，白居易一直保存着，多年来，不论在朝在野，走到哪里就带到哪里。那是在元和十年（815 年），白居易贬江州司马，于是又将鞋子带到了江州。

在江州途中，白居易和杨夫人一起奇遇正在漂泊的湘灵父女。四目惊对，眼泪飙流，白居易与湘灵抱头痛哭了一场，并写下了题为《逢旧》的诗：

> 我梳白发添新恨，君扫青娥减旧容。
>
> 应被傍人怪惆怅，少年离别老相逢！

这一年，白居易四十五岁，湘灵四十岁，湘灵一直未嫁。

当洞房花烛之夜，白居易揭开新娘头上的红盖头时，坐在牙床的这位新娘，是同僚杨汝士之妹杨氏，而不是湘灵，不知远在他乡漂泊的湘灵作何感想?!

湘灵一路漂泊，是不是苦苦地找自己的心上人呢？而眼前，自己昔日的情郎，身旁却傍着高贵的杨夫人，湘灵掉头而去的瞬间，是何等的凄惶与悲怆?!

这一幕，是梦，是戏，还是人间的苍凉?!

第二年春天，白居易将衣物一类的东西摊在院子里晒太阳，忽然见到湘灵送给他的那双鞋子，仍禁不住思绪翻腾，感叹再三，赋诗抒情：

> 中庭晒服玩，忽见故乡履。昔赠我者谁，东邻婵娟子。因思赠时语，特用结终始，永愿为履綦，双行复双止。自吾谪江郡，漂泊三千里，为感长情人，提携同到此。今朝一惆怅，反复看未已。人只履犹双，何曾得相似！可嗟复可惜，锦表绣为里。况经梅雨后，色黯花草死。

> （《感情》）

湘灵赠给他鞋子，是她的定情物：愿我像这双鞋子一样，跟你相伴始终，双行双止。

白居易写湘灵的诗，从十九岁开始写，一直写到五十多岁，时间跨度四十个春秋，抒发了白居易从少男到老年的长相思。

直到白居易五十三岁时，他在杭州刺史任满回洛阳途中，看到变换旧村邻，而湘灵已不知去向的时候，这段长达三十五年之久的恋爱悲剧才划上了句号。湘灵不知所终。

白居易与湘灵上演的这一曲现实版的"长恨歌"，根源在哪里呢？

唐朝的婚姻关系是无须经过当时所谓的"父母之命、媒妁之言"的。白居易为了自己的面子和在官场上仕途顺畅，难以越过这个雷池，最后自己强忍思念之苦，悄悄地逃脱了这种恋爱关系的束缚，从内心来说，他并不是情愿的。

当然，门第之间的差别也应该是分手的另一个原因，而跨不过这个门坎的是白居易自己，并不是别人所为。白居易在《长相思二》中这样写道：

有如女萝草，生在松之侧。蔓短枝苦高，萦回上不得。

他把情人比萝草，把自己比青松，松树的枝子太高，萝蔓攀不上去。这个比喻正是说明了白居易内心深处始终有一个阴影在作怪，而这个阴影就是他和湘灵之间的门第之差。

从白居易认识夫人杨氏的背景看，白居易其实不是热衷于这个女人，而是看中了这个女人的背景。当时，在长安朱雀街静恭坊的杨汝士、杨虞卿、杨汉公、杨鲁士几兄弟，均是当时的社会名流，白居易与他们关系甚好。在门第之风盛行的唐朝，拿这个豪门与湘灵的寒门一比，白居易自己乐意大家女孩，为什么甩掉湘灵，也就不难理解了。

说到底，白居易初恋结局最后以失败而告终，幕后的黑手不是某个人，而是一个社会规则，白居易只是这种社会制度的一个牺牲品，抛弃了湘灵也不能全怪白居易，因为当时的社会就是这个风气，其好友元稹的初恋结局，也是和白居易一样的。但是，在达官贵人妻妾成群的年代，白居易对湘灵终身一往情深，是十分难得的。

还有人认为，白居易三十七岁才结婚，是因为买不起房，或为了等湘灵，这也是无稽之谈。如果看看白居易的年谱不难发现，这一段正是他人生的爬坡阶段，一要学习，二要应试，大多的心思用于自己的仕途，当然考虑结婚的心思就会少一点。更重要的原因，是白居易的生活一直处在颠沛流离之中，时局的动荡更多地让白居易无法安定。这一点，白居易在《赠五友》中说得明白：

> 三十男有室，二十女有归。近代多离乱，婚姻多过期。
> 嫁娶既不早，生育常苦迟。儿女未成人，父母已衰羸。

白居易跟夫人杨氏的关系，开始并不好。杨氏出身大家闺秀，美丽，但却是文盲加乐盲，她唯一的希望是自己的丈夫跟娘家人一样，当大官，白居易曾经为此很伤心，写诗于她，希望杨氏不要苛求自己。

> 陶潜不营生，翟氏自伐薪。梁鸿不肯仕，孟光甘布裙。
> 君虽不读书，此事耳亦闻。至此千载后，传是何如人？

（《赠内》）

时光荏苒，杨氏与白居易的感情越来越好，杨氏甚至暗中派人替白居易寻找湘灵。白居易晚年对杨氏情感弥笃，有《老来伴》为证：

> 岁月无情碧水驰，晚年犹感倍相思。
> 耳聋却会听心语，身退更加恋发妻。
> 牵手搀扶过闹市，并肩濡沫话当时。
> 莫看已是桑榆晚，正道人间连理枝。

4 隔壁大妈是他的诗歌老师

白居易用亲身实践，创造了中唐最杰出的诗歌，他还有意把诗歌平民化，他的诗语言通俗、明白流畅，在朝野广为传唱，成为老百姓最喜爱的诗人之一。

当时传抄他的诗拿去卖钱或者换酒、换茶喝的人到处都是。甚至能够唱诵《长恨歌》的歌妓都会抬高身价，自觉与众不同。有个故事说"闻有军使高霞寓者欲聘娼妓，妓大夸曰：'我诵得白学士《长恨歌》，岂同他妓哉？'由是增价。"连妓女们会背白居易的诗都能身价高一筹，可见白诗的地位和影响。

据说白居易每做一首诗，自己反复吟咏，觉得可以之后，再拿去念给不认识字的老太太听。如果老人听不懂，他马上又回去修改，这样反复数次，直到老太太能听懂为止，所以白居易的诗流传极为广泛。王安石叹道："世间好语，都被杜甫说尽，世间俗语，又被白居易说尽。"白居易是一个把阳春白雪和下里巴人高度熔铸一炉的诗人，连皇帝都喜爱他。白居易的诗歌浑然天成，好像信手拈来，实则经过多次修改。明代诗论家胡震亨《唐音统签》记载，宋朝诗人张文潜看到过白居易诗手稿的记载，说"真迹点窜，多与初作不侔"，白居易修改很多，与初稿有很大不同。他的诗达到这样的艺术水平，是付出了不知多少辛苦才获得的。

"新题乐府"诗歌由白居易明确首倡，白居易不仅亲自实践，还提高到理论高度。他的诗论纲领《与元九书》，成为中国文学批评史上的重要文献。

白居易认为诗歌应该真实地反映社会的现实生活，而作者要超出个人忧乐，心存忠君爱国、人间大义。每一篇文章，没有一句空话；每一句话，都发挥规劝作用。语言质朴无华，直截了当，不追求音节的新奇和辞藻的华丽，达到通俗化、平易化。最后强调写作勇气：不怕得罪权贵，也听任亲朋好友的讥笑。这是中流砥柱的社会良心。

白居易是这样说的，也是这样做的。他的《上阳白发人》是著名的篇章：

上阳人，红颜暗老白发新。绿衣监使守宫门，一闭上阳多少春。玄宗末岁初选入，入时十六今六十。同时采择百余人，零落年深残此身。……

上阳宫已没有往日的豪华，再不见喧赫的车马，更没有轻妙的歌舞，诗人看到的是绿衣监使严密监守下一闭多少春的宫门，上阳宫死一般的沉寂，简直像一座监狱，一座活坟墓。上阳女子由年仅十六的妙龄少女变成白发苍苍的六十老人，在深宫内院幽禁了四十四年，当时被采择进宫的同命运的女子，如今都已春华秋草般地被摧折而凋零殆尽了，活在世上的只剩下她一人。"残此身"中，一个"残"（余剩）字，透露出一种十分悲苦之情。

> 宿空房，秋夜长，夜长无寐天不明。耿耿残灯背壁影，萧萧暗雨打窗声。春日迟，日迟独坐天难暮。宫莺百啭愁厌闻，梁燕双栖老休妒。莺归燕去长悄然，春往秋来不记年。唯向深宫望明月，东西四五百回圆。

上阳宫内，残灯照壁，冷雨敲窗。老宫妃，春天闻莺啼惊心，见双燕生羡，秋夜听寒风落泪，望冷月生悲。上阳女从月出东方一直望到月落西天，长年累月，彻夜不眠，在痛苦中熬煎。

> 今日宫中年最老，大家遥赐尚书号。小头鞵履窄衣裳，青黛点眉眉细长。外人不见见应笑，天宝末年时世妆。上阳人，苦最多。少亦苦，老亦苦，少苦老苦两如何？君不见昔时吕向《美人赋》；又不见今日上阳白发歌！

由于"年最老"，得到了皇帝的恩典，从京都长安发旨到洛阳上阳宫，"遥赐"给"女尚书"的空衔，可是，以垂暮之年，担着一个所谓"尚书"的虚名，能抵偿一个人一生被幽禁的悲哀吗？眼看上阳宫外面的人已是"时世宽装束"了，自己还是一副天宝末年的打扮，无怪"外人不见见应笑"，其中无疑是饱含着眼泪的。上阳宫的沉痛，把她悲痛到无以复加的接近变态的心理。

《上阳白发人》明说玄宗，实谏宪宗。这首诗，语言通俗浅易，具有民歌的风调。在唐代以宫女为题材的诗歌中，堪称少有的佳作。

千古名篇《卖炭翁》指斥苛捐杂税，民不聊生，连乡村野老都能吟唱：

> 卖炭翁，伐薪烧炭南山中。满面尘灰烟火色，两鬓苍苍十指黑。卖炭得钱何所营？身上衣裳口中食。可怜身上衣正单，心忧炭贱愿天寒。夜来城外一尺雪，晓驾炭车辗冰辙；牛困人饥日已高，市南门外泥中歇。翩翩两骑来是谁？黄衣使者白衫儿。手把文书口称敕，回车叱牛牵向北。一车炭，千余斤，宫使驱将惜不得。半匹红绡一丈绫，系向牛头充炭直。

可怜的老汉鬓角的头发都白了，在南山中辛苦打柴并烧成炭，弄得满脸尘灰，双手漆黑，一夜大雪之后，驾牛车，拖木炭，赶到市南门外，等待买主。雪后寒冷可想而知，衣着单薄的老人却希望天气再冷一些，好让这车炭卖个好价钱，买件御寒衣，吃顿饱饭食。不料过来的却是宫里的宦官和帮凶的无赖，凶神恶煞般地把千多斤一车木炭强行拉进宫去，只把半匹红纱和丈余绫罗系在牛头上，就算付过炭钱了。

这位老人辛辛苦苦许多时日，挣到的仅是这么一点不能吃不能穿的宫中剩余，这与光天化日之下明目张胆地抢劫有什么区别？出手抢劫的是宦官和无赖，可真正的罪魁祸首又是谁呢？

白居易以大量讽喻诗作，救济人病，为民请命，干预时政，裨补时阙，锋芒所指，睥睨群伦，在长安朝官中，势如烈火烹油，引起剧烈反应。

在白居易的倡导下，形成了声势浩大的新乐府运动，诗坛绮靡风气为之一扫。新乐府通俗质朴、平易浅近的诗风，上至王公妾妇，下至牛童马走，均喜歌之，因而广为流传……

第四章
诗佛王维

"人闲桂花落，夜静春山空。"王维是一个静者，一块温润的玉，一个在诗、书、画、音乐、园艺等多方面有高深造诣的艺术家，是盛唐文化的完美体现者。

王维（692—761 年），字摩诘，祖籍山西祁县，后迁居于蒲州（今山西永济市），遂为河东人。他早年极力求官，却终在宦海沉沦；晚岁一心向佛，却步步高升；他的诗"诗中有画"，他的画开创了一个新的山水画派；他的园艺浸透了美学和艺术哲学的底蕴。

王维的心灵是敏感的。他生逢安史之乱，蒙受罪臣之耻；他是少见的情痴情种，一生只娶一妻，独居三十余年不再娶。王维是诗中之佛，安详、宁静，泉飞藻思，云散襟情，笔底莲花，是盛唐山水田园派诗人、画家，外号"诗佛"，今存诗 400 余首。行世有《王佑丞集》。

1 红颜贵人

王维是大唐的一支玉笛，清纯，空灵，飘逸，隽永，而不乏滞涩。

王维是诗中之佛，安详、宁静，泉飞藻思，云散襟情，笔底莲花。

王维（701—761 年），"最伟大的自然诗人"。在唐开元、天宝时代，王维是最有名望的诗人，唐代宗曾誉之为"天下文宗"。天宝末年殷璠编《河岳英灵集》，列王维为盛唐诗人之首，唐人选唐诗中，王维作品基本多于李白和杜甫，可见王维诗名之盛。

王维是全能诗人，他的书法、音乐、绘画，甚至园林艺术，都可以加入"家"的行列，对我国艺术史有深远影响。他的书法工草隶，可与李、杜齐名。他的音乐造诣远超过李、杜。绘画方面，李、杜没有作品传世，王维的随便一幅绘画都可以卖天价。李白精通道教，王维精通佛学。

王维出身山西祁县望族，世代书香门第，仕宦人家。他出生时，母亲梦见弥勒佛入室，似乎很宿命地使王维一步步走向诗佛。

王维的爷爷王胄是大音乐家，当过宫廷音乐剧团的干部，王维幼时可能受过爷爷的影响，但时间不长。九岁，父亲王处廉去世，官终汾州司马。其母崔氏出身赫赫有名的博陵大族，王维跟杜甫可以拐弯抹角地扯上亲戚。

王维天资聪颖，"九岁知属辞"，幼时兴趣爱好广泛，除主攻必考科诗赋外，他的父亲还给他请了音乐、绘画教师，接受的是真正素质教育。父亲去世后，母亲教他绘画。

王维兄弟五人，还有妹。二弟王缙，唐代宗年间为宰相，官当得比他哥高好几级；三弟王繟、四弟王纮、五弟王紞，王维是老大。兄妹几个都敬爱母亲，深受母亲影响。

王维的母亲颇知诗书，画得一手好画，气质姿容大约可列入金陵十二钗，同时笃信佛教，王维写她："故博陵县君崔氏，师事大照禅师三十余岁，褐衣蔬食，持戒安禅，乐住山林，志求寂静。"（《请施庄为寺表》）"大照禅师"即普寂，是北禅宗神秀的大弟子。王维的兄弟们后来都是虔诚的佛教徒，根本不吃肉。"弟兄俱奉佛，居常蔬食，不茹荤血。"（《旧唐书王维传》）

母亲凭着沉静的力量，把几个孩子拉扯大。为了便于照顾她们孤儿寡母，舅舅崔员外帮她把家迁到蒲县（今山西永济）。

开元三年（715年），王维十五岁，身高一米七以上。风姿俊美，博学多才。诸子百家，左史庄骚，无所不通，书画俱佳，音乐精妙，多才多艺。此时他看到一户邻家公子中进士，心生羡慕，于是告别母亲，和一个老仆一起，经潼关，过骊山，赴长安找达官贵人举荐自己，一住两年多，朱门敲不开，空手而归。

开元五年（717年），十七岁的王维和弟弟王缙一起赴长安。王缙机灵，给歧王的门卫塞黑钱，总算敲开了歧王的门。

歧王李范，原名李隆范，因避玄宗李隆基的讳，改名李范。李范是玄宗的四弟，喜爱文学，工于书法，喜欢结交文人墨客，只要文士来访，他都以礼相待。王维送上自己的自荐信，歧王对他十五岁作的《过始皇墓》和十七岁作的《九月九日忆山东兄弟》赞赏不已。

《九月九日忆山东兄弟》是千古名篇：

> 独在异乡为异客，每逢佳节倍思亲。
>
> 遥知兄弟登高处，遍插茱萸少一人。

少年之作而能戒除浮泛的雕琢，直指真情实感，确实是深知作诗的窍门。

歧王告诉王维，他请乐工把《九月九日忆山东兄弟》和《题友人云母障子》谱乐传唱。

张爱玲说，成名要乘早。王维少年就有诗名。

《题友人云母障子》也是王维十五岁写的：

> 君家云母障，持向野庭开。自有山泉入，非因彩画来。

这首绝句才调非凡。云母障子是一种用云母是装饰的屏风。友人家的云母障，时时朝着堂前空旷的庭院展开，屏风上描绘的山泉，形象逼真，使人感到不是画出来的，而是淙淙山泉真的流入到了屏风里。一幅静态的屏风山水画在少年摩诘的笔下动起来了，犹如神来。

王维在歧王那里听了自己的歌，还秀了一把音乐才能，自己弹奏琵琶，一曲终了，歧王大惊，众乐师佩服得五体投地。

从此王维成为王公贵族的座上宾。《新唐书》载，王维进京后，"豪英贵人，虚左以迎"，"宁、薛诸王待若师友"。王维经常出入歧王、宁王、薛王之府。

初来京师就受到欢迎的王维心情畅快，英姿勃发，豪气冲天。他的《杂曲歌辞少年行四首》，代表了他早期的心态和诗风：

> 新丰美酒斗十千，咸阳游侠多少年。
>
> 相逢意气为君饮，系马高楼垂柳边。　　　　（《少年行之一》）
>
> 一身能臂两雕弧，虏骑千群只似无。
>
> 偏坐金鞍调白羽，纷纷射杀五单于。　　　　（《少年行之四》）

青少年时代的王维，清新生猛，侠骨豪情，跟盛唐的气象是完全合拍的。其中有些诗混入汉乐府或边塞诗中，难分彼此。尤其是他的《观猎》，充满了对建功立业的渴望和飞扬的信心：

> 风劲角弓鸣，将军猎渭城。草枯鹰眼疾，雪尽马蹄轻。
> 忽过新丰市，还归细柳营。回看射雕处，千里暮云平。

这首诗，"全是形容一'快'字，耳后生风，鼻端出火，鹰飞兔走，蹄响弓鸣，真有瞬息千里之势。"（顾安《唐律消夏录》卷三）角弓上的箭射出了，弦声强风一起呼啸！将军的猎骑，飞驰在渭城的近郊。因草枯，而猎鹰很快发现猎物；因雪尽，主人追踪而至便觉格外轻快。转眼间，猎骑穿过了新丰市，驻马时，已经回到细柳营。回头看那打猎的地方，暮云笼罩着静悄悄的原野。

诗中的将军，可能指岐王、薛王之类的人。《旧唐书》卷九十五《睿宗诸子列传》："睿宗践祚，（李范）进封岐王，又加实封五百户，拜太常卿，兼左羽林大将军。""睿宗即位，（李业）进封薛王，加封满一千户，拜秘书监，兼右羽林大将军。"睿宗在位时间很短，只有三年，玄宗继位之初与他们关系很好，没有削他们职，可能仍在担任将军之职。而王维与他们交游甚密，当观看过这些羽林大将军的打猎活动，或是以打猎为名的军事演习活动。

经岐王，王维认识了玉真公主。

玉真公主初见王维，估计一见难忘。王维穿着亮丽的演员服装，手抱琵琶，走在剧乐团的前列。他本来"妙年洁白，风姿郁美"，光彩照人，哪怕玉真公主阅人无数，也不禁对他多看了两眼。王维大秀才艺，弹了一曲自己作曲、自己填词的《郁轮袍》，他高超卓绝的精湛技艺和酣畅淋漓的传神情感，深深地拨动公主心弦。王维又不失时机，呈上自己的一卷自荐信，公主略一翻阅，惊呼以为这些诗是古人佳作，想不到出自王维，连赞王维"奇才"。

有了玉真公主的推荐，在两年后的京兆府试中，十九岁的王维高中状元。

京兆府试的"命题作文"是《清如玉壶冰》，王维写《赋得清如玉壶冰》：

藏冰玉壶里，冰水类方诸。未共销丹日，还同照绮疏。

抱明中不隐，含净外疑虚。气似庭霜积，光言砌月馀。

晓凌飞鹊镜，宵映聚萤书。若向夫君比，清心尚不如。

针对鲍照《代白头吟》中所写君臣、朋友、夫妇之情难常保令人寒心的事实，王维在这首诗里大赞洁净透明的玉壶之冰如霜一样坚贞、如月一样高洁的质性，甚至其冰光压过可以照见妻子之心的飞鹊镜，如同像车胤聚萤那样用以照书，"玉壶冰"胜于妻、友，真如知己。王维寄情的玉壶冰，俨然已成为"世间真情"的意象，是王维对早已令人绝望的世间真情的急切呼唤。

王维确实因玉真公主的推荐考中状元，但与玉真公主有没有人们所猜测的那种关系，的确没有任何依据。玉真公主霸占王维说，纯属小说家言；王维是因为不肯成为玉真公主的男宠而被贬谪济州，亦不足为凭。不过，当初玉真公主非常欣赏王维的才华却是千真万确的。

次年（720 年）春，王维参加吏部举行的进士考试，落第。这年夏天，玄宗到凤翔九成宫避暑，岐王李范负责接待工作，王维跟随李范游览了九成宫，见识了大书法家欧阳洵的《九成宫醴泉铭》的真迹，写下一首颂圣诗《敕借岐王九成宫避暑应教》，玄宗龙颜大悦：

帝子远辞丹凤阙，天书遥借翠微宫。

隔窗云雾生衣上，卷幔山泉入镜中。

林下水声喧语笑，岩间树色隐房栊。

仙家未必能胜此，何事吹笙向碧空？

这首诗是应制之作，但鲜润清朗，充满了自然野趣，仙风道气，展示了摩诘似仙山琼阁般的精神世界。

开元九年（721 年）春，二十一岁王维顺利中进士，脱掉麻衣为官，初疑头为秘书省校书郎，后调为太乐丞。

2 英风俊气沉下僚

开元十一年春（723 年），二十三岁的王维被封为太乐丞，不到半年，遭受人生第一次重大挫折。

次年秋，岐王举行宴饮。王维在高级领导崔日知、顶头上司刘贶的带领下，参加了岐王宴。岐王酒醉，要看只有皇帝才能看的黄狮子舞。这可是杀头之罪。刘贶的一个眼神，黄狮子舞起来。皇上得知后大怒，对兄弟干权的疑心复起，把岐王赶出京城，当华州刺史；刘贶和他老爸刘知几一起被贬，王维被贬为济州司仓参军，即粮仓保管员，一下子调出离京两千里外的边山穷地区，总感自己含冤负屈，有口难辩，懊丧得不得了：不知何日才能回京？

但这段史料，有其纰漏。按照唐朝法律，下属犯罪与上司同罪，而实际，刘贶流放，量刑比王维严重得多。可能刘贶犯事在另一次，也可能有人给王维说情，但最终，王维是皇权斗争的牺牲品。

日后王维当京官不断升迁，却并无显着政绩，也许与这次经历有关。

在济州，王维与老农交朋友。他写诗，《济州过赵叟家宴》：

> 虽与人境接，闭门成隐居。道言庄叟事，儒行鲁人余。
> 深巷斜晖静，闲门高柳疏。荷锄修药圃，散帙曝农书。
> 上客摇芳翰，中厨馈野蔬。夫君第高饮，景晏出林间。

王维真诚感谢农民大哥的热情招待，对农民且耕且读的田园生活表示赞赏。他这种以民为本的朴素、平等的思想，即使放在今天也殊为不易。

王维在济州当基层公务员四年，换了三个领导。第一个领导武将出身，嗜酒，升堂断狱也是醉醺醺的；总拿斜眼瞧王维，宣称读圣贤书管个屁用。醉刺史让王维献诗一首，称颂他在济州任上的功业。王维说："戒诗久矣。"过半年，刺史又想让王维写一通"遗爱碑"，王维虚与委蛇。

开元十二年（724 年）十月，原刺史调走，新来的领导叫裴耀卿。此人八岁举神童，十五六岁开始当官，来济州前是长安县委书记，地道的京城下派的官。新官上任气象新，王维跟这位领导很合得来，热情高涨。这年十一月，皇帝去泰山举行封禅大典，途中要经过济州。裴书记跟王维合计，确定了吃大户的方针，尽可能减轻百姓负担。王维负责后勤，献了"三梁十驿"的策略，一处物资有短缺，立刻从其他处补充。下属做的，是领导的功劳。封禅大典顺利完成，皇帝与宰相张说谈起这次封禅的情况，称赞裴耀卿设置"三梁十驿"最为方便，有给裴书记升官的意向。

这年夏末秋初发生洪灾，黄河决堤。裴书记立即组织民工抗洪抢险，来不及向皇帝请示，动用国库存贮的粮财物资接济灾民。王维负责抗灾物资的供应和调配，和裴书记一起，吃住在抗洪一线，全线加固加高工程顺利进行。

这时，在裴书记接到皇帝给他升官的调令，裴书记本可以一走了之，但与此同时，洪水不断上涨，河堤出现小面积滑坡，如不立即抢修，济州将成泽国。

裴书记坚决留下来抢险，群情激昂，加入的民工越来越多，但沙袋一放下去，就被洪水冲走。王维建议裴书记抢抓时机，统一指挥，自己和赵化率几百人轮番搬运事先用铁丝捆好的大石垛。每个石垛一吨多重，统一喊号子扔进河里，再用沙袋加固，层层累积，等到塌方完全控制住的时候，才看到十多天没有见到的曙光。

不久，附近各州传来消息，魏、怀、卫、郑、滑、汴、濮等地的黄河均有决堤处，冲毁良田无数。济州以境最为危险，却丝毫无损。

裴书记调到富庶大州宣州当市委书记，临行前，济州百姓几千人跪地哭送，为他立碑。王维为他撰写了洋洋大洒的《裴仆射济州遗爱碑》：

> 公推善于国，不称无罪；思利于人，志其屈己。戮豪右以惩恶，一至无刑；旌孝弟以劝善，洪惟见德。然后务材训农，通商惠工，敬教劝学，授方任能，行之一年，郡乃大理。

这篇《遗爱碑》表现了王维的执政观。他主张惩恶扬善，宽严相济，兴办学校，重视工商。我们知道，唐朝规定工商子弟不能参加高考，王维认识到工商富国的道理，这在当时是很先进的。

裴书记调走后，新来的领导妒贤嫉能，专挑王维的茬子，王维苦闷之余，写个辞职书，隐居起来。

开元十三年（725 年），唐玄宗封禅泰山，大赦天下，王维也在被赦之列。他一个人悄悄离开济州，取道东都洛阳回京候吏部选。走到泗水，他满腹辛酸，吟诗：

> 广武城边逢暮春，汶阳归客泪沾巾。
> 落花寂寂啼山鸟，杨柳青青渡水人。　　　　　　（《寒食汜上作》）

这时他遇到了去卫县当书记的房管。这位房管就是后来当了丞相、杜甫冒死救他的房管。房管给当时王维留下话，日后要找工作，可以找他。王维回长安，朝廷给让他做卫县县丞，房管高升后，王维又到淇水隐居了二年，开元十七年（729 年）赴长安，在长安又闲居几年。

不久，王维回蒲州看望母亲，恰逢二弟王缙从长安回来省亲。这年上春，王维和王缙同赴长安，在大荐福寺正式接受佛门俗家弟子，皈依佛门，字号摩诘。他是较早加入禅宗的文人。

王维离开长安近八年，许多人不知道他已回长安。王维写自荐信给宰相张说，弟弟王缙也给他活动，张说推荐王维当了秘书监校书郎。白居易的第一份工作就干这个。王维的顶头上司秘书少监，是日后当了丞相的张九龄，王维与他合作愉快，此间还认识了大诗人孟浩然。时不多日，张九龄因母病回家照料母亲。开元十八年（730年）十二月，张说去世，张九龄回归无期，孟浩然离京，王维孤独郁闷，不久再度辞职闲居。

王维数次隐居，隐居期间，多去佛寺，与佛教深度接触，对佛理研究很深。

开元十八年（730年），王维游华山，写下气势磅礴的《华岳》，春夏之际，游终南山太乙峰，写下千古名篇《终南山》：

> 太乙近天都，连山到海隅。白云回望合，青霭入看无。
>
> 分野中峰变，阴晴众壑殊。欲投人处宿，隔水问樵夫。

巍巍的太乙山高接天都星，山连着山一直蜿蜒到海边。白云缭绕回望中合成一片，青霭迷茫进入山中都不见。中央主峰把终南山从东西隔开，各山间山谷迥异阴晴多变。想在山中找个人家去投宿，隔水询问那樵夫可否方便？

诗人把人行云雾中的奇景写得令人神往，而"隔水问樵夫"的自在、自得，如出神表。李白在人境之外找神境，王维在人境中处处看到神境。喜悦和自足在个人内心中。

到襄阳后，王维造访孟浩然，给孟诗人画像。年末回长安，次年独自离开长安，到淇水，在河南沁阳出资造了一尊阿弥勒佛像，并撰文。开元二十三年（735年）春三月，在长安郊区认识了元二，写组诗《少年行》。回到家中，王维喜获张九龄当丞相、裴耀卿任侍中、不久任丞相的消息。王维到洛阳拜访张九龄，不遇，留下求职信。

开元二十三年（735年）春末，王维出任右拾遗。这是王维第三次出任朝官。当时朝廷有三个丞相，丞相当于今天的国务院总理。张九龄任国务院总理，裴耀卿、李林甫任副总理。

这年腊月初九，朝廷发生重要人事变动。皇帝下诏，李林甫任国务院总理，牛仙客从三品破格提升为副总理。自此，李林甫把持朝中大事，开始了大肆打击异己的行动。监察御史周子谅顶撞牛仙客，被李林甫指使人打死。由周子谅，李林甫把火烧到张九龄身上，国务院副总理张九龄一下子贬为荆州市委书记。王维去送张九龄，张九龄告诉他：多一个好人占着官位，就少一个坏官。在朝廷也可以隐居。王维自此过上了半官半隐的生活，业余参禅学佛，境界愈高。

王维是张九龄、裴耀卿的人，名气大，李林甫对他又拉又打：把他放到周子谅的位置上。王维因祸得福，升为监察御史。李林甫请王维画壁画，试探王维对他的态度，王维态度好，壁画让李林甫大开眼界。李林甫放他一马，不过在他身边安插了一个叫苑咸的监视他。

李林甫上任两个月，太子李瑛、鄂王李瑶、光王李琚相继赴九泉。金秋时节，王维接到诏令，让他赴边关宣慰嘉奖将士。王维写出一系列边塞诗，许多是千古名篇，大家耳熟能详的如《使至塞上》：

> 单车欲问边，属国过居延。征蓬出汉塞，归雁入胡天。
> 大漠孤烟直，长河落日圆。萧关逢候骑，都护在燕然。

一随轻车简从，将去宣慰将士护疆守边，奉使前行啊，车轮辘辘辗过居延。恰是路边的蓬草，随风飘转出了汉朝的世界，又如那天际的大雁，翱翔北飞进入胡人的穿天。只见灿黄无限的沙漠，灰黑直聚的燧烟，横卧如带的黄河，落日火红的苍凉与浑圆。行程迢迢啊，终于到达萧关，恰逢侦察骑兵禀报，守将正在燕然前线。

"大漠孤烟直，长河落日圆"用极简省的线条，勾勒出大漠浑厚雄奇的静穆美。诗中所透露的建功边塞的豪情，正是王维人将中年时发出的金石之声，有并收八荒之气概，具包揽四极之魄力，可见开元二十五年左右的王维，还有心于堂皇事业。

在边塞，王维还从守将崔希逸那儿知道：李林甫虚报军功。五月，李林甫兼领河西节度使；七月，李林甫提拔的大理寺少卿徐峤报喜，说全年死刑犯人只有五十八人，鸟雀来巢。李林甫把喜兆报给玄宗，玄宗大喜，封李林甫为晋国公。朝廷内外，一片黑暗。王维心情格外抑郁。这年秋季，王维观看了一场祭祀社神的民间活动，望着农民欢喜的面孔，他悟出了一个道理：无论社会如何黑暗，也会有人活得快乐幸福；无论社会如何昌盛，也会有人活得痛苦不堪。欢乐和痛苦是每个人的事，即使是皇上，也有许多痛苦和烦恼，我只能管我自己，何不开心点呢？

开元二十七年（738年）秋，王维受命到桂州考察干部。王维一路南行，在"临瑞驿"巧遇神会大师，讨论了一番佛理，受托为六祖慧能写碑铭。他在襄城写下一首《汉江临泛》：

> 楚塞三湘接，荆门九派通。江流天地外，山色有无中。
> 郡邑浮前浦，波澜动远空。襄阳好风日，留醉与山翁。

这首《汉江临泛》可谓王维融画法入诗的力作。王世贞说："江流天地外，山色有无中，是诗家俊语，却入画三昧。""天地外"、"有无中"，为诗歌平添了一种迷茫、玄远、无可穷尽的意境，所谓"含不尽之意见于言外"。

在襄州，王维获悉张说和孟浩然的死讯，上门祭奠孟夫子，含着泪水写下《哭孟浩然》：

> 故人不可见，江水日东流。借问襄阳老，江山空蔡州。

诗中以汉水东流比喻人之生命一去不返，以"江山空蔡州"比喻孟浩然的人生价值。蔡州，代指孟浩然生活过的地方。意思是，我来到襄阳，却再也见不到昔日的好友了，只看见汉水日夜不停地流淌。你的去世，让江山失色，令文雅难继，使蔡州城的存在都失去价值。诗中包含着王维对孟浩然的思念和肯定。

3 菩萨保佑他升官

历史在即将衰败的时候，反而迸发出空前的繁华。开元后期，正是大唐全盛日。据开元二十八年的统计，全国有县 1573 个，户 8412871，人口 48143609，两京米价每斛不到 200 钱，绢每匹不到 200 钱，"海内安富，行者虽万里不持寸刀"。

从开元末年到天宝初年，王维先后购买了两处房地产——终南别业和辋川别业。王维启慧眼观朝堂，巨大的内心叹息伴随着外表的平静。很多官场事，乌纱帽下的各式嘴脸，别人看三分，他至少看六分。禅房里独坐，半天，半夜，是寻常事。诵《维摩诘经》："如是我闻……"维摩诘经又名不可思议经。大居士在西方极乐世界讲经，方丈之内，万千佛陀齐至。

此后数十年间，王维的习佛修道愈来愈虔诚，归隐的情趣越来越浓厚。与此同时，他为官守职愈来愈圆活，官职俸禄越来越高，在官场的地位越来越牢固。

在这期间，王维的心情很平静，他抱着"无求乃乐"、"得失随缘"的想法，该上班就上班，下班或在家中安歇，时间阔绰就到终南别业休闲，反而什么事也没有。也不想升迁，也不想干出什么业绩，也不再想辞职归隐，就这样倒很清闲，而且俸禄丰厚，比一般官员高出许多倍。至于不合理的事，习惯成自然。皇上还巧立名目把儿媳占为己有，李林甫一类奸佞大臣一边颂圣，一边营私，自己一个小小的普通官员，还追求什么合理? 睁一只眼闭一只眼混吧!

天宝元年（742 年）春，王维任左补阙，李白奉召入京。皇帝和杨贵妃驾幸温泉，李白、王维先后献诗，直到天宝四载（745 年），李白"奉金还山"，王维与他基本没有交往。一个太自信的李白和一个太自重的王维，形成这种旗鼓相当，互为芥蒂，彼此戒惧，壁垒森严的局面，本质上也是一种强之为强的势所必然。

天宝五载（746年），王维在李林甫的红人、年轻才子苑咸的帮助下，升为库部郎中，正式掌握了实权。天宝九载（750年），王维母崔氏病故。王维平时以孝闻名，在居丧期间，他"柴毁骨立，殆不胜丧"。服丧期满，天宝十一载（752年），王维任吏部郎中，相当于中组部副部长，正五品上，官阶又升了两级。这一年，最令他振奋的事，是李林甫死了。但高兴不多时，杨国忠上台，国事已不可为。王维继续抱着"无可无不可"的宗旨，尽量避开朝中大事，乐得顺水推舟。天宝九载（750年），王维再升吏部给事中，相当于中组部部长，不过工资更高而已，王维知道自己只是一个摆设。

李林甫掌权十九年，杨国忠又任宰相，这期间是朝廷最黑暗的时期，王维不但是官场的不倒翁，反而节节登高，除了他名气大，还与他接受的佛教教义，他致力经营自己的别业有关，赵殿成《王右丞集笺注序》说："（王维）天机清妙，与物无竞，举人事之升沉得失，不以胶滞其中。"他不构成政敌，没人为难他。其实，他所谓"无可无不可"，自己何尝了却是非心？所谓"得失随缘"，他又怎能"得失随缘"？他有进取心，有困苦，有无奈，这一年，他在《送綦毋潜校书弃官还江东》中说："明时久不达，弃置与君同。天命无怨色，人生有素风。……余亦从此去，归耕为老农。"诗中表明他虽处高位，但形同虚设。即使抱守安贫乐道的信条，他都想和綦毋潜一起去隐居务农，可见王维当时对朝廷确实绝望了。就在他想退隐的时候，这年十月，杜甫来到朝廷，杜甫积极入仕的热情无形中给了他留下来的信念。但朝政没有任何好转的迹象，正当王维再次想退隐的时候，一场席卷整个唐朝、对中国历史有重大影响的大风暴来临了。

天宝十五载（756年），安史之乱爆发了，来不及逃走的王维成了叛军囚徒。王维是大名人、高官，安禄山要用他装点门面。"禄山素怜之，谴人迎至洛阳，拘于普施寺，迫以伪职。"王维吃了随身带的哑药，安禄山仍让他任原职给事中。

当时王维正被拘禁在菩提寺，安禄山攻占长安、洛阳后，在凝碧池召开庆祝会，逼使玄宗的乐人为他奏乐，乐人们想起玄宗，不禁欷歔泣下，其中有个叫雷海清的，砸碎乐器，面向西方放声大哭，安禄山当即下令，残酷无比地将雷海清肢解于试马殿上。王维听说这件事，无限感概地写下《凝碧池》：

> 万户伤心生野烟，百官何日更朝天。
>
> 秋槐落叶空宫里，凝碧池头奏管弦。

凄凉的秋季，槐树的落叶缓缓飘落在空荡荡的唐宫里，而另一边，群胡在凝碧池头群魔乱舞，庆贺成功，这是何等锥心泣血的痛楚！

幸亏表弟裴迪冒险来看他，带出他的狱中诗《凝碧池》，沿途到处传播，还教给妓女歌唱，后来肃宗才留他一命。

王维还写了一首《口号又示裴迪》：

> 安得舍尘网，佛衣辞世喧。悠然策藜杖，归向桃花源。

表达自己渴望脱离罗网，向往自由的心情。昔日豪情激荡的王维，这时产生了出家入佛的念头。

至德二年（757年）九月，唐军收复长安，十月收复洛阳。凡是作过伪官的，都以六等定罪。王维因为《凝碧池》得到肃宗的宽恕，定为三等罪。他的弟弟王缙平乱有功，这时成为朝廷三品重臣。当王维受审查时，王缙诚恳地要求免除自己的官职来为兄长赎罪。兄弟情深，肃宗宽大处理，仅仅让王缙降官一阶，王维降职为太子允。

当伪官是王维洗刷不去的政治污点，身为哥哥却要弟弟舍官相救，这是王维一生之痛。他在《谢除太子中允表》中沉痛地说："臣闻食君之禄，死君之难，当逆胡干纪，上皇出宫，臣进不得从行，退不能自杀，情虽可察，罪不容诛……仰厕群臣，亦复何施其面。距天内省，无地自容……臣得奉佛报恩，自宽不死之痛。"这封谢表表达了王维悔痛之心及出家修道的愿望。

王维是一个具有忏悔精神的人，经安史之乱，他彻底心灰意冷，转身去佛门。禅佛是他洗心的井水。他无数次把心放到井水中搓洗，可是这刻骨铭心的疼痛永远洗刷不去。他不得不背负着这沉重的十字架，在佛教经典里寻找精神寄托和安慰。每当退朝之后，点起香，独自一人静坐，以诵读经书为事。"退朝后，焚香独坐，以禅诵为事。"

佛，其实是更高的自我。每在佛前忏悔一次，自觉罪孽减轻一分，使他能松快地笑一声。

此后他的官运亨通，不久升为太子中庶子，中书舍人。乾元元年（758 年）秋，恢复为给事中。乾元二年（759 年）转为尚书右丞。

安史之乱后，大股小股的叛匪风波不息，新的权臣又开始当政，朝政混乱。肃宗为戡乱，常到佛门祈祷。王维听说后，献出了自己的终南别业。出家获准后，他又献出自己心爱的辋川别业，作为清源寺。

乾元二年（759 年），王维告别了居住十六年之久的辋川别业，告别了自己精神生活的休养所，告别了标志着自己人生和艺术完全成熟的这方圣土，带着一种空虚感和失落感告别了辋川。

在离开辋川时作《别辋川别业》一诗，表达自己对辋川山水，一草一木的留恋之情：

依迟动车马，惆怅出松萝。忍别青山去，其如绿水何？

告别辋川别业两年后，上元二年（761 年），王维病卒。终年六十一岁。临终之际，王维忽然索求笔墨，写信与在凤翔的王缙诀别，还与平生亲故写了数张诀别书信，其中内容"多敦励朋友奉佛修心之旨"，写完搁笔而死。

盛唐诗坛的星空，升起了第一颗明亮的星。两年后，李白登仙。九年后，杜甫登仙。从此，在盛唐诗坛的星空中，闪烁着三颗最为明亮星，分别被后人称为诗仙、诗圣、诗佛，天才、地才、人才的三大诗人鼎足而立，辉映着永久的时空。

4 相思血泪抛红豆

王维的诗中有山水，有禅机，有凡夫俗子，有性灵万物，简单的文字展示极致的美丽，却惟独不见有佳人，有爱情。

情深如炭火，提情怕烫。爱到极致，深藏若虚。

王维是新科进士，又深通音乐，是宁王的座上宾，连管家见了他都要恭敬几分。

宁王府有一个管理厨具、祭器的瘸腿下人叫周干，这一天，他的妻子甄氏到府中探望他，过庭院时不巧碰上宁王。这位甄氏是湖北荆州襄阳人，有着荆楚美女王昭君那样的风韵。宁王立定脚看，直到她转过院角。一旁被管家窥见，马上来了事儿，当天下午把周干支开，叫甄氏去宁王书斋献茶。宁王接过香茶，忘记低头品茶，一味瞧那美娇娘，觉得她香艳袭人，胜过书窗外的满园春花。

当晚，甄氏就要离开王府，周干感到很诧异。甄氏不好解释，夫妻拉扯间，一直在暗中关注甄氏芳踪的管家现身，替周干留她。管家是周干的顶头上司。他说的话，甄氏不得不考虑。甄氏看出管家心里的"鬼"，暗中盘算明儿一早就走。谁知第二天一早，管家派周干外出公干。一来二往，甄氏只得屈从宁王。周干回王府后，管家丢给他一堆钱，告诉他，甄氏成了宁王的人。

周干只得闷头干活，手拿祭器默念甄氏的名字，只当她是亡妻。有几次，他悄悄溜到后花园，痴望甄氏穿着薄衫儿荡秋千，宁王笑嘻嘻推她向碧空。周干拖着瘸腿，拨开树枝，扑向王爷。

管家又及时出现，对周干恩威并施，营造和谐王府。

转眼一年，宁王邀请文人雅士参加家宴，王维和王缙都接到宁王的玉制请柬。

乐曲声起，宁王带着甄氏闪亮登场，后面跟着一溜丽人。宁王扫视全场，微笑道：今天是我和甄氏喜结良缘一周年的大喜日子。欢迎各位赏光。

见甄氏抑郁不乐，宁王回头问：我这样宠爱你，你还想念你那瘸腿老公吗？

甄氏从容答：拙夫并无过错。

这世界还有不乐意攀高枝儿的！宁王吩咐：传周干。

周干一瘸一拐上场，手脚不知怎么放。甄氏瞥一眼前夫，黯然落泪。

王维早听说过宁王纳美之事，这会儿目光只在三人面上扫。看宁王，志得意满，笑容满面；看甄氏，珠光宝气，面含忧戚；看周干，低头搓手，暗自叹气。

宁王尴尬道：古有七步成诗，各位才子请以今儿事作诗。众才子面面相觑，且不说七步成诗之难，摸不准宁王的意图，何敢轻易下笔?!

只有王维铺开纸，低头疾书。宁王看呈诗，王维却写《息夫人》：

> 莫以今时宠，能忘旧日恩。看花满眼泪，不共楚王言。

春秋时代，南方息国君王的夫人息妫，长得目如秋水，面若桃花；丽如芙蓉，雅若蕙兰，她和姐姐都是当时妇孺皆知的大美人。息夫人尤其以笑容美出名，玉齿一开，羞花闭月。楚王想得到她，发兵灭了息国，将息夫人抢到郢都的楚宫。但是几年过去了，息夫人不言不笑，面带戚容。楚王很郁闷，问息夫人：你都为本王生下两个儿子了，咋就老是愁眉苦脸的呢？息夫人答：我作为一个女人，侍奉两个丈夫，不能守节已经很痛苦了，大王还能让我说什么呢？

王维这首诗借息夫人说事：不要以为我现在坐在宝马上笑，就能忘记当年坐自行车的幸福。我看见花儿就落泪，不想跟宝马车的主人说话！

宁王看了王维的诗，哈哈一笑，放甄氏和周干双燕双飞。为顾全面子，还给了周干一百金。

周干和甄氏在西市开了一个铺子，过上了平常人家的好日子。

新科状元王维侠诗救美的故事，像长了翅膀，飞遍长安的青楼小巷。

转眼到了腊月，王维忙着操办春节联欢晚会和各类庆典、祭祀活动。下班他挑灯研究汉晋乐谱，琢磨胡夷曲调。深夜，学着母亲打坐，人事纷扰，灰飞烟灭。

万念向空之际，甄氏姣好的面容不请自来。

快过年了，周干夫妇给王维送来许多礼物，千恩万谢。他们开的铺子生意火红：因为宁王和王维，甄氏成了京城名人。许多人大老远赶来，就为看息夫人的那样的美人。

周干夫妇热情邀请王维到他们家做客。

王维欣然赴周干家宴。周干在曲水旁有一个二进深的家，陈设典雅，俨然是个京城上等户了。

王维又为周干家的铺子挥笔题匾，书法惹乡邻一片啧啧赞声。

在周干家，王维无意间惹发了一桩恋情。

甄氏妹子小甄氏，未满十七岁，长得如花似玉，举手投足比甄氏还有韵味。素日她听周干夫妇百般念叨新科状元的仗义，心里先就对王维有了好感。这会儿见了王维的风姿，稀里哗啦就爱上了。席间殷勤捧玉盅，拼将红颜醉。目光不与王维接触，开心涩涩，只在喉头颤。这般举动，王维不可能不诧异，惊看小甄氏，蓦地触电了，再举杯，手中的酒乱颤。周干夫妇只装作没看见。他们并没有向这位恩公提亲的盘算。攀不上，差得远呢。

回到家，王维失眠了。起身坐禅，没用，脑子里闪来闪去的，是小甄氏的倩影。

次日早，窗外雪花大如席，王维冒雪一头奔十几里外的周干家，进门便问：小甄氏有无婚配？

周干、大甄氏犯难了。

那一日，小甄氏的眼睛格外明亮。她隔着闺房的雕花窗子，拿颤颤眼儿瞧王维，又热切地瞧哥嫂，急得手脚乱跳：说呀，快说呀！叵耐周干夫妇就是支吾左右。小甄氏气得回身扑向绣床，"以面蹭被"。她爱得醉了。

大过年的一早，王维"立雪"小甄氏的闺房外。

庭院中，雪花片片，红梅初绽。

闺房里，小甄氏脸热心跳。

庭院内，周干夫妇静悄悄……

甄氏父母双亡，且无兄长，妹妹的婚事是由她做主的。

王维感动了小甄氏，也感动了周干夫妇。长安的雪燃烧着一对恋人。曲江飞雪，灞水夕照，登大雁塔，临九孔桥，王维和小甄氏在天地间飞，长安的冬季是那么美！最热闹的是长安的中元节，千家赏月，万户观灯，楼上楼下脂粉香浓，大街小巷人山人海，王维与小甄氏像游鱼一样，在人丛中钻来溜去，手儿相攥，汗儿相黏，人潮中忽东忽西，碰了腰腿贴了脸，唉，这两张恋爱脸儿如何闪避得开……

节日期间，王维只要去宫廷上班，小甄氏就到宫外远远守候。姐姐伴着她，衷心为一对有情人祝福。南国女儿魂不守舍，姐姐笑话她，也没有听见，可怜的小甄氏望眼欲穿，神经质地绞着她那双红酥手……

三月的曲江，惠风和畅，柳丝撩情。江中流淌艳波，画舫乐声悠扬。贵妇民女，华服布荆纷纷走出家门，赏春踏青。江边像一匹绽开的织锦，达官富人的帐篷、丽人的车盖逶迤几百丈。玉杯斗酒，追逐争欢。

夜幕下古柳旁，情侣们暗相搂抱。在长安郊外普救寺的围墙下，王维与小甄氏有过忘情相拥的时刻。薄暮时分，普救寺里节奏分明的鼓声，把他们的心声布达四野。多年以后，王维居终南山别业，一听寺鼓就沉醉。"满山枫叶丹，伊人何处泪？"

小甄氏也去王维的官舍新居，每当王维在灯下写书绘画的时候，小甄氏一双炯炯有神的妙目凝视着他。但当夜色降临，她必要归去。王维送她。二人偏走长安的小巷，黑暗中缠绵不肯分手。

王维把对小甄氏滚烫的心装进信封，只等弟弟王缙五月回蒲城时捎给母亲。

他相信，母亲会同意的。

王维告诉小甄氏：弟弟回转长安时，他就可以和她永结同心。

甄姑娘满心等着定亲的那一天。姐姐已为她置办嫁奁，还订了一只昂贵的紫檀木柜子。

她认定自己是王维的女人了：两情相悦，肌肤相亲……

然而弟弟尚未出发，忽有一封母亲崔氏亲笔书信送到长安，王维看信，汗水淋漓。母亲给他定了一门亲事，姑娘姓崔，芳龄十八，"品貌俱佳，能文能琴"。她父亲做过蒲州长史，六品官员。母亲在信中还说，已为他向崔家正式下了聘礼。

他别无选择。

王维苦，甄姑娘更苦。

甄氏姐妹都看了王维母亲的亲笔信。妹妹脸色苍白，嘴唇颤抖说不出话。姐姐泪流满面。

几天后，小甄氏离开京城回荆州。王维去送伤心恋人，并不多说，只呈上写于三尺绢帛的五言绝句《相思》：

红豆生南国，春来发几枝？愿君多采撷，此物最相思。

红豆形状扁圆，色泽殷红，南方的女孩儿常拿红豆镶嵌首饰。而王维借红豆，表达对小甄氏的深深爱意。

此后数十年，这对热恋的情侣再未见面。而王维的这首《相思》，被作曲家李龟年谱成歌曲，在中原、山东和江南广为传唱。朋友送别，唱王维的"渭城朝雨浥轻尘……"；恋人分离，则唱这首《相思》。

时至今日，红豆成了相思的别名。

小甄氏居南国，嫁人生子，却在她那只弥漫着特殊记忆的檀木柜子里，珍藏着王维写给她的"绢诗"。从满头青丝到苍苍白发，小甄氏用她的一生去回味。

王维居长安自弹《相思》，逾月唯一曲，弦弦寄相思。

王维赴老家偶见崔姑娘，惊异于对方眼里闪烁的企盼之光。这近一年的光景，待嫁于深闺中的崔姑娘，定是想象过他无数次，凭借某些线索勾勒过他的容貌举止，憧憬洞房花烛夜、婚后美好的夫妻生活。她是那么欣喜而又急切，白嫩面孔阵阵羞红，双眸比长庚星还亮。王维暗自感慨：这崔氏系于他的那颗心，并不亚于小甄氏。

"巧笑倩兮，美目灿兮。"未入王家门，她已是一副王家媳妇的举止情态。

山西女孩儿情切切意绵绵，何尝逊于南国女子？

蒲城崔姑娘，亦是最相思。

数月后，王维迎娶蒲州的崔姑娘。小两口在蒲州度过三十多天，然后，双双登车向长安。

王维在京城西北角买了地，盖了房子，三进院子，连同数亩后花园。新娘子崔氏，忙着布置新家，置家具，挑下人，试帷幔……满心欢喜，每日忙碌着，眼角眉梢掩不住的幸福。

家中有丫鬟，无侍妾。崔氏喜出望外，她写信给娘家人说，嫁王郎真不知几世修来的福！

一日欢娱胜百日。每一刻都晶莹饱满。

王维、崔氏夫妻恩爱。热烈，缠绵，细腻，娴静，祥和。王维多才多艺，聪明伶俐，天资聪颖，真是天造地设的才子佳人。有时王维弹琴，崔氏唱歌，如凤凰和鸣，美妙动听；王维画画，崔氏王维铺纸磨，观赏品评。崔氏清晨梳妆时，王维给她画眉……两人如胶似漆，须臾不可分离。

然而，好景不长，一年后，王维调出长安，下派到淇水当了个不堪的县尉。偏僻贫困的山区小县，生活条件是很差的，跟长安不可同日而语，崔氏无怨无悔地跟着夫君王维。

"吾心安处是家乡"，王维和崔氏小两口子在淇水搭盖了房子，过着农家生活，似乎打算在此常住下去。王维在衙门受了气，崔氏总是耐心地开导她；王维对崔氏也百般呵护，感到是自己害得她过着如此贫寒的生活。崔氏出身大家闺秀，何时受过这样的苦？小两口这样相互体贴、宽慰，相敬如宾，爱意融融。每到十五月儿圆，夫妻俩沐浴在月亮的清辉下，想起长安、想起父母兄弟，想起天上的嫦娥。

王维说，月亮这么圆，嫦娥此刻在想些什么呢？崔氏说，我想她此时肯定后悔了，当初不该偷了仙药，一个人飞升月亮。王维说，当初若是你，该怎么办？崔氏说，若是我，或者跟后羿一起飞升，或者在凡间帮助后羿，反正绝不会扔了后羿不顾。王维说，如果只能一个人成仙，那怎么办呢？崔氏说，如果只能一个人成仙，那不如共同生活在凡间。王维笑道，看来我不用怕你偷了仙药。崔氏拍打他，你坏，你坏！王维说，你比嫦娥还美，我怎么能不怕你成仙呢？

崔氏怀孕，王维感到不能让崔氏再在这里受罪，怎么着也得让她在长安生孩子。王维说，明天我就去找房管，我们一起离开这里回长安。崔氏说，那怎么行呢？你不当县尉，没了薪水，怎么生活？王维说，我卖画，开馆教学生，还可以……我是谁呀，总之不靠官俸，我们也能活下去。

哪知第二天回来，崔氏却躺在床上，眼窝深陷，脸色灰白，面容憔悴。郎中诊了脉象，微笑道，恭喜王郎，夫人有喜了！王维一听，格外兴奋，可是一看崔氏的模样，又不免担心。郎中宽慰他，不用担心，娘子的妊娠反应强烈了一点，吃几服药就会好的。

崔氏身体衰弱，暂时回不了长安，王维又去房管手下做县尉。崔氏身体好些，又挣扎起来操持家务。茶余饭后，小夫妻有时弹琴唱曲，有时绘画下棋，有时对坐闲聊，有时携手去村外闲逛，二人心情舒畅，度过了一生中最美的时光。王维写下了描绘淇上小村傍晚时优美恬静的田园风光的《淇上田园即事》：

> 屏居淇水上，东野旷无山。日隐桑柘外，河明闾井间。
> 牧童望村去，猎犬随人还。静者亦何事，荆扉乘昼关。

时光如流水，炎热的夏天过去了，肃杀的秋天也将结束。万物有成，庄家结出了成熟的果实，崔氏腹中的胎儿也渐渐成熟，即将果熟蒂落。

深秋季节，繁霜满地，接生婆匆匆地赶到王维家。接产即将开始，王维要避开离去。崔氏眼中噙泪，紧紧拉住王维的手不放：维哥哥，你不要离开我！我怕，我怕！

王维在屋外听着崔氏痛苦的呻吟声一阵阵从屋子里传出来，心如刀割。一个时辰两个时辰过去了，只听见崔氏时高时低的呻吟声，却听不到婴儿的啼哭。王维额头上渗出了豆大的汗珠，兜圈的脚步越来越焦急。终于，接产婆从门缝里伸出头：王郎，怕是不行了？保大人，还是保孩子？王维决绝地说：保大人。

好。接产婆又关上门。又过了好一阵子，屋里忽然传出崔氏惨烈的叫声，王维不顾一切地冲了进去，搂住了面色蜡黄、唇白如纸的崔氏。

一阵抽搐之后，崔氏说话了，但气若游丝：

维哥哥，我肯定——不行了。要离你——而去了。没能——给你留下——骨肉。你别怨——怨我。我死后，你别太、太伤心。

别说了，你会好好的。王维抽泣着。

崔氏摇了摇头，又断断续续地说：维哥哥，我舍不得——离、离开你……

说罢，崔氏的手掉了下去……

王维妻亡三十多年，也不再续娶，又无子女，"孤居一室，屏绝尘累"。到了晚年，更是以佛为事，长年吃素，不穿文彩锦绣衣服，每日施舍给几个名僧饭食，"以玄谈为乐"。他把俗世的孽还空了，把自己清算空了，室中一无所有，"唯茶铛、药臼、经案、绳床而已。"

红豆诗是王维一生的爱情绝唱，唱完了，他把红豆永远隐匿了……而只留下几句《叹白发》：

宿昔朱颜成暮齿，须臾白发变垂髫。

一生几许伤心事，不向空门何处销！

第五章
诗魁上官婉儿

对聪颖的上官婉儿（664—710 年）来说，写诗不过是笔墨游戏，是她在官场中的一道点心。她写诗更多地侧重于应制诗，即奉命写诗，其诗大多为歌功颂德之作，颂扬圣恩，成就自己。即使这样，她的应制诗也写得清新出尘，别具一格，被称为"诗魁"。

上官婉儿更大的智慧在于其在官场险恶局面中的周旋。她以一个弱女子，在武则天时期，逐步成为武则天的心腹秘书。她以身体为资本，以谋略为武器，善于察言观色，见风使舵，为自己经营后路，踩着刀尖跳舞，从容游走在令人惊心动魄的生死路口。到唐中宗时，她被封为上官昭容，在政坛、文坛的地位日益崇高，有"巾帼宰相"之名。她在唐代文学上的贡献，更多地是曾建议增设学士，代朝品评天下诗文，为唐代诗坛推出了一大批诗人，繁荣了唐代的文学艺术事业。

1 才华横溢的超女

唐天授元年（690 年）九月，武则天改国号为周，迁都洛阳。

正值残冬，一日，武后同太平公主在暖阁饮酒，推窗赏雪。雪越下越大，武皇心欢，趁着酒兴，武后同上官婉儿赌酒吟诗。上官婉儿每做"雪兆丰年"诗一首，武后饮酒一杯。

婉儿望见雪中红梅，脱口而出：

斗雪梅先吐，惊风柳未舒。直愁斜日落，不畏酒尊虚。

红梅不畏严寒，傲雪吐蕊，柳枝最先觉知春风将至。只愁斜阳西下，不怕杯中没酒。表现大雪之后，春天降至的喜悦心情。

武后见她诗思敏捷，起初是一首诗一杯酒，后来从两首诗一杯酒，慢慢加到十首诗一杯酒。上官婉儿的诗机才刚刚活络活了，诗兴还未一分，武后已酒醉十分，满面酡红。

次年春天，洛阳百花盛开。武后下诏，命群臣都到赶上苑赏花，大排筵宴。并将九十九种花名，象牙签九十九根，放于筒内。每抽一签，都照上面花名赋诗一首。先交卷者赐大缎二匹；交卷太迟者，罚酒三巨觥。所有题目，或五言、七言，或用何韵，皆临时抽签，以免众人之疑。第一轮抽到的是五言。众人还没动笔，婉儿已承上诗，待众人诗毕，武后推婉儿的诗为第一，传阅众官，见她写的是：

> 密叶因裁吐，新花逐翦舒。攀条虽不谬，摘蕊讵知虚。

早春的树叶像剪子裁出的那般娇嫩，初开的花儿像初生的羽毛在春风中舒展自如。鲜嫩的枝条那么柔美，想伸手攀折又怕不合情理，想摘花却知道是假的。诗歌构思精巧，与贺知章千古名句"不知细叶谁裁出，二月春风似剪刀"，有同工异曲之妙。

碰巧第二轮抽的仍是五言，婉儿又是第一个交上诗。众人见她写的是：

> 春至由来发，秋还未肯疏。借问桃将李，相乱欲何如。
>
> （《奉和圣制立春日侍宴内殿出翦彩花应制》）

春天开的花到秋天还不肯服输，试问桃李争艳，究竟是因为什么呢？诗歌想象奇特，写得含蓄，问得巧妙，给人留下不尽遐思，又被武后推为第一。

谁知一连做了几首，总是上官婉儿第一交卷。这一天共做了五十首诗，上官婉儿就得了五十分赏赐。第二天日，又同群臣做了四十九首诗，上官婉儿只得了四十八分半的赏赐。因为交卷时，有二位臣子，不前不后，恰恰同她一齐交卷，因此分了一半赏赐。总之，一连两日，并无一人在上官婉儿之先交卷。

武后见上官婉儿做了许多诗，毫不费力，知她学问非凡。一时兴起，接连几天，带她和群臣一起赏游游长宁公主流杯池，沿途逢景作诗，有意欲卖弄婉儿的才情。武后划定赏游路线，命婉儿吟诗。婉儿脱口道：

逐仙赏，展幽情，逾昆阆，迈蓬瀛。游鲁馆，陟秦台。污山壁，愧琼瑰。

过长宁公主石馆，婉儿题诗道：

凿山便作室，凭树即为楹。公输与班尔，从此遂韬声。

挖开山就成家室，靠着树就成了廊柱。工艺的精巧，即使是鲁班，从今以后也要好好筹谋。众人连赞好诗，道出了长宁公主这座别墅建筑别具一格，颇具洞府仙趣。

来到长宁公主山室，婉儿吟道：

石画妆苔色，风梭织水文。山室何为贵，唯馀兰桂熏。

听了这首诗，连武后也不禁赞叹：好一个"石画妆苔色，风梭织水文"！亏你想得出：石头天然成画，拿青苔做装饰；微风吹拂水面，像用梭子织就的精致花纹。要问山室什么最珍贵，只有兰和桂熏香。兰桂熏室可见主人的雅贵，风神清秀！

长宁公主见婉儿站在藤做的书架前，说，这里正缺一首诗，婉儿，你写一首吧。婉儿写道：

书引藤为架，人将薜作衣。此真攀玩所，临睌赏光辉。

经过途中随意点缀着一个风景茅舍，婉儿吟道：

仰循茅宇，俯眄乔枝。烟霞问讯，风月相知。

李贤道：这座茅舍建上面覆盖高大的乔木枝丫，云烟和霞光来问讯它，风月和它彼此相知。婉儿化静为动，描绘了一幅安闲和谐的画面。"烟霞问讯，风月相知"，神韵不凡啊！

看见石出涧水，李显挑衅道，婉儿你要能把这单调的风景连写三首诗，我才服你。婉儿笑道，你听好：

> 泉石多仙趣，岩壑写奇形。欲知堪悦耳，唯听水泠泠。
> 岩壑恣登临，莹目复怡心。风篁类长笛，流水当鸣琴。
> 攀藤招逸客，偃桂协幽情。水中看树影，风里听松声。

群臣有人说"岩壑写奇形"姿具异禀，有人说"攀藤招逸客"想象奇特，狄仁杰颇有感触地叹道，"流水当鸣琴"、"风里听松声"，情致高远，襟怀雅洁，令人向往啊！

这一路下来，婉儿诗思如汩汩流水，一气作了二十五首诗。

转眼到了重阳，武皇幸慈恩寺登浮图，摆菊花酒会。武皇道，今日盛会，不可无诗，婉儿，你先起个头。婉儿呈诗道：

> 帝里重阳节，香园万乘来。却邪萸入佩，献寿菊传杯。
> 塔类承天涌，门疑待佛开。睿词悬日月，长得仰昭回。
>
> （《九月九日上幸慈恩寺登浮图，群臣上菊花寿酒》）

这类承制诗，在今天看来，未免有阿谀之嫌，但在当时官场，皇帝是非常看重的。这类诗不仅使龙心大悦，而且可宣扬圣德，歌颂太平盛世。上官婉儿不仅描写了慈恩寺的雄伟气势，菊花酒会的盛况，讴歌了慈恩寺上的诗词流传千古，还很会吹捧武皇，把她比作佛却不露吹捧痕迹。

这一年的十月，武皇驾幸新丰温泉宫，承惯例，群臣要献诗，婉儿连献三首。

其一：

> 三冬季月景龙年，万乘观风出灞川。
> 遥看电跃龙为马，回瞩霜原玉作田。

景龙元年（707年）十月，皇帝出灞水到新丰视察民情，远看出行的队伍，就像闪电一样快捷，像乘坐着龙马一样浩荡奔驰。回望一望无际的田野上铺满白霜，就像洒满了白玉。诗歌写出了中宗出游的刚健之气，讴歌了壮美的山河，展现了大唐气象。

其二：

> 鸾旗掣曳拂空回，羽骑骖驔蹑景来。
> 隐隐骊山云外耸，迢迢御帐日边开。

这首诗是写武皇的车驾。只看见鸾旗在空中回旋飘扬，羽林军的骑兵跟在后面，随影而行。天边隐隐约约的，是雄伟的骊山从云外耸立，一眼望不到头的，是武皇的车驾从太阳旁边露出来。诗的最后一句一语双关，巧妙地把武皇比作与中宗并驾齐驱的太阳。

其三：

> 翠幕珠帏敞月营，金罍玉斝泛兰英。
> 岁岁年年常扈跸，长长久久乐升平。

这首诗是描写温泉宫宴会盛况。镶嵌着宝石珠玉的帷帐敞开对着月亮，金玉做的酒杯泛起的酒，冒着兰花那样的香气。只愿年年来护驾，长久安享太平。

上官婉儿吹捧得皇帝心花怒放。武皇道，上官婉儿不但才情敏捷，而且语句清新，真是"胸罗锦绣，口吐珠玑"。诸臣莫不吐舌，都道上官婉儿"天生奇才，自古无二"！

原来，上官婉儿乃是著名诗人上官仪的孙女，祖籍陇西上邽（今甘肃天水一带），唐高宗麟德元年（664年）出生于陕州陕县（河南省三门峡）。相传，她的母亲郑氏怀孕的时候，曾经梦见仙人送给她一杆大称，说："您肚里的孩子富贵无匹，长大后将掌握国之权柄，称量天下士人。"

生下来的，却是一个女孩。女孩能当宰相吗？

婉儿满月，母亲郑氏拿女儿开玩笑：咱上官家将来称量天下士的人，难道就是你么？小丫头虽然还不会说话，却也能含混不清地回应母亲的话，仿佛在回答"是"。

这年冬天，上官仪因为替高宗起草废武后的诏书，被武则天血洗上官家男丁时所杀。上官仪父亲上官庭芝也同时被杀。郑氏和上官婉儿被赶进掖庭宫当奴婢。

自古以来，皇宫中就有专门教授宫人礼节及歌舞琴棋等技艺的学馆，到汉灵帝时，宫学的内容又扩展到了文学诗书以外。唐朝宫学馆制度进一步完善，皇宫中专设掖廷局管理宫女名籍及日常事务，工作的主要内容就是"工桑养蚕，会其课业"，局中有宫教博士专管教育，教习宫人书算等等课程。宫廷中的典籍乐舞棋画资料非常丰富，绝非民间可比，宫人只要锐意向学，成才的机会是非常大的。武则天被贬时，就曾在掖庭宫学习过。

宫人学有所成，也能晋升。除了有可能引起皇帝的注意进入嫔妃编制成为嫔妃，还有可能晋升"宫官"。宫官是宫庭女官职司，共分六尚，与朝廷中的男性六尚书编制呼应，为首的是尚宫、尚仪、尚服、尚食、尚寝、尚功，正五品女官。六尚下面还有二十四职司和诸典制女史等等。

宫庭是一个与外界迥然不同的环境，能够进入其中的人即使位为奴婢，多数仍然有一定的良好出身和才华，因此也是一个充满野心和梦想、等级分明争斗不休的地方。上官婉儿在这样的皇宫里长大，周边的环境对她未来的人生有着根本的影响。

从宰相之家的千金小姐沦为下贱的奴婢，婉儿的母亲郑氏除了亲自干苦力活，饱尝白眼外，把唯一的希望寄托在婉儿身上。郑氏出身荥阳四大望族之一的郑氏，是太常少卿郑休远的姐姐，颇有些文化，亲自为女儿启蒙。婉儿还接受了上官仪等留下的深厚的家学。婉儿稍大，郑氏每天督促她到后宫的内文学馆去读书。

很快，婉儿的才名已经传入神宫，惊动武后。

仪凤二年（677年），武后决定召见婉儿。十三岁的婉儿出落得婷婷袅袅。天生丽质的婉儿，经知识的浸泡，平添了一种深邃的优雅，那种洞悉一切的艳丽光辉。

武后当面考试婉儿的文章。婉儿文不加点、一气呵成，还写得字迹娟秀，文采斐然。

武后喜欢上这个才华横溢的超女。于是，以高宗才人的身份，婉儿做了武后的贴身秘书。

2 卷入皇子爱情

走进宫廷的婉儿，溅起一连串浪花：太平公主对婉儿冷漠以向，李旦对婉儿颇为敬重，李显为婉儿神魂颠倒，婉儿却对太子李贤情窦初萌。

但是婉儿很快感到危险，李贤对武后开始心怀芥蒂，很少到后宫向武后请安。有一天，好久没跟李贤商量政事的武后，让婉儿叫回已经散去的李贤兄弟。李显乘机要婉儿的诗看，李贤打断了李显的纠缠，走到武后门口时正言警告婉儿：

除非你做了皇帝的嫔妃，否则，你永远是奴隶。你要记住你的身份。

太平公主特地置宴，欲弥合李贤母子的关系，嘱婉儿做李贤的工作。但席间李贤始终保持不合作的态度。

席散，婉儿追上已经离去的李贤。李贤告诉婉儿，他不想当玩偶。

并肩走着的李贤突然抱住婉儿热吻。李贤说，别以为我不在意你，看到你的第一眼，我就爱上了你。

然而，李贤忽然推开婉儿。李显看着他们。李贤说，二弟，把这个女人拿去吧。走了几步，又后头说，她不过是一个奴婢。

婉儿回到武后身边，已是午夜。武后竟还在等着他。婉儿回禀李贤对武后的忠诚和爱戴，武后让婉儿送两本书给东宫，给李贤传话：李贤的一切是她给的，她也能拿回去。

到东宫，婉儿却看到李贤与男宠做爱的一幕。婉儿流泪问李贤：太子怎么能这样？愤怒的李贤抓住她问：我能怎样？她（武后）在逼我！婉儿说，你在逼她（武后）！李贤指责婉儿近墨者黑，当面把武后给他的两本书扔进火里，并占有了婉儿。

婉儿在武后面前为李贤辩解，武后却冷冷地说出了她在东宫经历的一切。武后为李贤的堕落伤心落泪。这时，婉儿骤然感到，她与武后之间获得了一种新的关系，那种超越主仆的肝胆相照。

李贤终于获得了远离武后所在的洛阳到长安处理政务的机会。

武后在绮云殿为李贤举行钱行宴，但李贤没有赴宴。武后让婉儿去送李贤，再次把上次的那两本书带给李贤。

一本《少阳正范》，一本《孝子传》。

婉儿问李贤，为什么不去赴宴？李贤说，李弘就是在绮云殿暴毙。一边凶狠地把婉儿递给他的两本书撕得粉碎，再塞进婉儿手里说，你去告诉那个女人，让她给别的儿子去读吧！

婉儿抓住李贤的车窗。婉儿说，太子，你真让奴婢担心……

婉儿被留在暗夜里。突然，她被李显抱住了。

李显说，我知道你爱我二哥（李贤），但我不能看着你被他抛弃。我们重新开始吧……

婉儿说，我们没有未来。未来只有一个，那就是武后。我永远不离开武后。

婉儿再次见到李贤，是奉命去查李贤谋反的兵器。

婉儿突然跪在李贤的脚下：太子你杀了我吧！说着，去拔李贤腰间的剑，抵在自己胸口。李贤夺下见剑，包扎婉儿手上的剑伤。婉儿柔声哀求：你把兵器转移吧。李贤说，没用，她（武后）还是要杀我的。

李贤被流放巴州，临行那天，婉儿是写了一首诗送给李贤：

释子谈经处，轩臣刻字留。故台遗老识，残简圣皇求。

驻跸怀千古，开襟望九州。四山缘塞合，二水夹城流。

宸翰陪瞻仰，天杯接献酬。太平词藻盛，长愿纪鸿休。

（《驾幸三会寺应制》）

当洞庭湖的落叶纷纷飘下的时候，我在遥远的万里之外思念你。秋露晶莹，香被不耐夜寒。月亮西坠，看着锦屏的目光一片茫然。本想再多谈些江南的事，但急于把信寄给身在蓟北的你。信中没有别的意思，只是惆怅我和你分别已经很久了。

诗中表达了对李贤的思念之情。婉儿正是少女情怀正浓之时，对宫廷斗争的残酷与复杂认识尚浅。婉儿把自己锁在母亲的屋里，不吃不喝。三天后见到武后，仿佛脱胎换骨。

李贤去后，李显被立为太子。在一个傍晚，李显在政务殿占有了婉儿，劝说婉儿依靠他，做武后那样的人。婉儿冷静地说，你太不了解你母后了！她是无与伦比的，是真正的王！

婉儿感到，占有她的不是李显，而是她对权势的强烈渴望。

永淳二年（683 年），二十八岁的李显即位。婉儿奉命辅佐李显。婉儿心甘情愿地把自己奉献给李显，成了李显的秘书和情人。

拥有皇帝的恩宠，这是天下女人都想得到的，她为什么要放弃呢？

两个月后的一天，武后突然叫婉儿到后宫看她。婉儿见到武后蓬头垢面，眼泪涟涟地看着婉儿：李贤死了……但这是我的错吗？他一旦登位，第一个要杀的就是我！

是太后杀了他！从麻木中醒过神来的婉儿，忽然有这样判断。婉儿不寒而栗。

李贤错会了旨意。武后仿佛看透了婉儿，我让丘将军带信给李贤，叫他去看看父亲的坟墓。他不知道他父亲临终时，是多么挂念他。谁知他……

婉儿跪在那里，不住地哭，不停地摇头。武后把她心底里的纯洁洗劫一空，她的心变硬了。

婉儿说，李贤不是你杀的，是他畏罪自杀，奴婢亲眼看见的！

婉儿，这是你的真心话？连老谋深算的武后，都不敢相信这是婉儿说的话。

流放丘将军！婉儿斩钉截铁地说。

3 武则天的一把剑

唐中宗李显登位不久，很快就使朝堂失望。婉儿知道是由于皇后韦氏扩张势力，把父兄等一堆娘家人提高显要位子上。等到韦氏的父亲由七品参军提到宰相的位置时，婉儿报告了武后。

武后对李显大为不满：怎么可以这样亵渎皇权？！婉儿说，奴婢以为责在韦氏。

武后在盛怒中不经意地提到相王李旦：比起显，旦本分多了。

婉儿知道相王李旦像他父亲李治一样老实、懦弱，但正因为他懦弱，武后才能把皇权紧紧抓在手上，于是马上道：相王虽然本分懦弱，但他是最明智的。

武后警觉：你是为相王游说？婉儿道：正因为我跟相王素无往来，才站在客观的立场说话。

武后相信了她：婉儿是最聪明的。

一旦决定下来，武后毫不迟疑，有一天宣布百官到正殿早朝，她要亲自和百官商议大事。李显认为自己已经掌权，这个老太婆不能把自己怎样。没想到武后在正殿上刚一坐下，就叫婉儿宣读拟好的诏书：从今天起，废李显为庐陵王，即刻将他幽于别所。

大殿两旁全副武装的御林兵一拥而上，不由分说地把李显从皇位上拖下来，并五花大绑。这时，中宗李显才知道自己失去了什么。他狂叫，我犯了什么罪？！武后冷酷地说，你把整个天下都送给了那个小小的参军，难道这还不够吗？！

　　李显这才知道是婉儿告了黑状，大骂婉儿是武后的走狗，武后整死了她父亲上官仪，婉儿还做武后的忠实走狗，并说婉儿想整死李家兄弟。这为婉儿后来埋下了祸根。

　　听着李显愤怒的吼叫，婉儿镇静自若。

　　婉儿的若无其事，令武后颇为惊讶。无论婉儿是不是对自己仇恨，她都离不开婉儿了。武后决定跟婉儿好好谈一谈。

　　武后选择了一个夜晚。在武后灯火阑珊的寝宫，五十多岁的武后与一个青春少女隔代相望。武后说，自己老得连一把剑都举不动了。婉儿说，我就是你手中的剑。武后说，我本不想拿你做剑赶跑你喜爱的男人，但没有办法。然后，武后引入正题，那天李显说我杀死了你父亲，你恨我吗？婉儿说，奴婢三年前就知道了。

　　武后说，来，给你剑，你杀了我吧。我欠你的。

　　婉儿跪在武后面前。婉儿流着泪。婉儿说，对于婉儿，武后才是最重要的。

　　终于在则天门下，那个空前绝后的天授元年（690年），六十二岁的武后蹒跚地登上权力的巅峰。他的儿子李旦明智地把皇冠送给了母后。二十六岁的婉儿也迎来了自己的春天。

　　婉儿当然不敢动武皇的男人，哪怕是被她抛弃的男人。当正忙于为武皇修建天堂的薛怀义星夜来见武皇时，武皇正躺在御医的怀里。婉儿跟这个御医也有过灵与性的碰撞。武皇听婉儿报告薛怀义到了，厌恶地让婉儿把薛怀义送走。

　　婉儿举着灯，走在专门为薛怀义修建的隐秘巷道，薛怀义忽然从后面抱住她，强暴了她。

　　从此婉儿陷入危险的悬崖。与其让薛怀义拖着沉没，为什么不尝试自己拯救自己呢？婉儿终于哭诉着报告武皇，自己遭到薛怀义的强暴。

　　武皇正要甩掉薛怀义这条鸡肋，让婉儿自行处理，于是在一个夜晚，婉儿把薛怀义挡在隐秘通道之外。薛怀义一把火烧了为武皇建的明堂、天堂，他知道这"二堂"是武皇的命根。婉儿没有参加太平公主对薛怀义的棒杀，但婉儿知道薛怀义的下场。

武皇登上帝王宝座，武姓子侄变得无比重要起来。婉儿瞧不起武氏那些势利小人。当那天武三思为薛怀义牵马时，婉儿投给武三思轻蔑的一瞥。武三思对她的傲慢当然是记得的，就在婉儿往回走的时候，武三思忽然挡在她面前：你不也是奴才吗？把你送给老子，老子还嫌脏！婉儿气极，抬手就给了武三思一巴掌。

武则天正为自己的明堂、天堂被烧难过，担心自己死后上不了天堂。武三思偏来告状，说那夜婉儿把薛怀义堵在门外，薛怀义一气之下烧了明堂、天堂。次日武皇召见婉儿，赐婉儿死。婉儿第一次没有自称奴婢，轻快地走向刑场，把自己美丽而智慧的头颅伸进铡刀下。但这时，武皇又改给婉儿黥刑。婉儿领教了武皇的毒辣，黥其面毁掉她的尊严，毁掉她生命中最本质的东西。

武皇把婉儿带到武三思家。这是婉儿黥面后第一次见武三思。婉儿没有躲闪，把那张丑陋的面孔直逼武三思的眼睛。婉儿之所以要活下来，就是要把毁了自己一切的武三思送上断头台，凌迟处死。她要杀人不见血，杀人而还保持一种优雅。

但在政治中，没有永远的朋友，也没有永远的敌人。

证圣元年（695 年），已经当了五年皇帝的武则天，觉得应该给武氏留下一部历史，她把修史的任务交给略通文史的武三思，又派上官婉儿参与到撰写国书工作中。

从万岁通天元年（696 年）开始，武则天让她处理百司奏表，参决政务。据说，武则天将上官婉儿倚为心腹，所下制诰，多出自上官婉儿的手笔。从此，上官婉儿成为武则天的左膀右臂，权势日盛，她虽然没有丞相之名，却有丞相之实，所以被后人称为"巾帼宰相"。

此时的婉儿已经三十二岁了。除了黥刑在她脸上留下的一块灰暗的斑痕，婉儿通身无可挑剔，她一身缟素，散发着只有婉儿才有的高贵优雅的气息。在武三思眼里，除了武皇，他再也没有见过婉儿这样非凡的女人。出于对武皇指派工作的忠诚，婉儿尽量提供对武三思的帮助，让武三思对婉儿产生了莫名的感情。出身下贱的武三思，要把婉儿这样拥有高贵血统的女人搞到手。搞垮比自己强的人，是许多卑劣者的共同心理。

于是在一个夜晚，婉儿送国史编目给武皇过目后，匆匆返回文史馆的途中，巧遇武三思。武要求与婉儿和解，提出如果婉儿不能原谅他，现在就杀了他，并诉说了自己的不幸童年。婉儿想起自己的童年，忍不住落泪。这时，武三思从后面抱住她，终于把她占有了。此后便有了无数个这样的夜晚。在与武三思不断的身体关系中，婉儿也在发生着变化，她不再把武三思当敌人了，甚至主动迎合他。其实，婉儿很清楚，她要找一个靠山，而武三思无疑是武周不二的继承人。

婉儿的估计，正是武皇的心事。七十岁的武皇私下里为继承人苦恼。在武皇的心里，是倾向武三思的。把政权交给李姓，就意味着李唐的复辟。这时，大臣们也在潮流暗涌，不断地提起庐陵王李显。一旦提起李显，武三思的地位就动摇了。

在重重困境中开辟生路，是婉儿唯一做的成功的事。婉儿必须为自己的未来铤而走险。

4 巾帼宰相

在嗜血成性、骄横跋扈、手段毒辣的武皇手下，上官婉儿的秘书生涯在血腥中持续到神龙元年（705 年），八十二岁的武则天终于病倒了。正月十二日，宰相张柬之等五大臣强拥李显发动政变，冲入玄武门，斩杀了张易之张昌宗兄弟。

随后，太平公主亲自去见母亲，请出传位敕书。五天后，李显重新登上了他阔别二十一年的皇帝宝座，退位的武则天黯然避居上阳宫，被儿子封为"则天大顺皇帝"。

二月初四，李显恢复了大唐的国号，将旗色由红改为黄，洛阳降为陪都，长安仍为京城。至此，十五年的武周王朝宣告终结。

中宗李显全盘接收亲高宗的宫女，昔日是其父亲才人的上官婉儿，现在成为李显的婕好，官秩三品。不久又进拜为九嫔之一的昭容，代中宗掌诏命——在此之前，婉儿虽有批阅百官奏章和掌诏命的权力，名份上却只能算是女皇的近侍，直到此时，她才真正进入后宫主人的行列。

李显对婉儿如此倾倒，不光是因为婉儿容貌才华，或曾经有过的苟且。婉儿侍奉武则天多年，对朝堂上下内幕了如指掌，对于撰写各种官样文书极其熟练，缺乏政治经验的李显也离不开她，极有必要让婉儿继续充当高级秘书。

还有一个重要原因，就是太平公主"请"得的女皇退位给太子李显的诏书。太平公主和上官婉儿多年以来几乎是武则天身边的左右手，私交深厚，利益也紧密联系；何况武则天的诏书一向都出自婉儿的手笔，因此，那封女皇退位诏极有可能也是由上官婉儿草拟的。李显为感激妹妹"请诏"之功，加封太平公主为镇国公主、封邑共五千户；那么，论功行赏之下，婉儿也足当宠妃之封。

李显重登皇位，最兴奋的人，莫过于韦氏。在李显恢复国号的当月，韦氏被册为皇后，她的父亲韦玄贞当年欲为宰相不可得，如今却一跃被追封为上洛郡王。

重登后位的韦氏，第一件事就是为冤死的儿子报仇。她向李显控诉庶出的次子李重福，说不知是他妒嫉嫡兄的地位蓄意陷害，还是年幼无知口无遮掩，总之，向张易之兄弟泄露家中私议女皇淫乱的人就是李重福。

韦氏封后的第三天，眼看就要被立为太子的李重福被贬出京城，外放为濮州员外刺史，不久又转为均州刺史，而且还规定不得过问地方时事。第二年四月，庶出的皇三子重俊被立为太子。

李重福在两次提出进京的要求都遭到中宗拒绝后开始暗中结纳一些被贬放有怨气的官员。景龙三年，他听说叔父李旦将承帝位，正式开始了谋夺帝位的行动，结果事败自杀，年三十一岁。

神龙元年（705 年）十一月，一代女皇武则天去世。中宗和韦氏正式同登朝堂。

中宗同他的父亲高宗一样惧内。当时宰相裴谈也是怕老婆一族，跟中宗是绝妙的搭档。一日，宫中行宴，裴谈也与会。正唱着《回波词》的伶人，便现场填新词取乐："同波尔似栲栳，怕妇也是大好；外边只有裴谈，内里无如李老。"韦氏听后竟喜形于色，当场奖励这名伶人束帛，赞他唱得好。

韦氏觉得自己可望步武则天后尘。

以婉儿的聪慧，她立即就明白了韦皇后对中宗的影响力有多大，于是在笼络李显的同时，她不遗余力地奉迎韦氏。她给韦皇后出了许多招来人心的主意。比如说：修改服役制度，减短服役时间，为"出母"服孝三年等等。此后又给中宗加尊号为"应天"，给韦氏加尊号为"顺天"，帝后同朝理政——离李治武则天"天皇""天后"二天并尊的光景不远了。

随着权力越来越大，韦后和武三思都觉得皇太子李重俊是未来的障碍。而安乐公主李裹儿，也认为自己可以步母亲韦氏的后尘，打起了当"皇太女"的算盘。

在丈夫武崇训的指点下，李裹儿用各种方法侮辱李重俊，甚至于呼之为奴。李重俊年纪渐长，明白了嫡母及其一党的企图，便和魏元忠、李多祚等人密商，想要将武三思及婉儿等人统统杀掉。

神龙三年（707 年）七月的一个夜晚，李重俊率三百多羽林军冲入武三思家中，杀死了武三思父子，随后一行人奔入禁宫搜索韦皇后与安乐公主及上官婉儿。在刚冲入肃章门的时候，他们先提出擒拿上官婉儿的要求。婉儿立即狡猾地拖上中宗和韦后："别以为交出我去就能换来平安，他们无非是想一步步来，先杀了我，然后再来结果皇后、皇帝的性命而已。"李显和韦氏顿时涌起同仇敌忾之心，一面应婉儿的要求调集兵将，一面都迅速登上了玄武门城楼据守。

李显在这场政变中倒也有个闪光点：亲自向城下的兵将劝降，而且起到了立竿见影的效果。不厚道地推测，李显的胆量和见识也未免长得太快了吧！那席掷地有声的劝降辞，很有可能是出自他身后的昭容上官婉儿传授。

这场政变在倾刻间攻守易形，李重俊被杀，头颅用于祭奠武三思父子。玄武门再一次成为李氏家族血流成河的代名词。

死里逃生的上官婉儿更得李显和韦皇后的信任。她迎来了人生中最辉煌的时刻：这个降生以来就没有丝毫依靠的女人，终于凭借自己的绝顶聪明，从一介奴婢起家，不但掌握了国家权柄，还为自己的家族洗脱了罪名。上官仪父子在被杀四十余年后，靠这个女子的力量得到了少有的哀荣：上官仪追赠中书令、秦州都督、楚国公；上官庭芝追赠黄门侍郎、岐州刺史、天水郡公。婉儿的母亲郑氏则被封为沛国夫人。

郑氏苦熬多年之后，终于等到了上官家重振局面的一天。了却夙愿的第二年，郑氏病逝，追谥为义节夫人。郑氏死得早了一点，没能看全她当初那个天秤奇梦变为现实的场面。

因为母亲的死，婉儿自请贬官一级，仍为婕妤。大约就在这个时候，上官婉儿重新兴建了上官家族的府邸。其穿池为沼，叠石为岩，亭台阁宇，园榭廊庑，穷极雕饰，风雅为洛阳第一家，上官婉儿常引大臣宴乐其中。

能够走出皇宫的婉儿行动更加自如，她开始像诸公主那样公然卖官。与此同时，她的情人也越来越多，而其中最重要的一位，就是小她六岁的崔湜。

说到崔湜，倒也算是一个脸厚心黑的角色。崔家是一个显赫的门第，崔湜生得非常俊美又极有才名，很讨人喜欢。然而这个外表风度翩翩的男人，却是一个毫无廉耻的笑面虎。少年时他曾经依附过张易之，后来做了五大臣之一敬晖的亲信，却暗中向武三思通风报信，又自荐成为上官婉儿的新一任面首，并最后将自己的旧主人推向死路。

上官婉儿对崔湜十分宠爱，在很短的时间里就让他官升兵部侍郎，又升至中书门下平章事，成为宰相之一。崔湜除了风流浪荡之外并没有别的本事，理政多有过失，但每次弹劾都在上官婉儿的搭救下得保平安。

被武则天压制的情欲，上官婉儿从此迸发出来。在上官府邸，她与崔湜从此日日鸳鸯戏浴。崔湜的弟兄崔莅、崔液、崔涤弟兄四人个个眉清目秀，面如冠玉，婉儿十分喜爱。从此，上官婉儿行走坐卧，无时无刻这崔家弟兄四人无不追随陪伴在旁饮酒说笑，行令赋诗。

然而这段风流韵事却很快走到了尽头。而关于其中的原因，一直有两种说法。

一种原因是因为太平公主。据说太平公主也看上了崔湜并引诱成功。这导致上官婉儿和太平公主从此势不两立，则天朝建立的深厚关系也破裂了。

还有一种说法，崔湜其实是在李显死后才成为太平公主男宠的。而且还是被上官婉儿推荐去的。因为婉儿发觉了李显暴死的内幕，希望以此换得太平公主在李家很可能发生的变故中保障自己的安全。

无论哪一种说法，结束都是不可避免的。因为上官婉儿的人生即将走到尽头。

5　香消玉殒

李重俊死后，韦氏一直不肯让中宗册立最后一个庶子李重茂为太子，她一面要求中宗将安乐公主立为"皇太女"，一面大造"祥瑞"，为自己日后继续操纵天下做谋划。

韦氏声称自己的衣箱内冒出彩色祥云，还让李显画图诏示群臣并为此大赦天下，加赐百官母妻封号。又让太史迦叶志忠作《桑条歌》十二篇，声称："昔高祖未受命时，天下歌《桃李子》；太宗未受命时，天下歌《秦王破阵乐》；高宗未受命时，天下歌《侧堂堂》；天后未受命时，天下歌《武媚娘》。伏惟应天皇帝未受命时，天下歌《英王石州》；

顺天皇后未受命时，天下歌《桑条韦也》。"补阙赵延禧也做《桑条》进献，李显竟大喜，赐迦叶志忠府第一所、彩帛七百段，提拔赵延禧为谏议大夫。

韦氏的企图是如此明显，令多数大臣和皇族都不能接受。太平公主更不能容忍韦后的野心竟敢超过自己。

韦皇后和安乐公主因此将太平公主和相王李旦视为眼中钉肉中刺。在调查李重俊政变事件的时候，韦后便指使党羽诬告太平和李旦，说他们是李重俊的后台。李显大惊失色，几乎就要信以为真，总算御史中丞萧至忠拼命劝阻，优柔寡断的李显才没有下这个杀弟杀妹的决心。

这件事成为韦家班和李家皇族彻底撕破脸的转折。只是由于李显的偏袒，韦家班仍然占据上风。太平公主和李旦父子只能忍气吞声。

韦皇后越发得意，安乐公主也更加紧了谋取"皇太女"之位的步伐。为了进一步讨好母亲，她竟不惜让自己的第二任丈夫武延秀去做韦皇后的情夫。

中宗李显对自己身边发生的这些都茫茫然无所知，无论是在安乐拿来的空白诏书上盖章，还是韦后要求提拔自己的情夫党羽，他都从来没有对她们起过丝毫疑心。这个软弱可怜的老好人对妻子女儿的认识仍然停留在流放房州的时刻，仍然想着那个怀抱中奄奄一息的女婴，仍然记着自己当年对韦氏许下的誓言。

对于这样一个听教听话的傀儡，韦皇后和安乐公主应该是非常满意的，也不可能会有立刻改变现状的强烈想法。

然而事情却在景龙四年（710年）发生了根本的转变。

这年四月，定州人郎岌向李显上书，指出韦后有谋反之意。对于这封上书，中宗拒绝相信，反而听从韦后的意见将郎岌处死。

谁知世上不怕死的大有人在。五月十七日，许州司兵参军燕钦融再次上书，不但指出皇后与安乐公主危害国家，还说她们与武延秀、宗楚客、马秦客、杨均等人通奸。李显大惊，立即召见燕钦融，结果被燕钦融说得目瞪口呆。韦后闻讯立即赶来，竟当着李显的面命人将燕钦融活活摔死在殿前。李显被韦后的举动惊呆了，对她的态度也迅速发生了转变。

韦后与安乐公主怕李显真起了疑心，在与宰相宗楚客商议后，干脆决定一不做二不休除掉李显。

六月二日这天，毒药放在了李显食用的面饼里。五十四岁的李显就这样不明不白地死在了神龙殿里。韦后秘不发丧，找来了上官婉儿草拟遗诏。在这道诏书里，婉儿写下了立温王重茂为太子，韦太后知政事，相王李旦参决政务等内容。

六月七日，李重茂即帝位。无论婉儿是否了解李显暴毙的内情，至少她还是拟定了一道合情合理的诏书，并明确地将皇位归在了李显之子的名份上。

然而心里有鬼的韦氏并不会按照婉儿所拟的诏书办事。她一面临朝称制封赏李氏皇族，一面将台阁政职、内外兵马大权以及中央禁军诸营统管的要害职务，统统换成自己的党羽和族人担任。韦太后之心，已是路人皆知。

不甘待毙的太平公主遂暗中与早有计划的李旦第三子李隆基通谋，于六月二十日晚突袭后宫。

韦太后和她的族人们都正在睡梦中，根本没有想到会发生军事政变。初掌兵权的韦氏族人根本还未得军心，很快就被杀掉。惊慌失措的韦氏却不知族人先被诛杀的消息，仍然抱着希望赤脚奔向飞骑营——呼风唤雨整整七年的韦氏就此葬身乱兵刀枪之下。

紧接着，武延秀和安乐公主的府邸也被重兵包围。在拼命抵抗之后，被追兵斩首。韦家班全军覆没。

就在韦氏和安乐公主被诛的同时，李隆基亲信刘幽求的军队也包围了上官婉儿的住处。

婉儿对于这个时刻早有预备，当刘幽求来到的时候，她早已梳妆齐整，领着宫女在门口秉烛相迎。随后她向刘幽求出示了自己草拟的那份遗诏，表示自己在大关节处仍然是效忠于李显而非韦氏的，绝非韦家班的成员。

刘幽求觉得婉儿所言有理，便向李隆基回报。

然而李隆基却断然拒绝了婉儿的请求，坚称她是韦氏一党，一定要杀。

李隆基杀上官婉儿并非头脑发热。他这样做一是为了服众，因为在大家眼中婉儿就是韦后一党的；二是他一开始就想铲除以韦后、安乐公主和婉儿为代表的女人集团，彻底结束武则天以来女人当政的局面。

延和元年（712年）八月三日，唐玄宗李隆基即位为帝。

开元盛世拉开了帷幕。

6 秤量天下士

上官婉儿才华绝代。当了昭容后，她掌管修文馆的文学和音乐。

唐朝早期的文学机构是属于门下省的弘文馆，也叫崇文馆，初设于高祖武德年间，但一直没有定员，活动也不多。在唐中宗景龙二年（708年）四月，上官婉儿向中宗皇帝倡议，扩大修文馆，增学士员，开展经常性的文学活动，类似于今天的文化沙龙。婉儿召集天下文人才子，邀请朝中善辞章的官员，赐宴游乐，赋诗唱和，沉寂已久的修文馆又开始活跃起来。

唐中宗欣赏婉儿的才华，每次宴请群臣，让群臣奉制唱和之际，总是让婉儿品评那些诗文的品第名次，这还真兑现了她出生时那句"秤量天下士"的谶语。

在巍峨富丽的皇宫内，奇珍美酒的盛宴前，一群人正枯肠搜尽吟诗作赋。他们可不是寻常的文人，他们或是文臣，或是饱学之士，但在这九五之尊的御宴之前，还是不免有些紧张，有些人更是"战战惶惶，汗出如浆"。而怡然高坐的那位美人就是评判他们的文章的最权威的"评委"——上官婉儿。

上官婉儿登上高高的彩楼，宣布规则：奉诏评诗，只选其中最佳者一篇进呈御览并谱曲，不中选者即发下楼，当场退稿。内侍拿过诗来刚念过诗题和开头两句，诗稿便纷纷飘落，最后只剩沈佺期、宋之问两人的诗稿还没有给丢下来。沈佺期对宋之问说："咱俩一向不分高低，我看就以今日定高下，以后不必再争了。"宋之问点头同意。

隔了好一会儿，楼上又飘下一张，原来是沈佺期的，宋之问的诗则被呈给皇帝。婉儿的评价是：二诗文笔相当，但沈诗结句"微臣雕朽质，差睹豫章才"辞气已竭，而宋诗《奉和晦日昆明池应制》结句"不愁明月尽，自有夜珠来"陡然健举，若飞鸟奋翼直上，气势犹在。

中宗听后，大加赞赏，称品评得甚为有理。沈佺期、宋之问两位大诗人对婉儿的评判也心悦诚服。

上官婉儿这个丰姿俊秀、娇艳照人的女子，也许就是衡量普天之下英才俊彦的尺度。她约出精英之辈的分量，掂出他们究竟有多少斤两。

当然，她要想称出天下英才的分量，得明白自己有几斤几两。从她为武则天和中宗所草拟的诏令中，可见她的文采非同一般。她的诗词更是非同凡响，风格与祖父上官仪类同，绮丽浮艳。在宫中宴会时，她经常替中宗皇帝、韦后、长宁公主、安乐公主等人当枪手，代他们吟诗作赋，附庸风雅。

从她为历代称颂的名诗《彩书怨》中，可以看出她文笔的华丽，情感的真挚：

> 叶下洞庭初，思君万里余。露浓香被冷，月落锦屏虚。
>
> 欲奏江南曲，贪封蓟北书。书中无别意，唯怅久离居。

她的诗作留传下来的并不多，唐玄宗开元元年（713年），上官婉儿死后的第三年，唐明皇李隆基令人收集上官婉儿的诗文作品，编撰成文集二十卷，令当时著名的文学家、宰相张说为文集作序。可惜的是，这个文集在流传过程中佚失，仅存三十二首诗，现收录在《全唐诗》第五卷中。

　　唐德宗贞元十四年（798 年），上官婉儿死后八十八年，诗人崔仁亮于东都洛阳买得《研神记》一卷，在书缝处有"昭容"二字。诗人吕温有感而写了《上官昭容书楼歌》：

　　　　汉家婕妤唐昭容，工诗能赋千载同。自言才艺是天真，不服丈
　　夫胜妇人。歌阑舞罢闲无事，纵恣优游弄文字。玉楼宝架中天居，
　　缄奇秘异万卷余。……君不见洛阳南市卖书肆，有人买得研神记。
　　纸上香多蠹不成，昭容题处犹分明，令人惆怅难为情。

　　这概括了上官婉儿多彩的一生。她用美貌与智慧、才华与机智、刚强与柔韧，在险恶的宫廷之中，竟然游刃有余，虽无宰相之名而有宰相之实，确实是"不服丈夫胜妇人"。婉儿在那时的文坛掀起了一股飓风，所以引来许多才子的敬佩，也在正史上留有英名。

　　而经以婉儿为诗坛盟主的诗词唱和，代表盛唐文化的序幕已经拉开，接下来，受到滋养的李白、王维、孟浩然等一大批盛唐诗人就要登场了。

　　让我们借上官婉儿墓志铭上的一段话作结吧：

　　　　潇湘水断，宛委山倾。珠沉圆折，玉碎连城。
　　　　甫瞻松槚，静听坟茔。千年万岁，椒花颂声。

第六章

诗将岑参

岑参十余岁，落入"早岁孤贫"的生活；岑参二十岁，颇有谈笑取公侯的气概；岑参三四十岁，走马天山，放歌大漠，大唐的雄风被他舒扬"风吹巨石如转轮"；文人的良心被残酷的屠杀碰撞得鲜血淋漓；岑参一生屈居幕府，在兵乱之中，却不得归家之路。

岑参（约715—770年），唐代著名的边塞诗人，原籍南阳（今属河南新野），迁居江陵（今属湖北）。他的边塞诗与高适齐名，合称"高岑"。其诗瑰奇峭拔、雄壮俊逸，富有浪漫主义的特色，其行世有《岑嘉州诗集》8卷。

 **1 蹉跎入仕途**

汉光武帝打天下时，一个叫岑彭的青年将领奉命袭击公孙述，一昼夜长驱二千余里，离城都几十里时，势如风雨，所向披靡，公孙述大惊说，这是何等的神速呀？

这个后来被封为征南大将军、舞阳侯的岑彭，就是岑参的先祖。

岑参在《感旧赋序》中说："国家六叶，吾门三相。"意思是国家换了六个皇帝，我家里出了三个宰相。

岑参的曾祖父岑文本是唐太宗朝的宰相，伯祖父岑长倩是唐高宗朝的宰相，堂伯父岑羲是唐睿宗朝的宰相。先祖的功业和威名一直激励着岑参。

不过，岑参并没有享受过"相门子"的钟鸣鼎食的富贵荣华。在他幼年时，他的贵族之家已经式微了。他的祖父、父兄都是刺史、县令一类的小官儿。

岑参的童年是在润州（今江苏省镇江市）度过的。开元三年（715年），他出生时，父亲岑植正在润州供职。第二年，父亲任仙州（今河南省叶县）刺史，岑参仍留居润州，一直到六岁。以后他虽然再也没有回到过润州，但是常在诗里怀念那里的海日江楼。

六岁时，父亲迁晋州（今山西省临汾县）刺史，润州参随父到晋州，在这里住了八、九年。

岑参的父亲岑植爱好文学。《岑君德政碑》记述岑植当句容县令时：

> 每至星摇剑室，月下珠琢，菱津回掉女之喧，桃径咏樵童之乐，临万家之井邑，眺千里之风烟，良谈闲起，清文不辍。

在父亲的熏陶下，岑参九岁就开始作文。在父亲的身边，留下了他欢乐的童年。

岑参过了十来年州府公子的生活，他的父亲去世了，落入"早岁孤贫"的生活。在登封（旧名嵩阳，今河南省登封县），父亲留下了一些房屋田地。两个哥哥担负起教养岑参的责任。岑参"十五隐于嵩阳"，发愤用功，苦读五年，"遍览经史"。

他最初结庐在太室山南麓，后来迁居少室北面的缑山（今河南省省偃师县东南）西峰草堂，那里风景绝胜，少室诸峰开门可见，洛水征帆历历在目：

> 草堂近少室，夜静闻风松。月出浴潘尖，照品十六峰。
> 九月山叶赤，溪云淡秋容。……
>
> （《自潘陵尖还少室居止秋夕凭眺》）

当时玄宗正在大兴道教，道士司马承拙两征到京，吴筠待诏翰林，玄宗甚至要嫁公主给道士张果，道教风靡一时。闲暇时，岑参就和那些隐者、王孙、道士、僧人来往：

> ……囊闻道士语，偶见清净源。隐几阅吹叶，乘秋眺归根。……
>
> （《缑山西峰草堂作》）

开元二十四年（736年），岑参二十岁，颇有谈笑取公侯的气概："尝自谓曰，云霄坐致，青紫俯拾"（《感旧赋序》）。他带着自己的著述，风尘仆仆地向西京进发，"献书阙下"。

进京前入潼关时，岑参想起曾祖父岑文本当年以"南方一布衣。徒步入关，……以文墨致位中书令"的壮举，胸中充满豪情。可是现在落第东归，又过潼关，不禁口吟一诗：

> 来亦一布衣，去亦一布衣。羞见关城吏，还从旧道归。
>
> （《戏题关门》）

为了便于活动，后来岑参索性在终南山下的高冠潭口为自己修了个草庐。终南山的风景，不论是山潭上的微雨还是雷鸣的瀑布，在他笔下有声有色：

> 昨夜云际宿，旦从西峰回。不见林中僧，微雨潭上来。
> 诸峰舒青翠，秦岭独不开。……
>
> （《归高冠东潭石淙，望秦岭微雨，作贻友人》）

在终南山，岑参结识了王孙贵族，也认识了王昌龄、高适、王之涣等诗人。岑参与王昌龄交情不浅，唐人很重视排行，排行用在姓之后，名之前。王昌龄字少伯，排行老大，因此岑参在诗名中亲切而尊敬地称王昌龄为"王大昌龄"。王昌龄左迁江宁丞，岑参与他依依惜别：

> 对酒寂不语，怅然悲送君。明时未得用，白首徒攻文。
> 泽国从一官，沧波几千里。……
>
> （《送王大昌龄赴江宁》）

在这段时期，岑参曾经两次离京漫游。天宝二年（743年）春天游河东，从陕虢北渡黄河到永乐（令山西省商城县西南），历绛州（今山西省绛县）、平阳（今山西省临汾县）等地，重游了少年时代随父在晋州（平阳郡）时的旧居，二月间入蒲关（今陕西省朝邑之东）归长安。岑参在这次出游中结婚，婚后不久，离开妻子外出，在途中写下了思念妻子的诗句：

盈盈一水隔，寂寂二更初。波上思罗袜，鱼边忆素书。

月如眉已画，云似鬓新梳。春物知人意，桃花笑索居。

（《夜过盘石，隔河望永乐，寄闺中，效齐梁体》）

第二年，天宝三载（744 年），岑参漫游河朔，这时岑参二十八岁，还是一名"落第秀才"。在这个沉闷的春天，驱马治京洛大道东进，从孟津渡黄河北上，到达古都邺城（在今河北省临漳县）、邯郸（今淠北省邯郸市南）一带。途中，他有时醉酒狂歌，有时登临吊古：

下马登邺城，城空复何见？东风吹野火，暮入飞云殿。

城隅南对望陵台，漳水东流不复回。武帝宫中人去尽，年年春色为谁来？

（《登古邺城》）

这首《登古邺城》诗中，岑参凭吊了曹操，并称他为武帝。

在旅游中，他还结交了好友王绮、名士杜华，有歌诗酬唱：

……客舍梨花繁，深花隐鸣鸠。南邻新酒熟，有女弹箜篌。……

（《冀州客舍酒酣贻王绮寄题南楼》）

年复一年，岁月蹉跎，可依旧白身，未得到朝廷任命的官职。这对于"独耻事干谒"的文人来说，确实是个悲剧。他不禁自怨自艾，写下了《石上藤》：

石上生孤藤，弱蔓依石长。不逢高枝引，未得凌空上。

何处堪托身，为君长万丈。

天宝四载（745年），岑参快到"三十而立"之年了，写了一篇《感旧赋》，准备参加第二年春天的礼部考试。这篇赋结尾部分可以说是为权贵作的"行卷"：

> 观夫陌上豪贵，当年高位；歌钟沸天，鞍马照地。积黄金以自满，矜青之坐致；高馆招其宾朋，重门叠其车骑。及其高台倾，曲池平；雀罗空辈其处所，门客肯念其平生？已矣夫！世路崎岖，孰为后图？岂无畴日之光荣，何今人之弃余？彼乘轩而不恤尔后，曾不爱我之羁孤？

> ……叹君门兮何深，顾盛时而向隅。揽蕙草以惆怅，步衡门而踌躇，强学以待知音，不无思达人之惠顾，庶有望于亨衢。

诗中表达了当开元盛世，而无所作为的怅惘。虽然自己博文强学，可惜无人荐引。

经过交游、行卷等活动，岑参的诗名渐为世人所知。他的一些诗已经初露头角，在社会上流传，如："云送关西雨，风传渭北秋。弧灯然客梦，寒杵捣乡愁"等，被殷璠编入《河东英灵集》。他的"长风吹白茅，野火烧枯桑"（《至大梁却有匡城主人》），"山风吹空林，飒飒如有人"（《暮秋山行》）等警句，以"语奇体峻"为殷璠所激赏。

天宝五载（746年）春，岑参再次参加礼部考试，总算以第二人及第，解褐授右内率府兵曹参军，那时他正是三十岁。

2 放歌大漠

右内率府兵曹参军是九品小京官，掌握武官薄书。上任之日，岑参不禁自怜：

> 三十始一命，宦情多欲阑。自怜无旧业，不敢耻微官。

涧水吞樵路，山花醉药栏。只缘五斗米，辜负一渔竿。

（《初授官题高冠草堂》）

率府兵曹参军多半是些闲职。在这一职务上，岑参与杜甫可谓知音了。杜甫曾经辞河西尉改就右率府兵曹参军，也就是看守兵器，管理门禁锁钥的一个差事。杜甫当时也曾自嘲，写过一首《官定后戏赠》，诗云：

不作河西尉，凄凉为折腰。老夫怕趋走，率府且逍遥。
耽酒须微禄，狂歌托圣朝。故山归兴尽，回首向风飙。

岑参在终南山下本来就筑有草堂，这时就经常悠游：

雷声傍太白，雨在八九峰。东望白阁云，半入紫阁松。……误
徇一微官，还山愧尘容。

（《因假归白阁西草堂》）

此诗起句不凡，颇有王维诗的奇趣。岑参在长安过了两三年半官半隐的生活。此时玄宗荒淫，李林甫专权，当时的名士北海太守李邕竟被他派人杖杀；左边相李适之贬官后也被迫自杀。岑参觉得在京待下去没有什么出路，把目光转向边塞，向往军中建功立业：

上马带吴钩，翩翩度陇头。小来思报国，不是爱封侯。
万里乡为梦，三边月作愁。早须清黠虏，无事莫经秋。

（《送人赴安西》）

岑参对驱马负戈的军旅生活颇为神往，但对穷兵黩武的不义战争，他并不赞成。天宝六、七载，唐玄宗一意孤行，攻打吐蕃，一场血战在所难免，岑参送颜真卿出使塞外，作《胡笳歌送颜真卿使河陇》，表达了对友人的同情与不舍之情，也暗示了他对河陇局势的忧虑：

　　君不闻胡笳声最悲？紫髯绿眼胡人吹。吹之一曲犹未了，愁杀楼兰征戍儿。凉秋八月萧关道，北风吹断天山草。昆仑山南月欲斜，胡人向月吹胡笳。胡笳怨兮将送君，秦山遥望陇山云。边城夜夜多愁梦，向月胡笳谁喜闻？

　　你可听见那最悲怆的胡笳声？由那紫髯绿眼的胡人吹奏起来。一曲未完，就连那西域楼兰能征惯战的军人听了，也不禁悲愁不已，进入凉秋八月的萧关路上，强劲的北风把天山的草都吹断了，昆仑山南晓月斜斜，此时"胡人"向月吹笳，那清晓的笳声，越发悲壮。在胡笳的一片悲怨声中，我就要送您远行了，今后只有从秦地的山上去遥望陇山之云，以寄托思念之意；您住在那远离故人的边境，夜里不免会做离别的梦，当清夜梦回之时，望着满地如霜的月色，您恐怕不愿去听那悲凉的胡笳声吧？

　　果然，次年哥舒翰为了满足玄宗的欲望，不顾一切地强拔石堡城，唐兵死者数万，仅擒吐蕃四百人。

　　天宝八载（749 年），安西四镇节度使高仙芝入朝，辟岑参入幕充掌书记（军中文职官员，正八品上），孟冬，他乘驿马驰向遥远的西边极地安西：

　　一驿过一驿，驿骑如星流。平明发咸阳，暮及陇山头。陇水不可听，呜咽令人愁……马走碎石中，四蹄皆血流。万里奉王事，一身无所求。……

（《初过陇山途中呈宇文判官》）

诗人也体验到了刻骨的思乡之苦：

　　故园东望路漫漫，双袖龙钟泪不干。

　　马上相逢无纸笔，凭君传语报平安。　　　　　（《逢入京使》）

诗云：向东望着故乡路途那么漫长，热泪洒满了两袖，湿漉漉的没有干。在马上相逢没有纸笔,就请你给我家里带一个平安的口信吧。

横亘伊、西二州(今新疆东部,天山之南)的莫贺碛是西去必经之地,一望无际的大沙漠,呈现在诗人眼前,那旷远,令人有走到天尽头之感:

> 走马西来欲到天,辞家见月两回圆。
>
> 今夜未知何处宿,平沙莽莽绝人烟。　　　　　　　(《碛中作》)

骑马西行似到天边,离开家乡将近两月。在这荒无人烟的沙漠中,我今夜又该在哪里住宿呢?诗人纯用白描的手法,直写所见,直抒所感,把其时其地的景与情和盘托出,无不精粹感人。

经西州蒲昌(今新疆都善、吐鲁番盆地东部),传闻中的火山突兀耸立,诗人惊讶,甚至惊喜:

> 火山今始见,突兀蒲昌东。赤焰烧房云,炎氛蒸塞空。不知阴
> 阳炭,何独燃此中?我来严冬时,山下多炎风。人马尽汗流,孰知
> 造化功!　　　　　　　　　　　　　　　　　　　　(《经火山》)

在安西,岑参东奔西走,一年之内,足迹跑遍天山南麓。他与高仙芝的关系并不好。高仙芝是唐朝名将,天宝九载(750年),高仙芝攻石国(今乌兹别克斯坦塔什干一带),先同石国王车鼻施约和,后又突然袭击,俘其国王及部众,抢掠珠宝、良马,引起附近诸国怨愤。入朝后,玄宗授高仙芝开府仪同三司,任右羽林大将军,这个头衔高得吓人。但岑参对高仙芝的欺骗、掠夺和残杀行为是持不同看法的。这一年里,岑参既没有写一首送高仙芝出征,也没有献酬府主祝贺晋级的诗。这一年,他写诗抒写了征役之苦和乡关之思:

> 晓笛引乡泪,秋冰鸣马蹄。一身虏云外,万里胡天西。
>
> 终日见征战,连年闻鼓鼙。故山在何处,昨日梦清溪。
>
> 　　　　　　　　　　　　　　　　　　　　(《早发焉耆,怀终南别业》)

在高仙芝幕府两年，也始终没有得到提拔。岑参未免郁闷，他写诗表达了沙漠生活的单调乏味、缺少变化：

> 沙上见日出，沙上见日没。悔向万里来，功名是何物！

> （《日没贺延碛作》）

天宝十载（751年），石国王子引大食（阿拉伯帝国）兵来攻，高仙芝领兵三万出击，败于怛罗斯城（今哈萨克斯坦江布尔城附近），返回龟兹。对这次正义战争的胜利，岑参热情欢呼：

> 火山五月行人少，看君马去疾如鸟。
>
> 都护行营太白西，角声一动胡天晓。

> （《武威送刘判官赴碛西行军》）

诗中写征人飞鞚远去，英姿如画，饱含对友人马到功成的祝愿。可是，由于高仙芝在西域已失去人心，葛罗禄部与大食夹击唐军于坦逻斯城，高仙芝大败，士卒死亡几尽，葱岭以西诸国，都被大食消灭。同年四月，剑南节度使鲜于仲通讨南诏大败。八月，安禄山讨契丹亦大败。天宝十载唐王朝在东、西、南三方面边疆的三次惨重失败，是唐玄宗穷兵黩武政策的必然结果。

秋天，高仙芝兵败还朝，岑参随军黯然东归。从沙场烽火中归来，岑参又回到了终南山的草堂里，算是解甲归田了：

> 谿水碧于草，潺潺花底流。沙平堪濯足，石浅不胜舟。
>
> 洗药朝与暮，钓鱼春复秋。兴来从所适，还欲向沧洲。

> （《终南东谿中作》）

赋闲两年，岑参经常在石门东溪、石鳖崖口潭等处流连，有时也造访华严寺的禅师、仙游寺的道人。虽然吟啸林泉，心境并不好。当时奸相李林甫虽死，杨国忠已粉墨登场，岑参的朋友也像他一样，境遇也不好。

岑参在长安东南郊杜陵附近有别业，这时杜甫也定居在这一带。天宝十一载（752 年），杜甫以待制集资院的资格应召试文章，毫无结果，生活十分潦倒。他和岑参交往甚密，称赏"岑参多新诗"（杜甫《寄岑参》），因秋雨连绵不能相访就感到"思君令人瘦"。这一年，同样落拓的著名的边塞诗人高适弃官（封丘尉）来游长安。在一个晴朗的秋日，高适、岑参、杜甫与诗人储光羲、薛据同登长安城东南的慈恩寺塔，各赋五言古诗一首。这是唐代诗坛的一件盛事，成为文学史上的佳话。

岑参《与高适薛据同登兹恩寺浮图》诗云：

> 塔势如涌出，孤高耸天宫。登临出世界，蹬道盘虚空。
> 突兀压神州，峥嵘如鬼工。四角碍白日，七层摩苍穹。
> 下窥指高鸟，俯听闻惊风。连山若波涛，奔走似朝东。
> 青槐夹驰道，宫观何玲珑。秋色从西来，苍然满关中。
> 五陵北原上，万古青濛濛。净理了可悟，胜因夙所宗。
> 誓将挂冠去，觉道资无穷。

诗人在登高望远、感慨幽思中，顿生禅意，发出了挂冠归隐、彻悟佛学之浩叹。岑参的这首五言古诗被评为"气象阔大"，只有杜甫的《诸公登慈恩寺塔》可以匹敌，可见岑参的诗艺已经达到了很成熟的地步。

3 走马天山

高仙芝留在京都，不再为边将，而边塞召唤着我们的诗人。岑参终究要在大漠边关展现雄奇光彩。

任安西四镇节度使的是高仙芝的部下封常清，他跟岑参同过事。岑参任掌书记时，封常清是高仙芝的节度判官，他们经常接触。封常清慓悍且能文，有谋略，也没有高仙芝贪财的缺点。他也和岑参一样，"孤贫，年过三十，未有名"。因此，他对沉沦下僚、壮志未酬的岑参是能了解的。

天宝十三载（754年），封常清入朝，任御史大夫，又加封北庭都护，充伊西节度等使，成为独掌安西、北庭两大都护府、主持西域军务的重要将领。封常清表奏岑参任大理评事，同监察御史（正八品上），安西北庭节度判官（节度使的重要僚属，分曹判事，位在掌书记上）。

不甘雌伏的岑参于是走出终南草堂，二次赴边。他告别了亲人，再次驰驱数千里，来到天山北麓的北庭都护府（统天山北路的瀚海、天山、伊吾三军，在今新疆吉木萨尔）。途中有诗：

> 闻说轮台路，连年见雪飞。春风曾不到，汉使亦应稀。
>
> 白草通疏勒，青山过武威。勤王敢道远，私向梦中归。
>
> （《发临洮将赴北庭留别》）

轮台塞外，荒凉肃杀，禁不住惹动思乡之情，而诗人却把国事放在首位。

高适恰好也在这一年被哥舒翰辟为掌书记。高、岑这两个齐名的边塞诗人，一个在北庭，一个在河西，都做节度使的幕僚，都受到府主的赏识。岑参对封常清感激备至：

> ……如公未四十，富贵能及时。直上排青云，傍看疾若飞。前年斩楼兰，去岁平月支。天子日殊宠，朝廷方见推。何幸一书生，忽蒙国士知。侧身佐戎幕，敛衽事边陲。自逐定远侯，亦著短后衣。近来能走马，不弱并州儿。
>
> （《北庭西郊候封大夫受降回军献上》）

岑参到北庭的前一年（天宝十二载），封常清平定了大勃律（在小勃律东南，南与吐善接壤），遏制了吐蕃，是为高仙芝败绩之后，唐王朝在西域的第一次大胜利。诗中岑参把封常清比作封侯万里的班超，而自己也蒙受知遇和赏识。这一时期，是岑参最快意的时期。慷慨激昂的报国雄心，炽烈奔放的战斗豪情，对变幻莫测的塞外风光的激赏，对艰辛奇险的戎马生涯的酷爱，一起从诗人的胸中迸发出来，成为一首又一首雄伟壮丽的诗篇，一曲又一曲高唱入云的浩歌。

这些作品酣畅淋漓地抒发了他的爱国主义精神，在丰富多彩的唐代诗歌中独具特色、蔚为奇观，达到他一生中诗歌创作的顶峰，也可以说达到了唐代边塞诗创作的顶峰。

《走马川行奉送封大夫出师西征》诗云：

> 君不见走马川行雪海边，平沙莽莽黄入天。轮台九月风夜吼，一川碎石大如斗，随风满地石乱走。匈奴草黄马正肥，金山西见烟尘飞，汉家大将西出师。将军金甲夜不脱，半夜军行戈相拨，风头如刀面如割。马毛带雪汗气蒸，五花连钱旋作冰，幕中草檄砚水凝。虏骑闻之应胆慑，料知短兵不敢接，车师西门伫献捷。

诗虽叙征战，却以叙寒冷为主，暗示冒雪征战之伟功。语句豪爽，如风发泉涌，节奏急切有力，激越豪壮，别具一格。

《轮台歌奉送封大夫出师西征》诗云：

> 轮台城头夜吹角，轮台城北旄头落。羽书昨夜过渠黎，单于已在金山西。戍楼西望烟尘黑，汉兵屯在轮台北。上将拥旄西出征，平明吹笛大军行。四边伐鼓雪海涌，三军大呼阴山动。虏塞兵气连云屯，战场白骨缠草根。剑河风急雪片阔，沙口石冻马蹄脱。亚相勤王甘苦辛，誓将报主静边尘。古来青史谁不见，今见功名胜古人。

诗歌颂扬了封常清率师西征，"报主静边尘"的巨大勋绩，表现出坚韧不拔、雄视一切的豪迈气概，充满浪漫主义激情和边塞生活的气息，生动地反映了盛唐时期蓬勃向上的时代精神。

天宝十三载（754年）九月，播仙叛唐向东北侵犯，来势凶猛，靠近播仙的焉耆都督府的兵力不足，封常清率军取道楼兰故地往讨播仙，大捷。岑参用他的诗笔，作《献封大夫破播仙凯歌六首》形象地再现了唐军凌霜冒雪、沐风栉雨、不畏艰辛地奔赴战场的形象和坚韧不拔的精神。

官军西出过楼兰，营幕傍临月窟寒。

蒲海晓霜凝马尾，葱山夜雪扑旌竿。 （其二）

日落辕门鼓角鸣，千君面缚出番城。

洗兵鱼海云迎阵，秣马龙堆月照营。 （其四）

暮雨旌旗湿未干，胡烟白草日光寒。

昨夜将军连晓战，蕃军只见马空鞍。 （其六）

令人遗憾的是，封常清也像高仙芝那样残酷地虐杀战俘。岑参痛心疾首：

蕃军遥见汉家营，满谷连山遍哭声。

万箭千刀一夜杀，平明流血浸空城。 （其五）

在唐人边塞诗中，像这样真实具体的揭露也是极少见的。对安边策略，岑参是注意研究的，他曾经自负地说："早知安边计，未尽乎生怀。"（《登北庭北楼呈幕中诸公》）意思是：我很早就知道安边的策略，可惜不能一展胸怀。封常清对岑参的意见，也许有所采纳，所以后来出征能不战而胜。岑参认为他功绩胜过善战的霍去病：

甲兵未得战，降虏来如归。橐驼何连连，穹帐亦累累。

阴山烽火灭，剑水羽书稀。却笑霍嫖姚，区区徒尔为。

（《北庭西郊候封大夫受降回军献上》）

相对而言，这时候边塞还是比较安定的，各族人民安居乐业，岑参感到十分愉快：

> 横笛惊征雁，娇歌落塞云。边头幸无事，醉舞荷吾君。
>
> （《奉陪封大夫九日登高》）

> 军中置酒夜挝鼓，锦筵红烛月过午。
> 花门将军善胡歌，叶河单于能汉语。
>
> （《与独孤渐道别长句兼呈严八侍御》）

唐将能唱胡歌，胡人大汗会说汉语，宴饮歌笙，一片融和景象。这年冬天，岑参送他朋友武判官回长安，写下杰作《白雪歌送武判官归京》：

> 北风卷地白草折，胡天八月即飞雪。忽如一夜春风来，千树万树梨花开。散入珠帘湿罗幕，狐裘不暖锦衾薄。将军角弓不得控，都护铁衣冷难着。瀚海阑干百丈冰，愁云惨淡万里凝。中军置酒饮归客，胡琴琵琶与羌笛。纷纷暮雪下辕门，风掣红旗冻不翻。轮台东门送君去，去时雪满天山路。山回路转不见君，雪上空留马行处。

"忽如一夜春风来，千树万树梨花开"在肃杀的严冬中透出春天的生机和喜悦，显示了诗人乐观的本色。

这期间，岑参常常来往于北庭和轮台之间，走马于天山之侧，一幅又一幅千姿百态、光怪陆离的边塞景色的宏伟图卷展现在他眼前，经他色彩绚丽的画笔写下，赢得无数后人的赞叹。如他记载了热海（即今天吉尔吉斯斯坦境内的伊塞克湖）的神奇风光：

> 侧闻阴山胡儿语，西头热海水如煮。海上众鸟不敢飞，中有鲤鱼长且肥。岸旁青草常不歇，空中白雪遥旋灭。蒸沙烁石燃虏云，

沸浪炎波煎汉月。阴火潜烧天地炉，何事偏烘西一隅。势吞月窟侵太白，气连赤坂通单于。……　　　　　　(《热海行送崔御史还京》)

热海的水如同煮开了一般，热浪冲天。这里的沙石被熏蒸得发烫，似乎要把云彩燃烧起来，月亮映在沸腾的水中，就像被煎煮一般。然而这水中竟然生活着又长又肥的鲤鱼，岸边竟长着四季常绿的青草。这样一幅奇丽无比的画面令人不可思议！

唐朝西北边境虽然较为安定，而安禄山却野心勃勃。

4　胡笳一曲断人肠

天宝十四载（755年）十一月，安禄山在范阳（今北京市附近）起兵，所过州县望风而降。"渔阳鼙鼓动地来，惊破霓裳羽衣曲"（白居易《长恨歌》），玄宗仓皇逃走。这时封常清正当入朝，自请率兵迎敌安禄山军，力战不能胜，与高仙芝退守潼关。监军宦官边令诚向玄宗进谗言，封、高二人竟同时被杀！

封常清回京后，岑参任西北庭支度副使。肃宗至德元年（756年），与岑参同为封幕节度判官的李栖筠（李吉甫之父）被招为行军司马。肃宗扎军灵武，征发安西兵，李栖筠率七千精兵赴难。年底，岑参投奔肃宗朝廷，从此结束了他的边塞生涯。

中原鼎沸，生民涂炭，可是一些拥兵自固的边将却置国难于不顾，仍然过着穷奢极欲的生活。岑参写诗尖锐嘲讽：

盖将军，真丈夫。……五千甲兵胆力粗，军中无事但欢娱。暖屋绣帘红地炉，织成壁衣花氍毹。灯前侍婢泻玉壶，金铛乱点野酡酥。紫绶金章左右趋，问著只是苍头奴。……

(《玉门关盖将军歌》)

国难方殷，山河破碎，胡笳悲咽，痛心断肠，而故主高仙芝、封常清殉难，岑参闻之泪下如雨：

> 酒泉太守能剑舞，高堂置酒夜击鼓。
> 胡笳一曲断人肠，座上相看泪如雨。

（《酒泉太守席上醉后作》）

安禄山攻陷长安，饱受颠沛流离之苦的岑参，目击了这场流血千里的空前浩劫：

> 昨闻咸阳败，杀戮净如扫。积尸若丘山，流血涨丰镐。
> 干戈碍乡国，豺虎满城堡。村落皆无人，萧条空桑枣。

（《行军诗二首》）

安禄山所到之处，杀戮得干干净净。尸体堆积如山，流血使沣河暴涨，城里乡下到处是胡人的兵戈，村里没有一个人，只剩下稀稀疏疏的几杆桑树与枣树。真是悲风杀气满山河！

肃宗至德二年（757 年），经杜甫等人的推荐，岑参得到了右补阙（从七品言官）的官职，可以向皇帝进言，岑参受宠若惊，他可能提出过重要的建议，但肃宗没有采纳，"儒生有长策，无处豁怀抱"。（《行军诗二首》）不久，在回纥军的帮助下，唐军收复了长安和洛阳，但眼前山河满目疮痍，岑参写道：

> 梁园日暮乱飞鸦，极目萧条三两家。
> 庭树不知人去尽，春来还发旧时花。　　（《山房春事二首》）

唐代昔日著名的风景区梁园，如今已只有乱鸦夕照，一片萧条。

回京后，岑参与贾至、王维、杜甫成了同事，岑参希望肃宗革故鼎新，复兴大唐，但肃宗觉得享乐的时候到了，听信宠妾张良娣和宦官李辅图之流，容不得谏官直言。岑参不无愤激地写诗给杜甫说：

白发悲花落，青云羡鸟飞。圣朝无阙事，自觉谏书稀。

（《寄左省杜拾遗》）

此时杜甫正因为好友房管辩护，触怒肃宗。岑参由于与杜甫、严武等人接近，终于也被排挤。乾元二年（759年）三月，肃宗削去他的谏官职务，改授"起居舍人"；四月底，把他赶出了朝门，下派到虢州（治弘农，今河南灵宝县）任长史。到虢州后，岑参写了一首很奇特的寓言诗：

临池见蝌蚪，美尔乐有馀。不忧网与钓，幸得免为鱼。
且愿充文字，登君尺素书。

（《南池宴饯子辛，赋得蝌斗子》）

岑参深深感到官场险恶。在虢州的三年，岑参十分沮丧。他也算是有功之臣，突然外放，真是始料不及。但他对自己因谏诤被贬并不后悔，他自豪地声称：

幸得趋紫殿，却忆侍丹墀。史笔众推直，谏书人莫窥。
平生恒自负，垂老此安卑。同类皆先达，非才独后时。
庭愧宿鸟乱，阶草夜虫悲。白发今无数，青云未有期。

（《佐郡思旧游》）

乾元二年，原安西将领卫伯玉领神策军，大破进犯陕州的安史叛将李归仁，经过虢州时，岑参连写二诗祝贺他，其中，《卫节度赤骠马歌》写得豪气横生：

男儿称意得如此，骏马长鸣北风起。
待君东去扫胡尘，为君一日行千里。

那时，安史之乱还没有结束，岑参一首送别诗中隐约表达了对唐帝国衰落的叹息：当你到汾水上时，还能看到汉武帝时那美丽的白云吗？

西原驿路挂城头，客散江亭雨未收。

君去试看汾水上，白云犹似汉时秋？

（《虢州后亭送李判官使赴晋绛得秋字》）

宝应元年（762 年）春，岑参改官太子中允，后来又兼殿中侍御史，被派到华州（今陕西华县）当西节度判官。

岑参对自己遭权贵贬谪，深感怀才不遇，对朝政混浊，深感愤懑，这首诗锋芒直指鱼朝恩、仆固怀恩，后果非常严重，连杜甫都忍不住劝他："见洒须相亿，将诗莫浪传！"（《泛舟送魏十八仓督还京因寄岁中允参范朗中季明》）在无处可说的时候，岑参想起了昔日好友王季友：

王生今才子，时辈咸所仰。何当见颜色，终日劳梦想。……无心顾微禄，有意在独往。不负林中期，终当出尘网。

（《潼关使院怀王七季友》）

这一年岑参四十六岁了，还是十年前的小官，而比他晚五年进幕府的高适已经当上节度使、刺史。回想自己仕途低回，岑参不禁动归隐之思，油然生挂冠归去之想。

文人在失意的时候难免生出这样的念头，一旦升官，就是另一种想法了。宝应元年（762 年）四月，玄宗、肃宗相继死，代宗即位。十月，代宗以长子雍王适（即德宗）为天下兵马元帅，总诸道节度及回纥军，在陕州回合，进讨史朝义。岑参入雍王幕，仍作掌书记。过了一年，广德元年（763 年），岑参终于回京，任祠部员外郎，从六品上，主要管祭祀之类，岑参名利心又回复了，可惜他这时写出的诗颇有晚唐的腐朽气。后来仕途再进一步，又改考功员外郎，主管官吏考核，是一个很有油水的官差。岑参心情大好：

……富贵心独轻，山林兴颇浓。喧幽趣颇异，出处事不同。请君为苍生，来可追赤松！

（《刘相公中书江山画障》）

升了官，于是心系苍生，又变得积极入世了。但是，好运不长，他不知得罪了哪一尊神，丢了考功员外郎：

> ……因送故人行，试歌行路难。何处路最难，最难在长安。长安多权贵，珂佩声珊珊。儒生直如弦，权贵不须干。……
>
> （《送张秘书充刘相公通汴河判官，便赴江外觐省》）

岑参做了两年多京官，永泰元年（765 年）出位蜀州（今四川乐山县）刺史，一方大员。岑参不免有点得意洋洋了：

> ……忆昨蓬莱宫，新投刺史符。明主仍赐衣，价直千万馀。
>
> （《酬成少尹骆谷行见呈》）

时蜀州兵罹不断，对杜甫非常照顾的悍将严武去世，朝廷调郭英乂为西川节度使。岑参与新任的成都少尹成贲同行赴蜀之官，走到汉中的梁州，恰逢汉州刺史崔旰起兵攻打郭英乂，郭英乂被杀后，邛、剑等州的牙将又攻打崔旰，蜀中大乱，商旅绝行，岑参只得折回长安。

第二年，朝廷命宰相杜鸿渐，兼任山南西道、剑南东西川副元帅，讨平蜀乱。杜鸿渐表岑参为职方郎中兼殿中侍御史。春天，岑参随幕主杜鸿入蜀。过剑门时，岑参有诗云：

> ……相公总师旅，远近罢金革。杜母来何迟，蜀人应更惜。
> 暂回丹青虑，少用开济策。……
>
> （《入剑门作》）

杜鸿渐是一个心无远图，志气怯懦，又酷好浮图，不喜军戎的人，代宗命他入蜀，本没有武力剿平的意思。蜀中山川多险，两川军阀恃险而扼，朝廷自知难以控制，派杜鸿渐入蜀，一意以柔抚为主。崔旰知道杜鸿渐不敢跟他玩真的，故意卑辞厚礼邀请杜鸿渐入其老巢成都。杜鸿渐乐得顺水推舟，上表让崔旰当上了成都尹（成都市委书记）、西川节度行军司马（四川军区司令员），牙将柏茂琳为邛南节度使、夔州都督，于是皆大欢喜，各自收兵而去。岑参旁观者清，知道这种和稀泥不能解决根本问题，"兵马休战争，风尘尚苍茫"（《陪狄员外早秋登府西楼因呈院中诸公》）。杜鸿渐"日与判官刘亚、杨炎特吏等高会纵谈"，次年荐崔宁为西川节度使，抽身回长安当他的太平宰相去了。杜鸿渐走后，岑参暂留崔宁幕府。

崔宁恃地险人富，于是结交权贵，独霸一方，穷奢极欲，朝廷也奈何他不得。岑参大失所望，对陪宴呈诗的陪客式生活也十分厌倦，只得在岷江边独自叹息：

> 腊月江上暖，南桥新柳枝。春风触处到，忆得故园时。
> 终日不如意，出门何所之。从人觅颜色，自笑弱男儿。

（《江上春叹》）

寄人篱下，处处都得看人脸色，连出门都不晓得往哪个方向去，诗人苦闷终日，自叹"弱男儿"，他一心想回到长安去："帝城谁不恋，回首动离骚。"（《送赵侍御归上都》）

在成都期间，岑参反对在西山雪岭对吐蕃用兵，长期对峙，劳民伤财，认为是失策的：

> 兵马守西山，中国非得计。不知何代策，空使蜀人弊。八州崖谷深，千里云雪闭。泉浇阁道滑，水冻绳桥脆。战士常苦饥，糇粮不相继。胡兵犹不归，空山积年岁。……

（《送狄员外巡按西山军》）

但是，当时吐蕃发动对唐全面侵扰，对吐蕃的防御无疑是必要的。当时，高适就是由于上疏建议罢西山三城之戍，导致剑南三州丢失，杜甫穷居夔州时尚且焦急地呼吁："莫愁剑阁终堪据，闻道松州已被围"（《黄草》），可见这两个边塞诗人的见识不如杜甫。

· 151 ·

岑参流连成都名胜古迹，也留下了许多优秀的诗章：

> 成都与维扬，相去万里地。沧江东流疾，帆去如鸟翅。
>
> 楚客过此桥，东看尽垂泪。

（《万里桥》）

5 北客归去来兮

大历二年（767 年）六月，岑参赴任嘉州刺史。嘉州在成都之南，是个贫困荒凉的下州，历来是兵燹之地。逐渐老去的岑参从成都出发，转侧于悬崖峭壁之下，出没于大泽小道，行程十分艰险：

> 侧径转青壁，危梁透沧波。汗流出鸟道，胆碎窥龙涡。
>
> 骤雨暗黢口，归云网松萝。屡闻羌儿笛，厌听巴童歌。
>
> 江路险复永，梦魂愁更多。圣朝幸典郡，不敢嫌岷峨。

（《赴犍为经龙阁道》）

这次任职有贬谪之意，岑参在表面颂圣声中，满怀抱怨和无奈。但在壮丽的山河面前，诗人仍不改其好奇：

> 江上风欲来，泊舟未能发。气昏雨已过，突兀山复出。
>
> 积浪成高丘，盘涡为嵌窟。云低岸花掩，水涨滩草没。
>
> 老树蛇蜕皮，崩崖龙退骨。平生抱忠信，艰险殊可忽。

（《江上阻风雨》）

岑参到嘉州不几天，就感到这里不是久居之地，称之为"夷撩乡"。所幸公事清闲，诗人可以遍历嘉州风景名胜。他登上了凌云山寺，心胸为之一畅：

寺出飞鸟外，青峰戴朱楼。搏壁跻半空，喜得登上头。

始知宇宙阔，下看三江流。天晴见峨眉，如向波上浮。

（《登嘉州凌云寺作》）

秀丽的嘉州风景使他回忆青年时隐读嵩阳的生活，一阵伤感却又涌上失态的老诗人心头：

峨眉烟翠新，昨夜秋雨洗。分明峰头树，倒插秋江底。

久别二室间，图他五斗米。哀猿不可听，北客欲流涕。

（《峨眉东脚临江听猿怀二室旧庐》）

岑参世称岑嘉州，在嘉州实际仅仅待过一年。唐代官制，官四考为满。从永泰元年算起，岑参授嘉州刺史，但中间因战乱、如幕府、等待分配等，占去三年，至此已是第四年，正是满官罢任之时。看来朝廷对他没有继续留用，岑参对从政也已完全失望，于是挂冠归去。在解印还乡时，岑参不无惆怅：

忆昨在西掖，复曾入南宫。日出朝圣人，端笏陪群公。

不意今弃置，何由豁心胸。吾当海上去，且学乘桴翁。

（《东归发犍为，至泥溪舟中作》）

这时，蜀中战乱又起，泸州刺史杨子琳带兵攻进成都，北路阻绝。岑参七月浮江东下，打算出夔门，经江陵回到嵩南故居去。诗人飞梦千里。他多么需要回到早年隐读嵩阳的山水中去！出山后，幸苦辗转了三十多年，这宦海相门事业的雄心消磨已尽。在这荒僻的边鄙做了一年刺史之后，他终于挂冠归隐了。此刻，他的心情反而显得很愉快，好像得到了某种解脱。征帆泛泛东指，他的记行诗也带着"归去来兮"的轻松：

七月江水大，沧波涨秋空。复有峨眉僧，诵经在舟中。夜泊防

· 153 ·

虎豹，朝行逼鱼龙。一道鸣迅湍，两边走连蜂。猿拂岸花落，乌啼檐树重。烟霭吴楚连，溯沿湖海通……

（《东归发犍为，至泥谿舟中作》）

诗人的心情是轻快的。但是，他东下还乡却未能如愿。舟行至戎州（今四川宜宾市）遇"戎、沪间群盗"阻途。这"群盗"，就是杨子琳一伙。杨子琳攻占成都后，这年（大历三年）被崔宁妾任氏募兵打败，杨子琳于是回到泸州招聚七千多亡命之徒，沿江东下回击，并扬言要攻入朝廷。"还泸州（今四川泸县）招聚亡命，得数千人，沿东下，声言入朝。"岑参把这些为非作歹的地方军阀称为"群盗"，这些地方军阀带来的恐怖和灾难，绝不下安禄山狂屠：

南州林莽深，亡命聚其间。杀人无昏晓，尸积填江湾。饿虎衔髑髅，饥乌啄心肝。腥臊滩草死，血流江水殷。夜雨风萧萧，鬼哭连楚山。三江行人绝，万里无征船。唯有白鸟飞，空见秋月圆。……

（《阻戎泸间群盗》）

岑参这首诗不逊于杜甫描写安禄山军屠长安的情景。北路阻绝，东归不得，在孤舟冷月、地老兵荒的巴南，他又怀念起终南旧庐，怀念起"早年好金丹，方士传口诀"的学道生涯，后悔自己误落尘网，叹息"颜容老难赪，把镜悲鬓发。"（《下外江舟怀终南故居》）

不得已，久困戎州的岑参改道北行。大历四年（769年）春，他到达成都，寓居客舍，在"穷巷草转深，闭门日将夕"的萧条冷落中，写《招北客文》：

……蜀之东不可往，北客归去来兮。其西则有高山万重，峻极属天。西有昆仑，其峰相连，日月迥环，阂于山巅。峦崖盘嵌，天壁复绝；阳和不入，阴气固闭；千年层冰，万古积雪；溪寒地坼，谷冻石冽；夏月草枯，春天木折。苍烟凝兮黑雾结，人堕指兮马伤骨。江水喷激，回盘纡萦；栈壁缘云，钩连相撑。绳梁蝶虚，傍睨杳冥，下不见底，空闻波声，过者矍然，亡魂丧精。……

文中记蜀中的奇山异兽、风土人情，有声有色，岑参猎奇的兴趣直到晚年不衰。

这年十二月，岑参在成都作《故仆射裴公挽歌》，其中的"锦衣都未着，丹旐忽先飞"两句仿佛是诗人对自己的谶言：不久，大历四年（769 年）十二月下旬，岑参在成都客舍去世，终年五十六岁。

这位杰出的边塞诗人，竟未能回到梦绕魂牵的故乡嵩阳……

岑参的诗秀美明丽。他一生诗歌，涉及述志、赠答、山水、行旅各方面，而以边塞诗写得"雄奇瑰丽"，达到了奇与丽统一的境界。岑参两度出塞，写了七十多首边塞诗，在盛唐时代，他写的边塞诗数量最多，成就最突出。

在他笔下，边疆大漠中雪夜风吼、飞沙走石，这些令人望而生畏的恶劣气候环境，在诗人印象中却成了衬托英雄气概的壮观景色，是一种值得欣赏的奇伟美景。如没有积极进取精神和克服困难的勇气，是很难产生这种感觉的，也只有盛唐诗人，才能有此开朗胸襟和此种艺术感受。

岑参以好奇的热情和瑰丽的色彩表现塞外之景。在立功边塞的慷慨豪情支配下，将西北荒漠的奇异风光与风物人情，用豪迈的语调和奇特的艺术手法，生动地表现出来，别具一种奇伟壮丽之美。他突破了以往征戍诗写边地苦寒和士卒劳苦的传统格局，极大地丰富拓宽了边塞诗的描写题材和内容范围，不愧为诗中大将！

第七章
诗谪柳宗元

柳宗元（773—819 年），字子厚，是与白居易同时期的大诗人。柳宗元祖上世代为官，自幼聪明好学，十三岁写讨逆文，堪称早慧的奇才，二十一岁的柳宗元进士及第，名声大振。然而，入仕后的柳宗元，却因参与王叔文改革而贬谪永州，并一贬再贬。永州，对柳宗元来说，是他人生的炼狱。可贵的是，柳宗元并未因永州恶劣的条件扼杀，反而在困境中找到了生命的出口。

柳宗元的成就不止于诗歌，他在政治、经济、佛学、哲学等方面都有卓越的成就。他较早融儒佛为一炉，可谓是有远见的。他兴修水利、兴学堂、去陋习，百姓拥戴，政声流芳，为文化大师从政树立了一面旗帜。在诗歌创作上，他与同时代的大诗人韦应物常被相提并论，合称"韦柳"，是继"王孟"（王维、孟浩然）之后两个有名的田园诗人。他与韩愈是"古文运动"的倡导者，并称"韩柳"，被尊为"唐宋八大家"之首。其文章风格"雄深雅健，似司马子长（司马迁）"。

1 童子有奇名

唐朝的冬天，冰清气冷。

永州千山万山，白雪皑皑；千径万道，鸟迹无踪。大地一片静穆。

一个渔翁，披蓑戴笠；一根钓竿，垂向潇水。

钓一腔心事，钓一笼春暖，钓一尾大唐。

潇水桥头，一个骑马的男子伫立而望，心头一阵震颤，一首《江雪》脱口而出：

千山鸟飞绝，万径人踪灭。孤舟蓑笠翁，独钓寒江雪。

这首《江雪》，《唐诗别裁》说它"清峭已绝"；苏轼在《洪驹父诗话》中说它是"殆天所赋，不可及也"。

钓者，投闲置散，人生在世不称意，明朝散发弄扁舟；钓者，如有所期，姜太公直钩钓渭水，钓得千秋万代名。

钓，是一种姿态；钓，是一种期待。

骑马的男子感念至此，策马而行，身后跟着二三后生，穿过幽深的巷子，姗姗而去。

这个骑马的男子，就是柳宗元。

柳宗元家族，世代簪缨。他的高祖伯柳奭以上，四代都曾做过宰相。

柳奭，高宗皇后王氏的舅舅。永徽二年（651年）拜相，后因与褚遂良等人反对册立武则天为后，被诛。此后五六代，没有出过大官的人，到柳宗元这一代时，家族已经衰微。

柳宗元的曾祖父柳从裕，曾为沧州清池令。祖父柳察躬，做过一任湖州德清令，后一直退居江苏吴县。柳察躬有五子，柳宗元的父亲柳镇排行老大。

"安史之乱"爆发时，柳镇十七岁，刚刚明经及第。叛军攻占长安，柳镇带着母亲，先后到山西阳城县西南的王屋山和安徽宣州避难，历尽艰辛。柳镇学识渊博，避乱期间，给柳家子弟讲学，传授《左传》和《周易》。平叛后，曾做郭子仪的参军，官终侍御史。

父亲长期在外做官，柳宗元更多是同母亲住在长安西郊。母亲卢氏通诗、史，信佛教，宗元幼时聪颖异常，在母亲指教下，四岁就能背诵十多篇古代辞赋，还学母亲打坐。

他家有藏书三千册，宗元悉数遍读，后来还到处借长安私家藏书，学识极其渊博。

长大一点后，宗元随着频繁调任的父亲，四处奔波，湖北、河南、江西等地，他都曾去过。

柳宗元出生的年代，唐王朝统治力大大削弱。吐蕃、回纥时有入侵，藩镇割据不断。

唐德宗建中三年（783年），河北诸镇节度使发生大规模叛乱。德宗仓皇逃出长安，太尉朱泚趁机叛乱，自立为王。朱泚之乱刚刚平息，他的副元帅李怀光阴谋策反了。这场持续六七年的"建中之乱"，使李唐统治岌岌可危，也给少年时期的柳宗元留下了深刻印象。

贞元元年（785年），十三岁的小宗元随父赴江西。在江西，一位姓崔的中丞官，为李怀光事准备向朝廷写道贺表。他听说柳镇的儿子很会写文章，倒也没嫌他还是个孩子，就请小宗元代笔写这道奏章了。

这就是流传至今的柳宗元最早的文章《为崔中丞贺平李怀光表》。在文中，柳宗元愤怒地谴责了"逆贼"李怀光阴谋叛乱的"凶险之行"，表达了他反对分裂、渴望国家统一的心愿。

文章流传开来，获得了当时许多文人的赞叹和赏识："为文章卓伟精致，一时辈行推仰。"（宋祁《新唐书本传》）

小宗元在文坛上的"奇名"，就此传开了。

实际上，宗元很早就树立宏伟志向："始仆之志学也，甚自尊大，颇慕古之大有为者。"（《答贡士元公谨论仕进书》）他学习兴趣广泛，迷恋音乐和书法。柳家出书法家很多，他的堂叔柳公绰、柳公权都是当时的大书法家。永州期间，有人给他看出土的西晋石书，他立断真假。

这一年，父亲还为宗元订了"娃娃亲"，女方杨氏才十岁，其父杨凭时为礼部、兵部郎中。

宗元十六七岁，柳镇入京当殿中侍御史，一上任就接手一件棘手的案子。陕虢观察使卢岳死后，妾裴氏想独吞遗产，前任穆赞已作处理。因得罪了顶头上司卢侣和丞相窦参，二人合谋污蔑穆赞受贿，穆赞因此下狱。这是个案中案，稍有不慎，就落得做穆赞第二。柳镇秉公处理了卢岳遗产，平反了穆赞的冤案。窦参因此对柳镇不满。过了一年，就找个借口，把柳镇贬到长江三峡旁边的夔州（今四川奉节），去做小小的司马。

宗元对这次父亲遭遇中的是非曲直，看得一清二楚。他送五十二岁的父亲出长安，往荆、襄古骄道，向东市，过秦岭，入茫茫商洛山区，一直到蓝田县城，将近百里。

父子依依惜别。柳镇说："吾目无涕。"（受屈而决不掉泪）宗元深深理解父亲的刚强不屈。

宗元随父飘转，只有通过乡贡才能考进士，十七岁那年，他在乡里保荐一事上，却被卡住了：因为父亲柳镇得罪奸臣窦参而遭到贬黜，谁也不敢帮助柳宗元。直到奸臣窦参被处死，柳镇官复原职，柳宗元才被顺利地选为"乡贡"。

唐德宗贞元九年（793年）二月，柳宗元顺利考取了进士，年仅二十一岁。同科考取的三十二人中，还有他的好友刘禹锡。

唐时考进士，大多靠权贵推荐，录取的进士有真才实学的不多。唐德宗听说出了这么年轻的进士，也提起了兴趣，派人去打听他到底是谁。打探情况的太监回报那人是柳宗元，是前侍御史柳镇的儿子。

一听说是柳镇的儿子，唐德宗既高兴，又恍然大悟地赞叹道：

"这就怪不得了。柳镇那么刚直的人，是不会为了儿子去走后门的。"

原来，柳宗元的父亲柳镇"守正为心，疾恶不惧"，在奸臣窦参面前毫不屈服以致被贬的事唐德宗还清楚地记得呢。

正当新科进士柳宗元春风得意，准备大有所为之时，同年五月，柳镇却病逝了。九月，他把父亲葬在万年县（今陕西省临潼县东）的栖凤原之后，开始了他的守丧岁月。

这一时期，柳宗元一边为父亲守丧，一边在各方面为未来做着准备，他曾到邠州（今陕西省邠县）看望在那里做官的大叔父，在那里待了两年左右。

一有空，柳宗元就到陕西郿县、武功，甘肃正宁、庆阳一带考察，在同下层士兵，特别是那些老年士兵的接触当中，获得了书本上从没有过的许多见闻和知识，这对他的进步和成熟的作用是显而易见的。

一方面，那些地方军阀如何残酷地欺压百姓、贪婪地侵占土地、放高利贷的事，引起年轻的柳宗元的极大愤怒；而另一方面，一些在凶暴的军阀、军士面前不屈不挠，同其勇敢抗争，以保护普通人民利益的人们，也让柳宗元感到异常振奋，精神上受到了莫大的鼓舞。特别是后者，给柳宗元的印象是非常深刻的。这些人中，有个叫段秀实的，柳宗元尤感兴趣，他广泛搜集了他的种种生平事迹，二十年后，他记忆犹新地写出了《段太尉逸事状》一文，并论曰：

今之称太尉大节者，出入以为武人，一时奋不虑死，以取名天下，不知太尉之所立如是。宗元尝出入岐周邠斄间，过真定，北上马岭，历亭郾堡戍，窃好问老校退卒，能言其事。太尉为人姁姁，常低首拱手步行，言气卑弱，未尝以色待物。人视之，儒者也。遇不可，必达其志，决非偶然者。

对于常人以为段太尉只是一"武人"，而"一时奋不虑死"的看法，柳宗元表示出了他极大的不以为然，而认为这是段太尉刚直的性格使然，故其敢于同凶暴的军士及残横的将军作斗争之举，"决非偶然者"。

虽然文章是二十年后才写成的，但可以想见，对正直顽强刚坚之人的这种同情的理解，在柳宗元却决非二十年后才有。以他所受的教育及其性格言，这一理解，是在年轻的柳宗元那里即已存在的。

贞元十二年（796 年），守丧期满，二十四岁的柳宗元被礼部任命为秘书省的校书郎，管理国家的经籍图书。

这一年，柳宗元与杨氏成婚。由此，柳宗元的人生翻开崭新的一页。

2　奋翮遭风打

两年后，贞元十四年（798 年），柳宗元顺利通过博学鸿词科，正式走上仕途，担任集贤殿正字，官阶从九品上，主要负责校理经籍这类工作，柳宗元自然得心应手。而且这里闲暇较多，为他了解朝廷典章制度，熟悉全国政治情况，阅读皇家丰富藏书，提供了很好的机会。

柳宗元同各种官僚接触，结交了许多热情向上的青年才俊，如刘禹锡、韩愈、韩泰、吕温、李景俭、崔群、韦词、李杓志等人。

到集贤殿的第一年，长安发生唐代规模最大的一次学生运动，太学生因陆贽、阳城等被迫害而请愿，闹得满城风雨。

贞元四年（788年），朱泚称帝于长安，德宗仓皇逃往奉天。与此同时，整个江淮财赋重地被地方军阀把持，中央财政陷入极大的窘境，军事哗变一起接一起。危难之时，翰林学士陆贽以"一支笔挡了十万兵"，他劝说德宗同意发下罪己诏，并亲自起草，换得了和平，德宗早年意气风发的精神状态却荡然无存。贞元十一年（785年），宰相裴延龄污蔑陆贽煽动军心，德宗当即贬逐陆贽为忠州别驾。诏书一下，一片哗然。沉默了数年的谏议大夫阳城却奋而起身："不能让皇帝信用奸臣，杀害无辜。"他率领手下几人到皇帝所在宣政殿西边的延英门抗议，德宗下令将阳城贬为道州刺史。这道贬逐的诏令下发后，太学生两百多人，跪在宫城门外集体请愿，徘徊数日，希望留下被皇帝贬为道州刺史的国子司业——阳城。

柳宗元以其浓烈的政治热忱，对太学生们的这一行动表示极大的理解与支持。

他特意写信鼓励太学生们，称赞他们的举动是"奋志厉义，出乎千百年之表"，并大胆指出太学生们"服圣人之遗教，居天子之太学，可无愧矣"。

此后不久，柳宗元又专门写了篇《国子司业阳城遗爱碣》，对阳城深表感佩。

贞元十五年（799年），又发生了淮西节度使吴少诚的叛乱事件：吴少诚派兵袭击唐州（今河南省泌阳县），并裹胁一千多名无辜的百姓而去。消息传到京城，上下哗然。

柳宗元对此的反应也是非常激烈，联想到很久以来唐王朝的这种纷乱局面，以及由此给广大百姓带来的灾难与痛苦，他更是无比愤慨。他挥毫写下《辩侵伐论》，强烈要求朝廷招募天下义士，对淮西之乱予以坚决镇压和打击，以维护国家统一，解除人民的痛苦。

从这一系列的事件中，可以看出这时的柳宗元对政治、对仕进，充满了怎样的热情，对国家抱有多么强烈的责任感与使命感；而同时，他也清醒地看到社会黑暗、政治腐败的一面，感到自己的无力，从而产生了渴望有侠义之士来除暴安良的思想。

正是在这一思想和心态下，贞元十六年（800 年），柳宗元特别关注了一个叫韦道安的人。

韦道安本是一个儒生，但当他看到自己的所学，在现实面前多么无力时，他毅然选择弃儒学武。后来，在游太行时，韦道安遇见了恶贼欺负两个少女，他立即挺身而出，拔剑杀了恶贼，救出了少女。少女的父亲非常感激他救了自己的女儿，要把其中一个女儿许配给他，可韦道安坚决拒绝了，认为除暴安良是自己分内之事，不应该得到回报。这之后，韦道安来到徐泗濠节度使张建封处任职。但不久，张建封病死，其子张愔拒绝接纳朝廷任命的行军司马韦夏卿，而要求自己接父亲的职，于是开始在徐州搞叛乱活动。

韦道安苦苦劝说张愔，见苦劝不成，遂在张愔面前自杀身亡，以此表示自己对张愔搞叛乱的强烈抗议。

柳宗元为之感奋，写下《韦道安》的古体叙事诗，对韦道安侠义之举，大加赞扬，特别是对他阻止张愔分裂、叛乱的行为，更是高度颂扬。在诗中，柳宗元称韦道安为"烈士"。他说：

> 烈士不妄死，所死在忠贞。

烈士不会随便赴死，只为"忠贞"而死。

柳宗元又说：

> 我歌非悼死，所悼时世情。

我写下这首诗歌，不是哀悼死者，而是哀悼世情。

对黑暗腐败的现实社会，柳宗元表示强烈谴责和抗议。

柳宗元的朝官生涯一帆风顺。贤殿院三年期满，801 年，调任蓝田（今陕西蓝田县西）尉，宫阶正九品上。虽说县尉职位不高，却紧靠京城长安，属京畿道中。长安称京县，蓝田称畿县，畿县县尉的官阶比一般县尉要高，在畿县这样的职位，基层锻练后往往容易提干。就在他被任命蓝田县尉的那一年，恰好韦夏卿出任京兆尹，看中了他的文才，把他留在京兆尹当幕府。柳宗元实际没做多少县尉的事。

果然，两年后，柳宗元顺利提拔，当见习监察御史，主要是监督朝廷礼仪，巡察中央和地方的政治、经济、司法等，官阶正八品下。虽然没有施政实权，但是可以过问的事情很多，又准参见皇帝，参加议政，对于青年官员晋升非常有利。年轻人一旦做上了监察御史或左右拾遗，同僚往往另眼相看，因为这意味着委以大任已为时不远。

事实上，他只做了两年监察御史，就升任礼部员外郎，官阶是从六品上。这一年，他年仅三十三岁，已是台省的郎官、朝廷的要员。而他父亲辛辛苦苦奋斗一辈子，也不如他现在的职位高。

唯一的遗憾，是妻子杨氏在他们结婚三年后病死。杨氏有足疾，"孕而不育"，没有留下子嗣。后来他只是蓄过妾，一直没有正式婚娶。然而，唐代文人一般过着浪漫的生活，狎妓饮酒与赋诗作文，并行不悖，社会上也不以为怪。柳宗元对生活所持态度，与时尚有所不同。如果说他生活中有什么爱好，那最大的爱好就是读书和交友。他拜陆贽为师，陆贽抱病为他讲《春秋》，表扬他进步很快。这时柳宗元的文章，在京城的名气很大，不少高官请他题笔，身边粉丝越来越多。

贞元二十一年（805年）正月，德宗去世，李诵嗣位做了皇帝，即唐顺宗。顺宗时即位是已患中风，喑哑不能言。八月，改年号永贞。

顺宗身残志坚，立意改革朝政，匡扶大唐颓势，启用王叔文，开始"永贞革新"。

王叔文在唐德宗时担任太子李诵侍读，为太子喜爱。太子李诵对德宗晚期宠信宦官深表不满。王叔文趁机向他反映许多民间疾苦，并提出一系列的改革措施，深得李诵的赏识和信任。

王叔文以李诵为靠山，"密结翰林学士韦执谊及当时期士有名而求速进考陆淳、吕温、李景俭、韩晔、韩泰、陈谔、柳宗元、刘禹锡等，定为死友。而凌准、程异等又因其党以进"（《资治通鉴·贞元十九年》）。

顺宗即位后，任命王叔文为翰林学士，实行改革。协助王叔文进行改革的主要有王伾和韩泰、韩晔、柳宗元、刘禹锡、陈谏、凌准、程异、韦执谊等八人，他们组成了革新集团，史称"二王八司马"。他们的革新措施有：罢除了宫市和五坊小儿，政府还两次放归后宫宫女和教坊女妓九百人，诏令全国免除欠税银五十多万两，禁止官吏在正税之外的额外进奉。这些改革措施都深受人民的欢迎。

革新的核心是针对宦官和地方藩镇势力。改革成败的关键是兵权。王叔文任命素负重望的老将范希朝为京西神策诸军节度使，韩泰为神策行营行军司马，目的在于夺取宦官手中的兵权。宦官首领俱文珍、刘光琦，串通一些官僚和地方节度使，拒绝服从政府命令。不久，俱文珍等利用顺宗患中风不语病，拥立太子李纯为皇帝（宪宗），顺宗被迫退位。

这场轰轰烈烈的革新，仅仅146天就失败了。

唐宪宗在八月五日即位，第二天，贬王叔文为渝州（今重庆）司户，次年朝廷命他自杀；贬王伾为开州（今四川开县）司马，不久病死；贬韦执谊为崖州（今广东琼山）司马，再贬司户，病死于崖州。

柳宗元在九月被贬为邵州（今湖南邵阳）刺史，可十一月，还在赴任路上时，又再贬谪为永州司马。"二王八司马"均遭二次贬谪，从刺史追贬为司马。

柳宗元参加的这场革新运动失败后，遭到各种毁谤和攻击。就连柳宗元好朋友的韩愈，对他们的举措也曾有过指责，对柳宗元因此被贬表示惋惜。

但这些指责和攻击，不过是站在保守势力或个人利益而言的。若从柳宗元等人维护国家统一、稳定，改善百姓生活的愿望出发，他们的革新运动并无错罪之理。

正如王鸣盛所云：若求其真实罪名，本无可罪。

3 风波一跌逝万里

柳宗元在赴任途中又被贬为"永州司马员外置同正员",永州(现湖南永州,古为零陵)是中州,司马六品上,是闲职;"员外置"即在编制外。唐朝的员外及摄、试官不得干预政务的明确规定,因而柳宗元到永州后,既无官舍,又无具体职务,是个被流放的囚徒。

贞元二十一年(805 年)冬,柳宗元和六十七岁的老母、从弟柳宗直、表弟卢遵,跋涉千山万水,历尽千辛万苦,来到永州。

永州在湖南与广东、广西的交界处,历来是兵家必争之地,在唐时开发还是比较早的,经济发展也领先于周围的邵州、柳州、连州等地。但宗元久居京都,又是戴罪之身,形同流放,心情极度苦闷。在他笔下,永州异常偏僻、荒凉、落后的地方:

> 永州于楚最南,状与越相类。……涉野有蝮虺、大蜂,仰空视地,寸步劳倦。近水即畏射工、沙虱,含怒窃发,中人形影,动成疮痏。
>
> (《与李翰林建书》)

母亲卢氏饱经沧桑,深明大义。丈夫柳镇过早地离她而去,两个女儿在长安分别嫁到崔家、裴家,已先后亡故,她只能与独子相依为命,母子感情十分深挚。卢氏对柳宗元的事业非常理解与支持,宗元获罪遭贬,她的态度十分豁达,极为体谅,并与儿子一道来到永州。

母亲临到暮年,还要受颠簸之苦,宗元内心是愧疚的。母亲看出来了,安慰他:聪明的人不为往事忧愁,我没有因为你遭贬感到难过。"明者不悼往事,吾未尝有戚戚也"(《先太夫人河东县太君归附志》)。

柳宗元是个编制外闲员,没有半点实权,只有奉薪,没有官舍,比罪犯好不了多少。在一个叫重巽的和尚的帮助下,他们暂时寄居在龙兴寺内。

千秋岭下，龙兴寺前，潇水滔滔。

柳宗元从清澈的潇河打来水，极恭敬地送给老母漱口，柳宗直端来饭菜，老母艰难地咀嚼着。

龙兴寺内，白天香客嘈杂，香烟熏鼻；夜晚，老鼠作狼奔豕突，刮风，灰尘满寺。

有一次，香火被风吹燃着，这座木制结构寺宇，瞬间陷入火海。柳宗元抱着母亲飞快地往外冲，耳畔一片噼里啪啦的燃爆声，带着烈火的木椽、断梁，不时从鼻尖、肩头、背后掉落下来，灭火的僧人乱作一团。幸亏跑得及时，柳宗元和母亲才死里逃生，书籍、用品等几乎烧得精光。"五年之间，四为大火所迫。"（《与杨京兆凭书》）由于家居寺庙，水土不服，生活条件艰苦，又缺乏医疗条件，柳宗元的母亲不久就染病在身，不到半年，于元和元年（806 年）五月十五日，撒下她难以割舍的爱子，病故于龙兴寺。

老母的不幸病故，对处于政治失意的宗元，无异是雪上加霜的沉重打击。更令他感到痛苦的是，他不能亲为母亲扶柩回长安归葬，只能由表弟卢遵代送。他是戴罪之身，不能离开永州半步，他内心的悲愤和自责，更加深重。

虽然已被贬谪在荒远之地，可柳宗元等人遭到的迫害却还没有停止。也就在这一年（806 年），唐宪宗改年号为元和，宣布大赦天下，但柳宗元等八人"纵逢恩赦，不在量移之限"，而尤令其愤懑不已、又倍感无奈的是，在种种势利小人的人身攻击下，他似乎成了一个"怪民"，渐渐地，连自己的许多亲戚朋友也不敢跟他来往了。

还有思乡念家之情也时时折磨着柳宗元。处在荒远之地，他只能一次又一次地梦回故乡，见到家乡那已然荒芜了的田园。

在一连串的打击下，宗元的身体迅速衰弱，众疾并发，"不食而饱"，记忆力也严重衰退，"所读书随又遗忘"。他不得对照医书，栽种草药，自己治疗自己。

更令他苦闷的是，他不明白自己究竟犯了什么罪，"万罪横生，不知其端"。他从来没有怀疑过自己与王叔文等人实行的政治革新的正义性，相信他们"唯以中正信义为志，以兴尧舜孔子之道，利安元元为务"，丝毫没有动摇过自己的政治理想："虽万受摈弃，不更乎其内"。

正因有此坚定信念，在《冉溪》中，柳宗元表达了他随时准备着有一天自己能为社会、为国家做出一番事业的强烈愿望：

> 少时陈力希公侯，许国不复为身谋。风波一跌逝万里，壮心瓦解空缧囚。缧囚终老无余事，愿卜湘西冉溪地。却学寿张樊敬侯，种漆南园待成器。

柳宗元被贬往的湖南，正是战国时大诗人屈原活动过的地方。当他仰望于巍峨的山峰，徘徊于浩淼的洞庭湖畔，流连于奔流不息的湘江，听到那轰响的涛声、不绝的猿啼、啾啾的鸟鸣时，柳宗元就禁不住热泪盈眶，深切感到自己与屈原在冥冥中相会相知相契了。《吊屈原文》结尾云：

> 吾哀今之为仕兮，庸有虑时之否臧。食君之禄畏不厚兮，悼得位之不昌。退自服以默默兮，曰吾言之不行。既偷风之不可去兮，怀先生之可忘。

严重的身心摧残，精神上的苦闷和愤懑，极度的孤寂，使柳宗元忘情于山水，开始大量阅读和写作，钻研佛教，首创山水游记。永州十年的贬谪生活，造就了一代宗师柳宗元。无论其思想成就，还是文学成就，均使后学者仰为观止。

元和十年（815年）正月，柳宗元接受诏命离开永州奔赴长安，心情十分兴奋。早春二月，长安灞桥柳丝轻拂，驿路两旁鲜花盛开，好像迎接当年的归人，柳宗元无限感慨地写了《诏追赴都二月至灞上亭》一诗：

十一年前南迁客，四千里外北归人。

诏书许逐阳和至，驿路开花处处新。

柳宗元等人到京后，对于他们的工作安排，在朝廷引起激烈的争议。以韦贯之为首的一些大臣，怜惜柳宗元等人的才能，主张留用朝廷；而以武元衡为首的实权派人物，却对此表示坚决反对。最后，对他们余恨未消的唐宪宗，听从了武元衡等人的意见，决定把柳宗元等五人，重新贬谪到边远地方去。

柳宗元等回长安不到一个月，三月十四日，就同被出为远州刺史。

柳宗元被贬为柳州（今广西柳州）刺史，刘禹锡为播州（今贵州遵义）刺史，韩泰为漳州（今福建漳州）刺史，韩晔为汀州（今福建长汀县）刺史，陈谏为封州（今广东封川县）刺史。虽说官职升了，但被贬往的地方却更为荒远偏僻艰苦了。

当时，刘禹锡有八十岁的老母，而播州路途崎岖，老人随同前往，将是九死一生。柳宗元联想到自己的母亲，毅然请求以自己的任职与刘禹锡对调。宗元的好友裴度在皇帝面前说情，才把刘禹锡改贬为连州（今广东连县）刺史。这件事，表明了柳宗元在关键时刻，能以友情为重而奉献牺牲的优秀品格。

柳宗元、刘禹锡这一对患难与共的好朋友，同路到了湖南衡阳，才依依不舍地分别而去。柳宗元去柳州的这条路，正是他一个月前进京的旧路，也是十一年前被贬南下的那条路。想起与好友分别后的命运，不由感慨，写下《重别梦得》：

二十年来万事同，今朝歧路忽西东。

皇恩若许归田去，晚岁当为邻舍翁。

柳州在当时还较为原始，"阴森野葛交蔽日，悬蛇结虺如蒲萄"，瘴疠之气特别严重，稍不留神，人就会中毒而死。这里的风俗习惯也迥然不同：人们特别迷信，比如生了病，总要"聚巫师用鸡卜"，甚至杀牲口来祈祷。如果祈祷也不见效的话，就认为是神不保佑，就听任病人不吃不喝，用布盖起来等死，"不合，蔽面死"。因此，这样的地方，历来被中原人士视作畏途，故只有那种犯了特别大的罪的人，才会被贬谪到此地。

初到柳州，柳宗元自然极其苦闷，他本来身体衰弱，到这里，背上又患上一种"奇疮"，险些丧了性命，后来又得了伤寒，愈后身体更加虚弱。加上精神上的苦闷，使他虽在年壮，却已是须发苍然、形容衰弱。《上扬州李吉甫相公所著文启》中说："宁为有闻而死，不为无闻而生。"

元和十年七月，堂弟柳宗直随柳宗元来到柳州。他素来体弱多病，路上又害了疟疾，到柳州后病情刚刚好转，由于随柳宗元到雷塘祈雨，劳累而突然病发，一夜之间就去世了，终年二十三岁。他是一位很勤奋，很有才华的青年，于贞元元年进士及第，因为柳宗元得罪于朝，受连累没有做官，无禄以终。

但柳宗元始终是一个抱负远大而又坚定不移的人。他在柳州极为艰难的条件下，用他那可贵的"辅时及物"的热忱为柳州人民办了不少好事。

挖井就是柳宗元在柳州做的众多好事之一，对此，他还撰有《井铭并序》和《祭井文》。传说到柳州以前，柳州找不到一口水井，千户人家，万余人口，吃水用水都背负着小口大肚子的罂瓶，极其艰难地沿着狭窄的崖路上下往返到柳江边汲水。如果天旱水浅，到江边的距离就更远了；到了雨季，路险泥滑，汲水更加危险，稍有不慎，脚下一滑，汲水的人就会从陡坡上翻滚下去，轻者跌断手足，重者还会送命。柳宗元凿井之前，也曾有人试挖，但都崩塌，说是伤了"龙脉"，破坏"风水"，因此，都不敢继续开凿。

柳宗元到柳州后，决定凿井供居民饮用。他命令部下蒋晏，率领数十名军士，在城北隍上开凿第一口水井。经过一段时间不分白天黑夜紧张的施工，一直凿到六十六尺深，才打出井水来。这时，柳州城里的百姓，都扶老携幼跑来观看这一奇迹。在这些百姓当中有的活到七、八十岁都还没有见过井的，当他们喝到清洌的井水时，都不禁高兴得欢呼雀跃起来。

柳宗元不信"讹言"，投入大量人力物力，终于凿井获得成功，做了一件流传千古的利民好事。从此，柳州才有了水井。

柳州沿袭一种残酷的风俗，"以男女质钱，约不时赎，子本相侔，则沦为奴婢"。欠钱不还，沦为奴婢；而一旦为奴，则终身为奴。柳宗元采取按劳计酬的方法，奴隶通过自己的劳动，一旦工钱抵完债后，立即恢复人身自由，回家与亲人团聚。这一举措受到广大贫困百姓的欢迎，很快被桂管观察使裴行立推广到柳州附近的其他州县去。只一年，就有一千多奴婢重新获得了自由。

柳州是丘陵地区，城外有着大片大片的荒地。柳宗元亲自组织游民在柳江南岸的大云守开荒种地、种菜、种竹、种稻、种木。仅大云寺，种树、植竹三万竿，开菜地百畦，垦田若干亩。他不但大力倡导发展农、林、牧业，而且自己还参加一些劳动。他还热心种植药材，种了仙灵畦、白蔡荷等，并种植海石榴、木芙蓉等花果。经过他几年的辛勤经营，柳州的面貌发生了变化，农、林、牧业都有了发展，柳州城（即柳州治所马平县城）的房台街道也改观了。

他还大力兴办文化教育。他六月到达柳州，十月修复孔庙。这是古代柳州的一件历史性大事。他还亲手创办了很多学堂，亲自以文章教授后学，柳州当地人及慕名而来的外地人，很多人受过他的指点。他提倡佛教，通过重修大云寺等寺庙的办法，改变当地人的迷信陋习。

在柳州勤政之余，柳宗元也曾忙里偷闲，游历了柳州附近的背石凶、凯山、驾鹤山、屏山、四姥山、仙奕山、石鱼山、雷山等处，写下了《柳州山水近治可游者记》等文学作品。

柳宗元的身体状况因遭受精神上物质上的长期折磨，一年不如一年了。

曾和柳宗元同被贬到永州去的吴武陵，现在终于回到长安，为营救柳宗元回朝热情奔走。他给工部侍郎孟简写信，恳请他的帮助。在赢得裴度的信任后，不断向裴度进言。这时裴度已任宰相，需要延揽人才，也愿意帮这个忙，正在运作之中，没来得及调用，柳宗元不幸于元和十四年（819年）十一月初八在柳州病逝，享年四十七岁。

柳宗元死后，他的家境很是凄凉，他虽是一州之长，但为官清廉，家境贫寒，以至家人无力治丧。俗话说："生在杭州，死在柳州。"这话说的是杭州好玩，柳州有相木做的好棺木。可怜堂堂的柳州刺史，死后竟然清寒得连一口棺木都置办不起，这是何等的凄凉！

柳宗元遗下二子二女。临死前，柳宗元有遗书给好朋友刘禹锡，托他照顾自己的孩子以及编纂其遗稿。刘禹锡展读遗书，惊号大恸，悲伤万分，"如得狂病"。后来，刘禹锡把这些遗稿编纂成集，并写了序言，扼要介绍了柳宗元的生平和他的文章的巨大成就。韩愈给柳宗元写了著名的《柳子厚墓志铭》，柳宗元的表弟卢遵遵其遗嘱，把他的灵柩葬于长安万年县父母墓侧。

柳宗元死后，深受其恩德的柳州人民在次年为他修建了衣冠墓。三年后又为他在罗池立了一座庙来永远纪念他。因其在柳州的经历，人们也称柳宗元为"柳柳州"。

到了宋代，崇宁三年（1104年），宋徽宗追封柳子为文惠侯，因而罗池庙玫名为柳侯祠。柳侯祠内有柳宗元像以及"荔子碑"等珍贵石刻。由于"荔子碑"反映的是柳子事迹，又是韩愈的诗和苏轼的书法，因而有"韩诗苏字柳事碑"之称，号称三绝。

后人有《永遇乐》崇敬地概括了柳宗元的一生：

水养罗池，墓眠衣帽，文惠千载。鼎创新元，革除弊政，岂料功垂败！永州初贬，龙城再放，壮岁更充边塞。有谁知、残躯病体，寝中犹梦青睐？

释奴掘井，植柑栽柳，荒地开来种菜。礼乐重教，医疗广普，弄鬼装神戒。唐风开窍，蛮人得化，文武百官莫代。河东柳、封侯后世，受吾一拜！

4 永恒的宗师

柳宗元对历史的贡献是多方面的。他在哲学、政治、伦理、经济、宗教、教育、文学、旅游、诗歌、辞赋、传记、寓言等诸多方面都有突出贡献。

柳宗元的自然哲学思想是唐代哲学发展的里程碑。他的《天对》是中国古代哲学中的一部奇书。毛泽东称赞他:"屈原写过《天问》,过了一千年才有柳宗元写《天对》,胆子很大。""柳子厚出入佛老,唯物主义。他的《天对》,从屈原的《天问》以来,几千年只有这个人做了这么一篇"(张贻玖《毛泽东批注历史人物》)。除《天对》外,柳宗元的哲学论著还有《非国语》、《贞符》、《时令论》、《断刑论》、《天说》、《天对》等。他把古代朴素唯物主义无神论思想发展到了一个新的高度,是中唐时代杰出的思想家。

柳宗元还是杰出的政治家。他提出的当官为大众谋利益,要为百姓服务;应该坚持真理,维护正义,而不要担心由于为人正直而遭祸受害;要注重民生,减轻农民负担,让民众能自谋利益,发展和解放人民生产力;民心向背乃政治安危所系等一系列政见,到今天仍有借鉴意义。

柳宗元有"中国第一位景观建筑家"之称。他一生完成了七个景观工程,最后一个是柳州的东亭。他把哲学思想和人文思想融入景观建筑,他的《柳州东亭记》作为建筑史上的珍贵文献,依然熠熠闪光。

柳宗元首倡"观游"是"为政之具"的旅游思想,奠定了其旅游之父的地位。他把旅游作为一个施政举措,将自然地理环境转化为经济地理环境,开发旅游事业,在给人以美的享受同时推动经济和社会的健康、协调发展。

    柳宗元还创新和发展了佛学。他"好佛究法"，不仅仅是从佛教那里寻求精神的安慰和解脱，更主要的是因为"世之言者罕能通其说"（《送巽上人赴中丞叔父召序》)，他"统合儒释"，赋予佛教以积极用世的意义，丰富了人民对佛教的认识。

    柳宗元还是著名的散文家，他和韩愈发起的古文运动，"文起八代之衰"。他主张摈弃骈文的偶辞俪句的形式，强调"文以载道，文质并茂"。他写的政论达到了贾谊的水平，人物传记达到了《史记》的水平，寓言达到了《韩非子》的水平，他对后代的影响历经千年历史的考验，当之无愧地成为"唐宋八大家"之一。今天，柳宗元的思想文化不仅成为说不尽的"柳学"，也成为世界优秀文化的重要组成部分。

    清人姚莹在其《论诗绝句》中曾这样评价柳宗元："史洁骚幽并有神，柳州高咏绝嶙峋。"把柳宗元的创作同《骚》、《史》并提，可见其重视程度。

    在此，我们主要把他作为一个诗人来考察。柳宗元的诗风格清峭，"发纤浓于简古，寄至味于淡泊"，也有诗论家认为他的诗"长于哀怨，得骚之余意"。我们从这两方面，欣赏一下他的诗歌。

    柳宗元在永州，经常深入民间，写下《田家》组诗：

    篱落隔烟火，农谈四邻夕。庭际秋虫鸣，疏林方寂历。

    傍晚时分，家家开始做晚饭，通过篱笆，可以看见人家的灶火，农民们都相聚在一起聊天，庭院里只听见秋虫唧唧的叫声，疏疏落落的树林里，鸟儿都归巢了，一幅多么恬静的农家生活图景！静默了好一阵子，终于有人开腔：

    蚕丝尽输税，机杼空依壁。

    农民们都说些什么呢？都说今年家里的蚕丝都交了税，眼下只剩下织布机空空地靠在墙壁上。那么，上句的"秋虫鸣"、"方寂历"就不是农家的恬静的生活图景，而是一幅"聊就空舍眠"的冷清、凄凉、死寂的可悲情景。一个"空"字，一个"尽"字，写出了农民热望落空的无限辛酸。瞧一眼那空落落的织布机，一年辛苦忙到头，落得个一无所有，到哪儿去讨工钱呢？到哪儿去说理呢？正在这时：

里胥夜经过，鸡黍事筵席。

村官来了！可村官是给你说理的吗？人家拣"夜经过"，可是瞅准了时机，催租来了！农民们对村官平日的作威作福又恨又怕，杀鸡，拿酒，忙做饭，款待这些村官。

各言长官峻，文字多督责。东乡后租期，车毂陷泥泽。
公门少推恕，鞭朴恣狼藉。努力慎经营，肌肤真可惜。

村官耀武扬威地对农民的训话：东乡交租时，只因车子陷入泥潭出不来，延误了些交租的时辰，官府一点也不宽恕，把他们打得遍体鳞伤、血肉模糊。你们如果不按时交租，结果只有一个，那就是"肌肤真可惜"，你们赶快准备好秋税，到时免得皮肉受苦。

迎新在此岁，唯恐踵前迹。

村官吃饱喝足，拐着弯儿地胁迫：马上要过年了，你们不要像东乡人一样，找鞭子吃！

《田家》通过催租场景描写，极其形象地刻画出了农民的悲惨遭遇、可怜状况和胥吏的狰狞面目，继承了中国古代思想中有着"仁民爱物"、"民胞物与"的优良传统。

柳宗元长期被贬，他"上高山，入深林，穷回溪，幽泉怪石，无处不到"，"暂得一笑"的乐趣，写下著名的《渔翁》：

渔翁夜傍西岩宿，晓汲清湘燃楚竹。

烟消日出不见人，欸乃一声山水绿。

回看天际下中流，岩上无心云相逐。

渔翁夜晚靠着西岩露宿，早晨做饭汲取清澈的湘水，燃烧着湘竹。烟雾消失太阳升起却不见人影，只听到渔歌声声山水青绿。回头往天边一看，扁舟已驶向中流，西岩上无心的云彩在天空追逐。

诗歌描写了渔翁的生活，这个"渔翁"，有好多层意思，我们知道，屈原投江前，见过一个渔翁，渔翁劝他要同流合污，从这层意思出发，就可见柳宗元当时是多么愤懑、孤独；渔翁还是古代诗歌中常用隐逸高人的形象，可见柳宗元有才不为世用的苦闷；渔翁还有飘摇世外的意思，柳宗元向往无拘无束、自由自在的生活。渔翁可以既是渔翁，又是柳宗元自我的写真照。

这个渔翁，高洁，栖息在岩石中，烧的是湘竹，喝的是清澈的湘水，这种生活，在我们今天，真是华丽得很！这个渔翁，逍遥自在，来去无踪，神龙见首不见尾，刚才看见他做饭呢，一阵烟，不见人了；这个渔翁，诗意漫天，船桨一响，天地绿了！所以苏轼说："有奇趣！"

这首诗看起来非常古怪，既非四句的绝句，又非八句的律诗，柳宗元偏用六句，突兀得很。结尾两句要不要呢？苏轼、李元洛等一些论家，都说"蛇尾"，章士钊说，"前四句是主，后两句是宾，宾主合参，始成全璧"（《柳文指要》），也有道理。

结尾两句，很容易想起陶渊明《归去来辞》中的"云无心以出岫"。无心即随意，自由自在。其实，《渔翁》诗的透视点是不断变换的，不是一处而是多处。一、二句是近景，只能在西岩之滨所见，三、四句是远眺所见，五、六句是一种跳跃、省略。

后二句可做两种理解，一是诗人"回首"，那么诗人的所处绝不是在西岩，而早已随渔舟移步。二是渔翁"回看"，船入潇水中流回看天际景色，只见西岩上悠然飘动的白云在互相追赶。苏轼《书柳子厚〈渔翁〉诗》云："诗以奇趣为宗，反常合道为趣。熟味此诗有奇趣。然其尾两句，虽不必亦可。"严羽《沧浪诗话》从此说，曰："东坡删去后二句，使子厚复生，亦必心服。"然刘辰翁认为："此诗气泽不类晚唐，下正在后两句。"此后，关于此诗后两句当去当存，一直有两种意见。如果删去《渔翁》后两句，那这首诗的情蕴，就与诗人被贬南荒的心境格格不入。诗人对岩上白云的欣赏，也就是对京华红尘的轻蔑和憎恶，并且，无心相逐的白云与那些热衷于倾轧攘夺的政客形成鲜明的对比。作者坚持理想，不愿同流合污的情操，不是寄寓在白云之中了吗？对柳宗元来讲，这两句绝不是可有可无之句。

柳宗元的诗文是中华民族的瑰宝之一，他是卓越的政治家，更是彪炳后世的文豪，"独有千古"的一代宗师！

第八章
诗儒韩愈

"诗至于杜子美，文至于韩退之，画至于吴道子，书至于颜鲁公（颜真卿），而古今之变，天下之能事尽矣。"宋代苏轼这样称赞韩愈。

韩愈（768—824 年），字退之，自称昌黎韩愈，世称韩昌黎，唐代文学家。韩愈早年丧父，家世衰微，举进士多次落地，但很快就找到了科考的窍门。入仕后，他秉性刚毅，表现出多方面的才能，敢与邪恶势力进行不妥协的斗争，能独当一面，最终进入权力核心层。但因怀疑柳宗元等人打击自己，在《顺宗实录》中肆意诋毁王叔文改革集团，这是他政治上的一大污点，同时因喜写谀词收重金，为时人所诟病。晚年因谏迎佛骨表触犯龙鳞，贬谪潮州，风雪途中幼女丧生，又实堪悲怜。后来否极泰来，官至吏部侍郎，人称韩吏部。卒谥文，世称韩文公。

1 挥泪出长安

韩愈的郡望有昌黎、南阳、颖川、陈留四说。韩愈自称韩昌黎，实际与昌黎最少瓜葛。

昌黎即今辽宁朝阳与义县一带，三国魏时置郡，其后名人辈出，唐相韩休、韩滉即出昌黎一族。韩愈的八世祖韩耆、七世祖韩茂投魏前，居于远离中原的西北部一带。韩茂因军功赐爵蒲阴子、九门侯，官至侍中、尚书左仆射，加征南将军，后迁居河南孟州。韩愈先祖起于军旅，至中唐时，可算是较低层的北方士族。

韩愈于大历三年（768 年）出生在长安，他的父亲韩仲卿时为秘书郎，韩愈三岁时，韩仲卿死了，大诗人李白为他撰墓志铭。叔父韩云卿多才多艺，深受李白赞赏："文章冠世，拜监察御史，朝廷呼为子房。"

韩愈的嫡母更死在他父亲之前，韩愈可能是庶出，在他的诗文中，基本没有提到他的母亲，有专家称，韩愈的生母可能改嫁，或者就是他的乳母。韩愈为乳母撰墓志铭，清明之时率一家人祭祀乳母，这在唐代是罕见的。

　　成了孤儿的韩愈，由大哥韩会和嫂子郑氏抚养大。韩会比韩愈大二十岁，才高名大，因中年入仕，急于施展，依附元载当上起居舍人。

　　大历九年（774 年），韩愈七岁时，随大哥韩会赴长安，青少年时期深受叔父韩云卿和韩会的影响。韩愈小时候学习非常自觉，长进很快，"七岁属文，语出天成"、"七岁好学，言出成文"。

　　三年后，大历十二年（777 年），元载被诛，韩会受牵连，贬韶州刺史，次年举家南迁。到韶州不久，韩会因忧伤和劳累过度而死，韩愈随嫂扶兄韩会灵柩赴河南。

　　中原战乱不息，韩愈兄弟又随嫂避难，居江南宣州庄，"百口随行，避难江濆"。嫂郑氏品格贤良，意志坚强，在她的操持下，韩愈兄弟不辍学业。她经常激励韩愈兄弟广大韩氏门庭，韩愈一直把她当作母亲。

　　家庭经济负担重，使韩愈迫切希望入仕，读书更加勤奋，贞元二年（786 年），十九岁的韩愈只身往长安，开始了十年赴考求仕之路。走到中条山，韩愈眺望滚滚黄河，想起山上的高士阳城，对未来充满憧憬：

　　　　条山苍，河水黄。浪波沄沄去，松柏在山冈。

（《条山苍》）

　　韩愈在贞元三年、四年、五年连续三年的礼部考试中都落选了，意外地连遭挫折，使他"蹉跎颜色低，摧折气愈下"，自惭愧对祖先，也愧对嫂嫂。

　　长安米珠薪桂，恰在此时，贞元三年夏秋间，吐蕃劫盟，军中韩愈的从兄韩弇死于非命，使孤立无援的韩愈更是雪上加霜：

　　　　登高望烽火，谁谓塞尘飞。王城富且乐，曷不事光辉。
　　　　勿言日已暮，相见恐行稀。愿君熟念此，秉烛夜中归。
　　　　我歌宁自感，乃独泪沾衣。

（《烽火》）

韩弇的统帅北平王马燧，因吐蕃劫盟被罢，仅保留了侍中的官衔闲居长安，韩愈去拜见马燧，马燧给予了韩愈经济上援助，才使韩愈在长安勉强度日。

"长安百万家，出门无所之"。三次落第，在长安已四年了，韩愈决定回宣州，途中拜偈了著名的将军珲瑊和滑州（河南滑县）刺史贾耽，吃了贾耽的闭门羹后，灰溜溜地回宣州住了一年，继续攻读。贞元七年（791年），韩愈赴长安参加考试。这一年的主考官是名相陆贽。陆贽是文章巨公，精通古文，他不满当时通用的骈文，把古文法渗透到骈文中。副考梁肃和王础也是有名的古文家，并且是韩会的朋友。韩愈长于古文，梁肃和王础也举荐了他，所以这一年，韩愈高中了。

但高兴不多久，韩愈又"三试吏部卒无成"，贞元八年（792年）、九年、十年这三年，在吏部举行的博学宏词科考试中连连败北。落选的原因，除了没有过硬的后台推荐，还由于韩愈主张的古文写法与应试的时文相悖，被淘汰就在所难免了。

一再落第，越来越穷困的生活使韩愈愤激难平。贞元十一年（795年）春，韩愈向宰相连上三书，石沉大海。五月，韩愈"怀书出皇都，衔泪渡清灞"，挥泪出长安。在渡黄河时，他看见几个官家模样的人，手持鸟笼，笼里一对纯白的鸟儿，自称是某地长官的使者，要把鸟儿献给皇帝。使者飞扬跋扈，不可一世，沿途的百姓纷纷避让。韩愈愤怒地作《感二鸟赋》：

> 感二鸟之无知，方蒙恩而入幸；唯进退之殊异，增余怀之耿耿；彼中心之何嘉，徒外饰焉自逞。余生命之湮阨，曾二鸟之不知；汩东西与南北，恒十年而不居；辱饱食其有数，况策名于荐书；时所好之为贤，庸有谓余之非愚……

感慨无知无识的两只鸟，正要蒙受皇恩来到皇上身边被宠幸；只是人被疏离、鸟却被亲近的厚薄不同的待遇，增加了我心中耿耿不平的愤慨；那两只鸟有什么好的思想，仅仅靠外在的羽毛才如此得逞。我的生命如此艰难，竟然比不上两只鸟；东西南北奔走不停四处觅食，连续十年不能安定下来生活；我天天吃得饱的日子都能数得过来，更何况在荐书上荣耀地看到自己的名字；被时俗陋见所喜好的才被称为"贤明"，他们哪有不说我不愚顽的呢。

他在诗中一方面对地方官阿谀邀宠作了揭露，一方面对宰臣、皇帝重鸟而不重人才作了批评。

在"鸟进人退"的叹息声中，韩愈回到了河南旧居。

十年长安求仕，备尝艰辛，七次考试，六次落第，韩愈未曾谋得一官半职，但也不是一无所得，他结识了孟郊、裴度、柳宗元等许多朋友，这些朋友在他日后的仕途和学术中影响至大。

2 贬谪阳山与恶意攻讦

贞元十一年（795年）九月，韩愈来到洛阳干谒。一年后，韩愈叔父韩云卿的朋友董晋任东都洛阳留守，聘韩愈为幕府。秋，随董晋平汴州（开封）叛乱。

韩愈在董晋幕府三年，因未谋得一官半职，郁郁寡欢。贞元十三年（797年）七月，病休故居。这期间韩愈认识了张籍、李翱等后来最密切的朋友。

贞元十五年（799年）二月，董晋病死，韩愈为他扶柩，途中再遇兵乱，韩愈在惊恐中度过了二十多天，辗转行程五千多里，到达徐州。

徐州节度使张建封是韩愈父兄辈的老友，韩愈曾推荐孟郊入张建封幕。韩愈来徐后，张建封表韩愈为武宁军节度推官。韩愈入张建封幕不久，因"晨入暮归"等苛刻要求，与张建封发生冲突。他在《上张仆射书》中傲骨铮铮地说：张建封如果不尊重自己的人格，"虽日受千金之赐，一岁九迁其官……则未也！"一天给他千两黄金，一年九次给他升官，也不能成为知己。说到底，韩愈是觉得当幕府寄人篱下，心有不甘。

这年秋冬之际，韩愈完成了他的著名的"五原"：《原道》、《原性》、《原毁》、《原人》、《原鬼》。"五原"的写作，奠定了韩愈在儒学的坚实地位。此后不久写的《答李翱书》、《与冯宿论文书》，则奠定了他在古文写作上的领军地位。韩愈的名声越来越大，粉丝也越来越多。

这一年冬，韩愈以张建封的身份朝见皇帝，在长安见到了与他同年考取进士的同学欧阳詹，两人相知甚深。欧阳詹当时是国子监的教授，他率领太学生集体请愿，要求韩愈到国子监当教授。虽然这次请愿没有任何结果，却坚定了韩愈离开徐幕，另寻发展的决心。

次年五月，韩愈携全家绕道兵乱的汴州来到洛阳。为解决家庭衣食问题，贞元十六年（800年）冬，韩愈入长安等待诠选。诠选是对有当官资格，经过吏部考核，合格才能正式当官的一种筛选方式。但是，韩愈又落选了，孟郊却在这次当了县尉，韩愈为作《送孟东野序》，灰溜溜地离开长安将归洛阳时，又写《将归赠孟东野蜀客》表示归隐的决心：

> 颍水清且寂，箕山坦而夷。如今便当去，咄咄无自疑。

回到洛阳后，友人李愿将归隐盘谷，韩愈赠《送李愿将归盘谷序》，在这篇苏轼推为"全唐文第一"的名文中，韩愈津津乐道：

> 昌黎韩愈，闻其言而壮之，与之酒而为之歌曰："盘之中，维子之宫；盘之土，可以稼；盘之泉，可灌可沿；盘之阻，谁争子所？窈而深，廓其有容；缭而曲，如往而复。嗟盘之乐兮，乐且无央！虎豹远迹兮，蛟龙遁藏；鬼神守护兮，呵禁不祥；饮且食兮寿而康，无不足兮奚所望？膏吾车兮秣吾马，从子于盘兮，终吾生以徜徉。

昌黎韩愈听了李愿的话，认为他讲得有气魄，与他斟上酒，并为他作了一首歌，歌词说："盘谷之中，是您的府宫。盘谷的土，可以种禾黍。盘谷的泉，可以洗涤，可以溯沿。盘谷险阻，谁会争您的住所？盘谷曲折幽深，空阔广大可以容身；盘谷环绕弯曲，往前走却回到了原处。盘谷快乐啊，快乐无央；虎豹远离啊，蛟龙躲藏；鬼神守护啊，禁绝不祥。有吃有喝啊，长寿安康；没有不满足的事啊，还有什么奢望？给我的车轴加油啊，用饲料喂饱我的马，跟随您到盘谷去啊，终我一生要在那里自由自在地游逛。"

而事实上，韩愈总是积极入仕。穷居洛阳一年后，韩愈再入京诠选。经李翱，韩愈结识了礼部员外郎陆傪，在陆傪的荐引下，韩愈终于得到四门博士的官职，当上中央大学的教师。

当大学教师期间，韩愈收下了很多学生，有些学生比韩愈的年纪还大，一时指责他"好为人师"的风潮一浪高过一浪。韩愈不为所动，写下《师说》等名文，声名鹊起。

大学教师这个清水职业，韩愈一家三十多口，生活难以为继，于是韩愈多次上书，终于在贞元十九年（803 年），擢升为监察御史。监察御史相当于现在的中纪委书记。韩愈当上监察御史，与他的文名和给事中李实的荐引有关系。

李实，唐高祖儿子李元庆的玄孙，个性贪婪，声名狼藉。当山南节度使期间，李实克扣士兵衣食，士兵怨恨他，想谋杀他，吓得他夜晚从城墙上放下绳子逃走。当长安市长期间，李实"恃宠强愎，不顾文法，路人侧面"。但韩愈在《上李尚书书》中称赞他"赤心事上，忧国如家"，满纸阿谀。

监察御史属御史台三院之一，当时刘禹锡、柳宗元、张署、李叔方都在御史台，由于韩愈是个老落选生，跟比他年轻很多的刘禹锡、柳宗元都是同学。刘禹锡、柳宗元与王叔文集团联系紧密，而韩愈对李实勤表忠心。

这一年，长安一带先旱后霜，灾情严重，李实却慌报宣宗"今岁虽旱而禾苗甚美"，韩愈目睹饿殍遍地，上《御史台上论天旱人饥状》，矛头直指李实。约十天，韩愈就被贬官到蛮荒的连州阳山去了，"迁炎州"。同时被贬的还有张署、李叔方。张署所贬的临武与阳山相邻。

刚吃完年饭，次年初，韩愈和张署冒着大雪，经蓝田，入商山，开始了长途跋涉。他在长诗《南山诗》回忆途中险恶：

> 初从蓝田入，顾眄劳颈脰。时天晦大雪，泪目苦蒙瞀。峻涂拖长冰，直上若悬溜。
>
> 褰衣步推马，颠蹶退且复。苍黄忘遐睎，所瞩镜左右。杉篁咤蒲苏，杲耀攒介胄。
>
> 专心忆平道，脱险逾避臭。……

攀行在险峻的山上，纷飞的大雪，打得人流眼泪，看不清四周，就好像瞎子一样乱摸；峭壁是直上直下的长冰，脚踩上去，就好像从空中直滑下来。挽起袖子推马，马好像跛了腿一样，直打趔趄，推不上去，马反而向后退。千山万壑的险峻难行，让韩愈吃尽了苦头。

贞元二十年（804 年）二月，韩愈经过六十多天的跋涉，来到距长安三千八百多里的阳山。翻开地图，阳山比岭南道的韶州（今广东韶关）还要靠南。韩愈在《送区册序》中这样描绘：

> 阳山，天下之穷处也。陆有丘陵之险，虎豹之虞。江流悍急，横波之石，廉利侔剑戟，舟上下失势，破碎沦溺者，往往有之。县廓无居民，官无丞尉，夹江荒茅篁竹之间，小吏十余家，皆鸟言夷面。始至，言语不通，画地为字，然后可告以出租赋，奉期约。

阳山，天下贫穷的地方。陆地有险要的丘陵，可怕的虎豹。江流汹涌湍急，横于江上的大石，锋利如剑戟。船在江上行驶，上下颠簸难以控制，船破人溺的事故常常发生。县城没有居民，官署没有官员。江的两岸，荒草竹林之间住着十多家小吏，那里的人说话像鸟叫那样难懂，相貌与中原人不同。刚到阳山，言语不通，只好在地上写字，这样之后才可以把交纳租税的事情告诉当地人，要他们遵守约定。

韩愈到阳山后，发展生产，淳化风习，大兴教育。当地青年区册是他一个铁杆粉丝，此后一直追随他南来北往。一些青年学子和佛教徒的"韩迷"，慕名相随韩愈学习。《阳山县志》记载："贤令山，在县城二里，昔韩愈读书日读书于此，上有读书台，一名牧民山。"一座无名之山因韩愈读书而得"贤令"之名，足见阳山人对韩愈的爱戴。

贞元二十一年（805年）正月二十三日，德宗死，太子李诵即位，是为顺宗。四月顺宗立太子，大赦天下。直到次年夏，韩愈和张署才得到待命彬州的诏令。彬州的李伯康是韩愈故友，热情接待韩愈，不久后李伯康病死，韩愈写了《祭彬州李使君文》：

> 辍行谋于俄顷，见秋月之三觳。逮天书之下降，犹低回以宿留。念暌离之在期，谓此会之难又。

中秋日，新任命下达不久，韩愈和张署一对难友，对着清风吹空，朗月舒波的夜晚，举杯相祝。韩愈写《八月十五夜赠张功曹》：

> 纤云四卷天无河，清风吹空月舒波。沙平水息声影绝，一杯相属君当歌。
>
> 君歌声酸辞且苦，不能听终泪如雨。洞庭连天九疑高，蛟龙出没猩鼯号。

从八月十五日到九月十五日，韩愈和张署已经接到任职江陵的诏令，却仍在彬州停留了一个月。这一个月就是李伯康与上司杨凭为韩、张二人事拉皮条的一个月。杨凭是柳宗元的岳父，又是韩会的好友，韩愈素来跟他关系密切。从李伯康口中得知，杨凭因永贞"二王八司马事件"，抑制李伯康，因而也抑制了韩、张二人。诗中韩愈借张署之口，表达了对杨凭的怨愤。

九月十五日，韩愈和张署离开彬州到江陵赴任，一路与官吏酬唱，赏风景名胜，歌诗不断。十月到洞庭湖，因风浪大，与张署到鹿角山避风七日，几乎断粮。到岳州与童年好友、刺史窦庠欢会，写下《永贞行》、《岳阳楼别窦司直》等重要诗作，反映了韩愈对永贞革新的思想。《永贞行》云：

> 君不见太皇谅阴未出令，小人乘时偷国柄。
> 北军百万虎与貔，天子自将非他师。一朝夺印付私党，
> 懔懔朝士何能为。狐鸣枭噪争署置，睒睒跳踉相妩媚。
> 夜作诏书朝拜官，超资越序曾无难。公然白日受贿赂，
> 火齐磊落堆金盘。元臣故老不敢语，昼卧涕泣何汍澜。
> ……

韩愈对王叔文等革新集团称为"小人乘时偷国柄"，信口雌黄，肆意攻击，措辞之激烈，欲加之罪之明显，在韩愈前所未有，在朝臣中也绝无。

《岳阳楼别窦司直》其中云：

> 奸猜畏弹射，斥逐恣欺诳。新恩移府庭，逼侧厕诸将。

何焯《义门读书记》说，这两联是韩愈怀疑柳宗元、刘禹锡泄密于韦执宜、王叔文，所以自己被贬出京。窦庠后来把这首诗给刘禹锡看了《永贞行》，刘禹锡正在难中，没有作过多分辨。

这次被贬，韩愈开始怀疑是李实报复自己，后来怀疑是王叔文、韦执宜打击，再后来怀疑是刘禹锡、柳宗元陷害自己。

韩愈对王叔文成员的诋毁是卖力的。在《忆昨行和张十一》中，韩愈骂"二王、韦"为"三奸"，在他后来领衔主撰的五卷《顺宗实录》中，诬蔑王叔文集团成员是"小人"，是"私党"，是"犯上作乱"的乱臣贼子，甚至比作禽兽。韩愈的文名很大，言论影响也很深，因之旧史家都跟着攻击，说什么"刘、柳诸生，逐臭市利"，"蹈道不谨，昵

比小人"。当然,后来韩愈与刘禹锡、柳宗元成了莫逆之交,韩愈还为柳宗元写过名垂千古的墓志铭。

3 奇诗风波

贞元二十一年(805年)冬,韩愈和张署到达江陵赴职,韩愈任法曹参军,类似于今天的刑侦处长。韩愈对自己的任命极为不满。"判司官卑不堪说,未免捶楚尘埃间。"(《八月十五夜赠张功曹》),韩愈急切地想回长安,到任不久,写《上兵部李侍郎(巽)书》,向李巽哭穷抱屈,"哀穷而悼屈",请李巽向宣宗推荐自己,并献上"旧文一卷"、"南行诗卷"。

好在朝廷局势对韩愈越来越有利,他与上司、荆南节度使裴均关系融洽。裴均名声不佳。裴均是大宦官窦文场的养子,永贞革新期间,窦大宦官上表逼顺宗让位。《新唐书》载:裴均"以财交权幸,任将相凡几十年,荒纵无法度。"是一个贪赃枉法、荒淫无度的主。韩愈与裴均关系不错,一来裴均好文辞;二来早在永贞革新前,韩愈就拉宦官文珍,他与裴均有相似的后台背景,有共同的对永贞革新派的仇视,称得上是志同道合。

韩愈到江陵任职七个月,宪宗开始对叛镇刘辟用兵,并对永贞革新当进一步施压。王叔文被杀,更让韩愈感奋。他觉得自己回长安的日子到了,殊不知,宪宗哪有心思记住当年一个小小八品监察御史?在焦灼的等待中,韩愈倒也能沉得住气,整理学问、文章,深刻地反思自己,写下《五箴》:《游箴》、《言箴》、《行箴》、《好恶箴》、《知名箴》。

所谓"箴",就是警戒。《游箴》,检讨自己饱食终日,优游无度,要亲近诗书,钻研学问。《言箴》,检讨自己言多有失,表达的意思被人曲解,反而生害。《行箴》,检讨自己行为及产生"悔"的结果。要自己"行合于义","行也无邪"。"行也无邪"如何"悔"起?只有天知道。《好恶箴》，检讨自己交友之道，避免好恶不当，别狗咬吕洞宾，不识好人心，错把小人当君子。大约这时，韩愈想起了刘禹锡、柳宗元。《知名箴》，反省自己从前追逐名誉的不良行为，警告自己别拿自己的长处比人家的短处，别以为写点文章是多大的事。韩愈反思自己、勇于批评自己的精神值得赞赏。

元和元年（806年）五月底，韩愈终于等来了好运，被任命为朝廷国子监博士。国子监博士为正五品上，比四门博士品级高三级。

结束了多年流离的生活，与张籍、孟郊、张彻等故友重逢，韩愈欢喜不胜，写下《纳凉联句》、《秋雨联句》、《斗鸡联句》、《有所思联句》等等，韩愈的日子过得挺畅快，唱和诗作连连。

这一年的十月，反叛的西川节度使刘辟在长安处斩。宪宗即位以来，"外斩杨惠琳、刘辟以收夏蜀，东定青徐之叛"，显出一派中兴气象。元和二年（807年）四月，宪宗"郊天祭庙"，韩愈兴奋不已，写下著名的长篇《元和圣德诗》，以四言的形式和叙事的内容而被称为"奇诗"：

　　皇帝即阼，物无违拒；日旸而旸，日雨而雨。维是元年，有盗在夏；欲覆其州，以踵近武，皇帝曰嘻！岂不在我？

　　汝张汝弓，汝鼓汝鼓；汝张汝弓，汝鼓汝鼓；汝为表书，求我帅汝。事始上闻，在列咸怒。皇帝曰然，嗟远士女；苟附而安，则且付与。

　　南至徐蔡，区外杂虏；恒威报德，踧踏蹈舞；掉弃兵革，私习篷篷；来请来觐，十百其耦。皇帝曰吁！伯父叔舅，各安尔位，训厥氓亩……

韩愈满怀对皇帝的忠诚，对大唐中兴局面再现的无限期望，写下如此皇皇巨制，也是他回长安后无限欢喜的心情写照。

欢畅不久，韩愈就卷入一场令他胆战心惊的是非漩涡。

早在上一年他被召为国子监博士不久，他就去拜访了宰相郑絪。那是在元和元年（806年）六月十日，宰相郑絪因喜欢韩愈的诗文，叫韩愈写一通诗文给他。于是，韩愈抄录了自己的诗文，选择日子送呈郑絪。谁知过了几个月，有人告诉韩愈，有人在郑絪面前进馋言：韩愈说宰相要我的诗文，我不敢不给他，宰相哪里懂得我！

原来，当时风传宰相郑絪因为喜爱韩愈的诗才，打算把他用为翰林学士，于是，一些想以文学进身的人，就制造韩愈恰恰瞧不起宰相郑絪的谣言。

这个谣言不是一般的厉害，只要想想韩愈因为说真话得罪李实吃的苦头，就知道韩愈是何等惊恐。他写《释言》辩解，整天提心吊胆，连写《秋怀诗》十一首，一方面抒写自己高洁的志趣，一方面表达忧谗畏讥的忐忑不安：

> 霜风侵梧桐，众叶着树干。空阶一片下，琤若摧琅玕。谓是夜气灭，望舒实其团。
> 青冥无依倚，飞辙危难安。惊起出户视，倚楹久汍澜。忧愁费晷景，日月如跳丸。

当夜间一片落叶落下来，韩愈都感到"琤若摧琅玕"的巨大震动，到了草木皆兵的地步。

不止于此，有人还先后在宰相李吉甫、裴垍面前进一步中伤韩愈。《旧唐书·裴垍传》记载，李吉甫当宰相时，曾向裴垍说，你善于品鉴人物，有合适的人，只管告诉我。裴垍感泣涕零，于是列了一份三十多个人的名单给李吉甫。造谣者说，韩愈就是这份名单中的一个。馋言发展到后期已经十分严重，"嚣嚣之徒，相訾百倍"（《答冯宿书》），攻讦者人数众多，达到了人身攻击、詈骂的程度。

在种种恶意攻击下，韩愈抵挡不止，于是在元和二年（807年）夏末，他只得请求外调到东都洛阳去当国子监博士。

这次集体排挤，韩愈后来在在老同学冯宿写的书信《答冯宿书》中回忆说：

仆在京城一年，不一至贵人之门，人之所趋，仆之所傲，与己合者则从之游，不合者虽进吾庐，未尝与之坐。此岂徒坐致谤而已，不戮于人则幸也，追思之可为寒心！

这场风波的兴起，源于韩愈的文名。那首《元和圣德诗》的"四言""奇诗"，首先伤害的是韩愈自己。而不到一个"贵人"家去，于是"贵人"对韩愈忌恨；跟韩愈不和的人到他家，韩愈不陪坐，于是人家诽谤他，谗言汹汹，最后韩愈只得自己离开。

4 河南扫恶

东都洛阳国子监的规模，不足长安国子监的五分之一。韩愈在长安，尚且"学堂日无事"，洛阳国子监更是寂寥，教学活动基本停止。"东都绝教授，游宴以为恒"。闲来无事，韩愈与孟郊、皇甫湜、樊宗师、卢仝等人作诗酬唱，玩点小赌，搜集碑文，撰写墓志铭。韩愈是当时的大名人，撰写墓志铭的稿费很高，一篇墓志铭常常获帛四百匹、玉带一围。

元和四年六月（809年），韩愈改都官员外郎，仍在洛阳。当时的洛阳市长是郑余庆，是韩愈的老熟人。郑余庆"通究六经深旨"，"好古博雅"，韩愈改官，是郑余庆对他的赏识和举荐。

任都官员外郎不久，韩愈就因祠部的事务，与洛阳宦官发生了急剧的冲突。

祠部职责之一，是掌管僧尼道士女冠的入籍和寺观的增减。

祠部原来总括僧尼道士，天宝二年后，道士女冠从祠部析出，但僧尼仍由祠部管理。贞元四年，朝廷设功德使，功德使由宦官担任，到元和二年，宪宗把两京的僧尼道士女冠划归功德使统管，已经与祠部完全脱钩。

　　僧尼道士女冠归宦官管理后，导致人数失控，贪污违法之事时发生，借佛行骗之事随处可见，韩愈看不顺眼，自然因为他强烈的排佛老意识和社会责任感。然而，他的对手非常强大。元和年间的功德使总管是大宦官吐突承璀。东都宦官秉承吐突承璀意旨，是吐突承璀派来的，敢动东都宦官，就是摸吐突承璀的老虎屁股。

　　韩愈置宪宗对祠部职分划分于不顾，以唐玄宗亲自撰写的《六典》为武器，把经宦官剃度的僧尼全部搜集起来，责令还俗，并诛杀了接佛事行骗或做其他严重违法犯罪分子。这一把火烧得猖獗成性的宦官嗷嗷叫，他们恶言相向，到郑余庆那里告状，韩愈严词辩驳，寸步不让。

　　郑余庆来个和稀泥。东都洛阳以洛水为界，分洛阳和河南二县。元和五年冬（810年），韩愈改任正五品上的河南令，最高长官仍为郑余庆。

　　韩愈当了河南县一把手后，又陷入与不法军人的斗争之中。

　　这些军人，并非真正的军人，而是那些冒领军籍的不法"军人"。他们通过贿赂军官获得军籍，用军人的身份横行街坊，欺压良善，实质是一些市井无赖，黑恶势力。

　　再往下深挖，篓子就更大了。当时各藩镇节度使在两京都留有府邸，称为留邸。留邸是节度使们入京的临时办事处，大多置有守护军人。这些军人，平时守卫节度使，看家护院，没事时横行街上。一旦藩镇节度使想要搞叛乱，他们又是打入京城的卧底，谋逆的内应、前锋。他们大多有靠山，或是潜逃的犯罪分子，彼此沆瀣一气，相互串通，一呼百应，不把府县官放在眼里，是洛阳城积久年深的毒瘤。

　　韩愈发动群众力量，开始了对不法军人的大搜捕行动，"追而问"，"怒而杖"，对黑恶分子实行毫不手软的严惩。不法军人集体到郑余庆那里上访，郑余庆慑于不法军人的威胁，竟然袒护这些黑恶分子。韩愈对郑余庆这种混淆黑白的行为不能接受，他在《上留守郑相公启》中，表示了他斗争到底的决心：

……愈无适时才用，渐不喜为吏，得一事为名，可自罢去，不
啻如弃涕唾，无一分顾藉心；顾失大君子纤芥意，如丘山重，守官
去官，惟今日指挥。愈惶惧再拜。

我很惭愧，因为不具备这个英雄辈出的年代所需要的才能，渐渐不
喜欢做官。随意找个理由就可以离职，这对我来说，不过像丢掉鼻涕唾
沫一样，不会有丝毫留恋。我已经没有了以往那种把大人物的小意思当
成山陵之巍千钧之重的想法，留职免职，悉听尊便。我恐惶再拜。

韩愈严惩不法军人的消息传到长安，宪宗大悦："韩愈助我者!"

韩愈任河南令不足一年，此间还整顿风俗，大兴教育，亲自主持了
河南府试，选拔了李贺这样的大诗人，劝回杨之罘、吕炅向学，与大诗
人元稹也有交往，为元稹妻韦丛写了墓志铭。

5 因奇文升官

元和六年秋（811 年），韩愈就被调往长安，任职方员外郎。

职方员外郎隶属兵部，可参与朝廷大事。《六典》云：职方郎中、
员外郎，掌天下之地图及城隍、镇戍、烽候之数，辨其邦国、都鄙之远
近及四夷之归化者。

一任未满而升迁，与裴度等故友的举荐有关，或因韩愈在河南打击
不法军人得到宪宗的赏识。

赴长安途中，韩愈坐下老马突然长鸣一声。韩愈不禁吟道：

岁老岂能充上驷，力微当自慎前程。

不知何故翻骧首，牵过关门妄一鸣。

（《入关咏马》）

老马怎么能充上等良马，力量小了更应当谨慎对待前面的路程。不

知何故掉转头来，在牵到潼关时妄自鸣叫一声。

没想到，韩愈到兵部还没坐热，就因参与一场争端而马失前蹄。

华州刺史阎济美，因为公事停止了华阴县令柳涧县令的工作，但还让他临时担任职员的工作。过了几个月，阎济美停职了，到公寓中去住，柳涧挑拨农民工去向他讨要前年为军队服劳役的工资。后来的刺史认为柳涧做事不妥，上报朝廷，朝廷把柳涧贬为房州司马。

韩愈正好经过华州，听说此事后，认为俩刺史合伙欺负人，就上书朝廷替柳涧开脱，韩愈的奏章被留在了皇宫中没有处理。皇帝命令监察御史李宗奭考察这件事，发现了柳涧的罪恶，于是追加处罚，把柳涧贬到某处作尉官。宰相认为韩愈在不清楚实情的情况下胡说八道，又把他降为国子监博士。

韩愈觉得宰相处置不公，写了一篇《进学解》，抒发怀才不遇的牢骚，委婉地讽刺宰相：国子博士早晨到学校，把学生们召集来，教导说，业精于勤荒于嬉，行成于思毁于随，大家赶上了好皇帝，都好好学习儒家经典，不要担心自己没有出头之日，还没说完，学生中有人笑起来，说，您这是糊弄我们呢，我跟了您很久，您学习六艺非常地投入，排斥不符合儒家精神的佛老思想，刻苦总结从古到今所有的经典，但您公众面前既没有威望，也没什么私人关系比较好的朋友，动不动就被贬官，日子过得很清苦，头发掉了牙齿松了，不去考虑这些，反而教别人和你一样？先生说，你过来，我只是说你自己努力就行了，至于会不会受重用，那是宰相们的事情。孟子和荀子都很牛，但他们不是也没有机会吗？我现在虽然文章言论并不是很恰当，皇帝大臣没有收拾我，对我已经很眷顾了。

《进学解》是一篇奇文，在仕人间广为传诵。《旧唐书》说："执政览其文而怜之，以其有史才，改比部郎中、史馆修撰"。政府中管事的人看到这篇文章很同情他，考虑到韩愈很有史学才能，元和八年（813年）春，委任韩愈作比部郎中和史馆修撰（编写史书）。

因《进学解》而改官，不过是一个转圜的借口。韩愈任期未满，一两年一改官，超常规提拔，根源还在于他名气大，善待后进，"韩门弟子"众多，尤其任职以来敢作敢当。《韩愈比部郎中史馆修撰制》云："太学博士韩愈：学术精博，文力雄健，立词措意，有班、马之风，求之一时，甚不易得。加以性方道直，介然有守，不交势利，自致名望。"这就是当时的人对韩愈品格的评价。

韩愈在这两年里主撰了《顺宗实录》五卷，是至今唯一的唐帝实录，后来许多史书都沿用此书史料，有重要价值。

元和九年（814年）十月，韩愈又提升为考功郎中、知制诰，相当于今天的中央组织部副部长；兼起草国家政令。韩愈迈入了中央权力中心。这一年八月，孟郊死于河南，韩愈有诗祭奠。柳宗元、刘禹锡二次入京，但再遭贬谪。同时代的三位大师，竟失论文切磋之机，实为可惜。

6 运筹军中

元和年间，藩镇割据气焰嚣张。淄青、魏博、成德、淮西四镇最为凶顽，淮西地盘最小，却最是猖狂。元和九年（814年），淮西节度使吴少阳卒后，他的儿子吴元济要求接班，朝廷不答应，吴元济就率兵四处烧杀抢劫，长安一带人心惶惶。宪宗发十六道兵讨伐吴元济。藩镇休戚相关，成德节度使王承宗、淄青节度使李师道上表请求赦免吴元济，宪宗不答应，李师道派强盗攻河阴转运院，杀伤十余人，烧钱帛三十多万缗匹，谷三万余斛。人情恐惧，群臣请罢战。由于王承宗、李师道在背后捣鬼，淮西战事数月无功，于是罢兵的呼声一浪高过一浪。幸亏主战派宰相武元衡、御史中丞裴度等人的坚持，宪宗才勉强没有改变主意。

在这个骨节眼上，韩愈上书《论淮西事略》，详细分析了淮西军必败的理由，提出四个方略：一是集中优势兵力打歼灭战；二是收编淮西自发起来吴元济的群众自卫队，发动群众力量，让吴元济窝里起火；三是剿抚并用，对淄青、魏博、成德采取安抚策略，只要你安心当你的节度使，就不打你，集中火力专打吴元济军；四是采取分化策略，对吴元济军内部，只打首恶。而取胜的关键在于宪宗不为各种议论所动，坚定不移地镇压叛乱。宪宗看了这份报告，犹如吃了一颗定心丸。

韩愈上书不久，发生了李师道派杀手刺杀武元衡的血案。韩愈和武元衡都住在靖安坊，血案发生在他家门口。但韩愈没有因此被吓唬住，立即上书《论捕贼行赏表》。

因武元衡之死，朝中请裴度入相的呼声越来越高，而一些胆怯者却要求罢免裴度被宪宗斥退。元和九年（814年）六月，裴度入主宰相，主持对淮西用兵。次年正月，在裴度的荐引下，韩愈迁中书舍人，掌制诰，地位更为重要。由中书舍人而入三省上层长官，一蹴而就。这次人事变迁，实质是主战派与主和派在人事上的此消彼长。

虽然有宪宗支持、裴度坐镇，主和派的势力仍很大，尤其在淮西、恒翼两个战场，时胜时败，旷日持久，财力消耗巨大，主和的势力进一步抬头。主和派对主战派的报复，也从来没有停止过。

作为主战派的韩愈，这时又被人抓住了一个把柄，再次被降职。原来，韩愈从前在江陵的上司裴均的儿子裴锷回家看望父亲，韩愈作了一篇序文送与他送行，序文称呼裴均的字，表示对裴均的尊重。裴均本来就是一个烂人，在朝中口碑极差，裴锷更是个二货。这里只说他一件事，裴均死后，裴锷请韦贯之为父亲写墓志铭，答应给韦贯之一万匹绢，约合现在人民币八十万元。韦贯之回答他：我宁可饿死也不做这样苟且的事。可见裴锷人品。韩愈对裴均父子的尊重，落下了主和派攻击他的口实，不到半年，元和九年（814年）五月，韩愈被贬为太子右庶子。太子右庶子官品比中书舍人高，却是典型的闲官。

闲极无聊的韩愈教子读书，向张籍请教小学，"灯火稍可亲，简编可舒展"。

元和十二年（817年）八月，宰相裴度担任淮西宣慰处置使，兼任彰义军节度使，请韩愈作他的行军司马（参谋长）。

韩愈首功一件，是说服了韩弘。韩弘是一个很有想法的人，他从贞元十五年当宣武节度使，在宣武经营二十多年，根深蒂固，他素以兵力自负，十多年不入朝。宪宗时，加封他宰相，但他仍嫌官小。吴元济叛唐，宪宗任韩弘为淮西诸军行营都统，让他率领大将李光颜、乌重胤等军前往征讨。韩弘表面上派他的儿子韩公武领兵三千协助李光颜，其实却企图阻挠对淮西的讨伐。因为叛镇闹腾得越凶，朝廷越要器重他，所以每次诸将打了胜仗，韩弘都闷闷不乐。这样一个无论根基、地位和实力都丝毫不逊于裴度的人，特别是在对淮西军的目标上，跟裴度完全相反，要他退居其次，服从裴度的领导，门都没有。

可以说，淮西能否取胜，与韩弘能否听从裴度调度，配合裴度军行动，是核心因素。于是，韩愈在大军出发前，先去说服韩弘，"韩弘悦服"。

裴度大军出发后，在襄城与淮西发生遭遇战，击退淮西军后，驻扎在郾城（今属河南），距吴元济老巢蔡州仅一百八十里。今天我们一般人都知道《李愬雪夜袭蔡州》的故事，可能很难相信，韩愈第一个向裴度要求自己去夜袭蔡州，袭击前，他向裴度提出过密谋，不过裴度见韩愈是一个文人，所以没有让他去执行夺取蔡州的计划。所以李愬奇袭蔡州成功后，"一军之士为先生恨"，尽管韩愈失去取奇功的机遇，但反映了韩愈视死如归、有勇有谋。

蔡州大捷后，韩愈对裴度说，我们可以乘机去游说，不费一兵一卒，取王承宗军。原来，这是有一个叫柏耆的平民出的主意，韩愈就要柏耆带着说辞去见王承宗。果然，几天后王承宗投降，又平定了一个叛镇。这其中，韩愈功不可没！

淮西和蔡州这两个地方平定之后，韩愈随裴度返回长安，因为功劳授予他刑部侍郎（刑部副部长），宪宗命韩愈撰写平淮西碑碑文。在这篇文章中，韩愈多数突出裴度的事迹。这时忽然冒出一种声音，说入蔡州捉拿吴元济的是李愬，论功该是李愬最大。李愬是古之儒将、名将，借碑文闹事的可能性不大，但李愬的妻子却不是好说的主，她是安公主的女儿，于是跑到皇宫中上告碑文不能反映真实情况，又教唆石孝忠推倒了韩碑。宪宗转而下令让翰林学士段文昌重新撰写并刻石。

韩愈受皇命写《平淮西碑》，感到莫大荣幸，一篇碑文整整捣鼓了七十三天，没想到后来韩碑被削平并推倒，又蒙受莫大屈辱！裴度与李愬的功劳谁大谁小，在论功行赏时，宪宗把他二人的官爵排一样高。

还有一种说法：战争结束后，韩愈在《平淮西碑》碑中，将功劳完全记在大将韩弘身上。韩弘大喜过望，拿出五百匹绢相赠。韩愈一篇千字文就拿了约二十万元稿费。将功劳完全记在大将韩弘身上，完全是无稽之谈，赠绢五百匹却是事实，不过韩愈没敢拿，如实上报了皇帝。

韩愈的为官为文，一直是毁誉不已，好作"谀墓"之作是他为人诟病的一大因素。《新唐书韩愈传》还记载了这样一个轶事：韩愈死后，韩门弟子刘义，偷走了韩愈的黄金数十斤，临走还说了一通俏皮话：这是你韩大作家奉承死人得来的，我不拿白不拿。

难怪刘禹锡说韩愈："三十余年，声名塞天，公鼎侯碑，志隧表阡，一字之价，辇金如山。"

7 否极泰来

长安附近的凤翔，有法门寺，法门寺中有座护国真身塔，塔中珍藏了释迦牟尼的手指骨一节，传说这个宝贝三十年开启一次，每次开启会保佑庄稼收成好，人民幸福和谐。元和十四年（819年）正月，皇帝让太监率三十人，去迎接佛骨，要在皇宫中保留三天，再送到各个寺院。无论是大臣和老百姓们，都跑去施舍，唯恐落在后面，老百姓就有因此而导致破产的，甚至烧掉头发烧灼胳膊去赶这个时髦。

《唐会要》记载，当时有寺5358，僧75254，尼50576，这个一个庞大的数字，耗费社会财富巨大。韩愈于是上了一篇《谏迎佛骨》，表示坚决反对：

> 佛如有灵，能作祸祟，凡有殃咎，宜加臣身，上天鉴临，臣不
> 怨悔。

宪宗看了这篇文章十分生气，次日出示给大臣们看，将要严厉处置
韩愈。裴度和崔群说：韩愈虽然让您生气，应该判罪，但也是因为他内
心很诚恳，不怕被您处置，否则他干嘛这么吃力不讨好？请宽恕他以显
示您的大度，这样会鼓励其他上书言事的人。皇帝说，韩愈说我过度信
仰佛教，我可以宽容；他干嘛说东汉之后皇帝信佛的都短命，这岂不是
太荒谬了？作为臣子如此狂妄，不能原谅！于是大家都吓得不敢说话，
以至于其他官员都认为韩愈罪有应得。几天后，韩愈贬官潮州（今广东
潮汕，当年鳄鱼泛滥成灾）刺史。

韩愈此次贬谪是他一生中最重大的打击。他的出行是悲壮的：当年
他五十二岁，渐入老境，一家百口，开赴八千里外的蛮荒之地，生死难
料。他的《左迁至蓝关示侄孙湘》颇为悲壮：

> 一封朝奏九重天，夕贬潮州路八千。
> 欲为圣朝除弊事，肯将衰朽惜残年。
> 云横秦岭家何在？雪拥蓝关马不前。
> 知汝远来应有意，好收吾骨瘴江边。

谏阻迎佛骨的上疏早晨刚呈送到皇宫，傍晚就传来获罪的消息而被
贬潮州。既然决心为圣明的君主兴利除弊，又怎么能够顾惜自己的衰朽
残年。巍巍秦岭云海茫茫，身家何处是归宿？皑皑白雪拥堵蓝关，马儿
都裹步不前。贤侄孙从远方来，念你孝心一片，就劳你到那瘴疠之地收
拾我的骸骨了。

此诗与《谏迎佛骨》，一诗一文，可称双璧。全诗大气磅礴，卷洪
波巨澜于方寸，能产生撼动人心的力量。诚如何焯所评"沉郁顿挫"，

直逼杜甫。

韩愈一家在翻越巍峨雄峻的终南山蓝田关时，遭遇暴风雪的袭击，惊恐万状的小女儿韩挐惨死道上，韩愈只得把年仅十二岁的韩挐草草埋葬路边，带着无限的悲戚继续上路。

寒风哀如狼嚎，雪花大如纸钱，一支以妇孺为主的队伍，缓缓地在皑皑的苍山间蠕动……

韩愈在潮州的情形跟柳宗元在柳州大致相似：与潮州人言语不通，画地为字；出台政策，释放奴婢；发展生产，大兴教育，甚至自费兴办学堂。跟柳宗元不同的是，柳宗元竭力融合儒学与佛教，借兴修佛寺教化民风；韩愈则与大颠和尚有过长达十日的亲密接触，佛门经典《祖堂集》据此大肆宣扬大颠和尚如何了得。其实，韩愈与大颠和尚的交往，也许因大颠祖籍颍州，是他广义上的同乡；也许是因为柳宗元批评他对佛学"知石而不知蕴玉"。但通过对大颠和尚的深度解读，韩愈并没有改变自己崇儒的立场。韩愈在潮州大约半年，潮州人立韩庙崇尚他，后世苏轼也下派过潮州，称赞韩愈"匹夫而为百世师，一言而为天下法。"

元和十四年（819 年）七月，宪宗颁敕书，打算重新启用韩愈，于是先跟大臣们打个预防针，想看看大臣们如何反应。宪宗对大臣们说，昨天看了韩愈的表章，想起他劝谏我不要接纳佛骨的事情，我发现他还是很忠君爱国的，我怎么会不知道呢？但是作为臣子，韩愈不该说我信仰佛教就会短命，我是因为这个讨厌他的。宰相皇甫镈讨厌韩愈的刚直，恐怕他被重用，第一个跳出来回答，韩愈终究是狂妄粗心，把他调到一个好一点的州郡吧，于是，韩愈改任袁州刺史。

韩愈在元和十五年（820 年）闰正月到达袁州，这时，宪宗被宦官毒死，穆宗即位。韩愈少不了大上贺表，讨好穆宗。不久，他的外甥、年仅十九岁的韩滂去世。料理韩滂丧事的同时，也就在去袁州的路上，韩愈得到柳宗元去世的消息，受柳宗元遗托作墓志，写下《祭柳子厚文》。柳宗元在万年县安葬后，韩愈再写《唐柳州刺史柳子厚墓志铭》。长庆三年（823 年），韩愈又为柳宗元再写《柳州罗池庙碑》，为一个人写下多篇纪念文章，这在韩愈是仅有的。

韩愈治理袁州大致跟潮州相似，一年后，返回长安，途径女儿韩挐墓，悲从中来：

> 数条藤束木皮棺，草殡荒山白骨寒。
>
> 惊恐入心身已病，扶舁沿路众知难。
>
> 绕坟不暇号三匝，设祭惟闻饭一盘。
>
> 致汝无辜由我罪，百年惭痛泪阑干。

用几根藤条扎着树皮做的棺材，草草把爱女埋葬在这荒山野岭，小女若地下有知，是多么孤单凄寒！想当初大雪崩，小女受惊吓，已经病了，这沿路崎岖艰险，扶柩抬棺，风波千里，大家都知道很难。眼下我只能绕着小女的孤坟兜着圈子哭号，祭奠爱女却只有一盘饭！小女啊，让你无辜致死，都是老父我的过错呀！一想起这惨绝人寰的一幕，即使过了一百年，我的眼泪也干不了！

三年之后，韩愈当京兆尹时，将韩挐迁葬到河阳祖茔，写《祭女挐女文》、《女挐圹铭》。移葬韩挐的次年，韩愈也辞世了。可以说，韩挐之死所造成的痛苦，一直萦绕在晚年韩愈的心中。

元和十五年（820 年），上调韩愈为国子祭酒（中央大学的校长）。韩愈一回到长安，就连上二表。《黄家贼事宜状》对详细剖析了长期骚扰广西南宁、北流的"黄家贼"的多年不能戡乱的原因，提出就地征兵、以守和抚为主的策略，可惜朝廷没有采纳，"黄家贼"一直到唐朝末年都未能平叛。《应所在典贴良人男女等状》韩愈针对潮、袁二州存在的"典贴良人男女作奴婢驱使"的严重现状，请求朝廷应改元大庆的机会，"重举旧章，一皆放免"。当中央大学校长后，韩愈提出放低入学门槛，提供大学生生活保障，严格考试资格，宽进严出。这些见解，到今天仍有借鉴意义。

长庆元年（821 年）七月，韩愈由国子祭酒转兵部侍郎（国防部副部长）。正赶上镇州乱兵杀死了州长田弘正，推举王廷凑代理军政长官。

朝廷让韩愈去安抚人心。这时，镇州成德军秩序大乱，主帅不能控制悍兵强将，宣慰大臣贸然入其中，随时都有险遭不测的可能。李翱《行状》说："诏公往宣抚。既行，众皆危之。"元稹也上奏说："韩愈可惜！"途中遇到裴度，裴度也劝他相机行事，不必冒险入内。韩愈冒着生命危险，前往镇州。

到了王廷凑军营，韩愈疾驰而入，王廷凑严阵以待。韩愈高声对士兵们说：皇上认为王廷凑是将相之才，所以让他当节度使，没想到今天我是秀才遇到兵，有理说不清，这是我的大错！士兵们高喊：田弘正为国打败朱滔，血衣皆在，我们这支军哪儿辜负了朝廷？凭什么朝廷把我们当做"贼军"？韩愈说，大家静一静，听我韩愈说句话。我以为大家不记得前尚书（田弘正）的功劳和为国的忠心，若是记得，那是再好不过了！请大家想一想，安禄山、史思明、李希烈、吴元济、李师道这些叛臣，哪一个有子孙后代，哪一个有做官的？士兵回答：没有。韩愈说，田弘正以魏博六州归顺朝廷，当上节度使，后来又升为中书令，父子都受到朝廷的表彰，荣宠已极，这都是大家知道的。士兵高喊，田弘正刻薄我们！韩愈说，可是你们杀死了田弘正，又残害他的家人，干嘛还要提他的过错？士兵们说，韩大人说的对！这时，王廷凑担心士兵们被韩愈煽动，将不利于自己，于是下令让士兵们解散，流着眼泪对韩愈说，韩大人今天来，想让我做什么呢？韩愈责备他说，朝廷大将跟牛元冀（王廷凑与唐牛元冀战，牛元冀成了他的俘虏）相似不少，但朝廷顾念旧臣，不抛弃牛元冀，可是你让他久困军中，是什么原因呢？王廷凑说，我马上放了牛元冀。

韩愈在不失朝廷体面的前提下，解了镇州及裴度大军之围，牛元冀也放出来了，还多少警戒了王廷凑一下。韩愈回朝，向穆宗详细报告了出使情况，穆宗听后大惊，你竟敢警告王廷凑！于是想重用韩愈。"及还，于上前尽奏与廷凑言及三军语，上大悦曰：'卿直向伊如此道！'由是有欲大用之。"（李翱《行状》）"欲大用之"，在皇甫湜《神道碑》中作"且欲相之"。穆宗想让韩愈当宰相。

自长庆二年（822年）九月到长庆三年（823年）十月，在一年多的时间内，韩愈的官职变动了四次：二年九月由兵部侍郎转吏部侍郎（国家劳动部人事局副局长），三年六月又由吏部侍郎转（首都长安市市长），兼任御史大夫，十月五日由京兆尹复为兵部侍郎，六天后，即十月十一日再改为吏部侍郎。频繁地改官，是穆宗器重韩愈、"欲大用之"的表现，韩愈迈入他的仕途高峰。

长庆四年（824年）十二月，韩愈病死家中，时年五十七岁。穆宗追认韩愈为礼部尚书（教育部部长），谥号"文"，所以后世经常称他作韩文公。苏轼高度评价了韩愈伟大的一生：

> 文起八代之衰，道济天下之溺，忠犯人主之怒，勇夺三军之帅。

第九章
诗俊杜牧

　　提起杜牧，就不免要提起十里扬州风月场。他是绯闻颇多的风流才子，但世人对他津津乐道的，大多是这些风月情事，不知他混迹风月场却从未有一日荒废人生。世人知其诗才，却并不知他有多方面的卓越才能。

　　《石洲诗话》称"小杜之才，自王右丞后未见其比。"杜牧人称"小杜"，以比拟杜甫。他与李商隐并称"小李杜"。因晚年居长安南樊川别墅，故自号樊川居士，后世称"杜樊川"，著有《樊川文集》。

　　杜牧（803—852年），字牧之，京兆万年（今陕西西安）人，唐代诗人。杜牧是诗人，却精究兵法；举进士，却以幕府入仕；具宰辅之才，却一生仕途坎坷。

1 少具王佐才

贞元十九年（803年）春，大诗人杜牧出生在长安亲仁坊。

亲仁坊位于著名的朱雀大街第一街第三坊，与皇城的安仁坊毗邻，是唐朝的显赫门户。唐朝民俗云："城南韦杜，去天五尺。"杜氏远祖是杜预，在杜牧出生前，杜氏一门在唐朝已有九人高居宰相之位。

这年三月，杜牧的祖父杜佑平章事，杜家出了第十位宰相。杜佑不仅官当得大，而且学问很高。他家有图书上万册，公事之余，杜佑手不释卷。他花三十年时间编纂的两百多卷《通典》，是中国第一部记述典章制度的通史。

杜佑有三个儿子：杜师损、杜式方、杜从郁。杜师损任司农少卿，杜式方任桂管观察使，杜从郁就是杜牧的父亲，他曾官至驾部员外郎。杜家一时贵盛无比。杜牧在杜氏大家族兄弟辈排行十三，所以又称杜十三。

十岁以前的杜牧，过着贾宝玉似的公子哥儿生活。他长相俊美，天资聪颖，读书条件十分优越。《唐才子传》中记载："牧美容姿，好歌

舞，风情颇张，不能自遏。"一句话：帅呆了、酷毙了、简直无法比喻
了，看来造物主还是相当钟爱杜公子。他博览群书，练习书法，学写文
章，诗赋散文无不精通。他的草书和行书写得很好，《宣和书谱》称赞
他："作行草，气格雄健，与其文章相表里。"大书法家董其昌在《容
台集》里说："余所见颜、柳以后，若温飞卿与（杜）牧之亦名家也"，
称赞他是书法名家，"大有六朝风韵"。不过他的诗歌名气太大，把他的
书法遮掩了。有空的时候，杜牧还随爷爷到城南三十里外的樊川游乐。
樊川是长安的胜景，分东曲和西曲，唐朝的达官贵人在这里建有别墅。
杜佑的别墅在下杜樊乡，屋宇亭台，卉木幽透，常邀宾客在这里休闲、
宴游，吟诗作赋，小杜牧也常同游乐。樊川是杜牧最喜爱的地方，他晚
年就安居在这里，他的诗文集也以《樊川文集》命名。

　　杜牧还能见到各种能人异士。有个叫王易简的人，七十岁了，他精
于演数，懂得机械原理，他经常到杜牧家来，跟他讨论"精大演数与杂
技巧"。王易简指着某地说，这里地下有泉水，人们在他指的地方打井，
嗬，神了，还真有泉水汩汩冒出来。这让小杜牧大开眼界。

　　杜牧十岁时，七十八岁的杜佑死了，不久，父亲杜从郁也死了。杜
佑和杜从郁都葬在少陵。

　　杜从郁当时官居六品，元和年间他的月工资是四十贯（《唐会
要》），虽不算低，但要养活妻子儿女、小妾、奴婢，一家二三十口，日
子略紧了些。

　　杜从郁死后，由于没有留下什么遗产，杜牧一家很快陷入了贫困。
他家在长安的三十间房子，陆续典当出去，八年间十次搬迁，奴仆当面
逃去，只剩一个小书童，带着一百多卷书跟着他们。杜牧落到了挖野菜
吃的地步。冬天晚上没有蜡烛，就把白天读的书，在夜间默念背记。

　　杜牧十二岁的时候，他的二伯父家的儿子，也就是杜牧的表哥杜
悰，娶了唐玄宗的长女岐阳公主，做了驸马，后来还当上了宰相，成为
杜家第十一个宰相。

　　青少年时期的杜牧出身高门大户，家学深厚，使他站在很高的起点

上，树立冲天的大志，浑身洋溢着崇高的责任感和自豪感，他的志向，就是像他爷爷一样当上宰相。他从各个方面要求自己。到二十岁时，他读《尚书》《毛诗》《左传》《国语》及唐以前的十三代史诸书，用心探究历朝历代兴盛和衰亡的道理，财政、赋税、军事的状况，山川地形的险易，分析古人施政的长处和缺点，所得和所失，留心"治乱兴亡之还，财赋兵甲之事，地形之险易远近，古人之长短得失"。

杜牧还研读兵法，他在《上周相公书》一开头就说，"饮以大儒在位而未有不知兵者"。一个宰相如果不懂得用兵，国家是非常危险的。

杜牧对星象和历法也很有研究，他讲自己生于"于角"，"于角"就是二十八星宿对应干支的星相。而且杜牧的围棋也下得非常好，堪称国手。青少年时代的杜牧，是一个全面发展的人才。

杜牧对李唐王朝有强烈的使命感和忧患意识，他出生在多灾多难的晚唐，向往贞观和开元盛世。他把国家振兴的希望，寄托在皇帝身上，对皇帝的平庸，对达官贵人醉生梦死，对安史之乱后近半个世纪以来连绵不断的藩镇割据，日甚一日的宦官干政，朝廷内部的朋党之争，大地主的土地兼并，人民日益加重的苛捐杂税，大唐王朝江河日下的颓势，忧心忡忡。他渴望大唐振兴起来。

他在入仕前写的长篇《感怀诗》中表现得极为明显、突出。他在回顾了有唐以来文治武功、兴衰胜败的历史变迁后，气势豪壮地说：

> 荡荡乾坤大，瞳瞳日月明，叱起文武业，可以嚭洪溟。
>
> （《时沧州用兵》）

在杜牧看来，只要文武二业治理得当，大唐衰落的局面是可以挽回的。问题的关键是君王要"广德"、"用贤"，省悟"治安论"：

> 广德者强胡万国，用贤无敌是长城。
> 君王若悟治安论，安史何人敢弄兵？
>
> （《咏歌圣德，运怀天宝，因题关亭长句四韵》）

这样，国家就会坚如长城，无敌于天下，而万国来朝，安史之辈何以敢纵兵谋反？

可惜，皇帝爱江山，更爱美女：

> 长安回望绣成堆，山顶千门次第开。
>
> 一骑红尘妃子笑，无人知是荔枝来。

（《过华清宫》）

杜牧看到华清宫，心里就有疙瘩：从长安回望骊山，花草树木、楼阁宫殿宛如一堆堆锦绣，山上的宫门一层一层地全都开着。一个官差骑着骏马带着一路飞扬的尘土飞奔而来，没人知道他是干什么的，唯有在山上欣然远望的杨贵妃知道是她最喜欢吃的鲜荔枝运到了。

杜牧对时局强烈关注，积极参政议政。

入仕前，杜牧到陕西澄城县游历，看到下级官吏对百姓苛捐杂税，在农户门板上写了《题村户》：

> 三树稚桑春未到，扶庆乳女午啼饥。
>
> 潜销暗探扫何处？万指侯寒台不知。

元和十四年（819年）二月，刘悟刚将李师道的叛乱平息，为朝廷立了大功，升任为昭义节度使，二十三岁的杜牧就给刘悟写了封信，劝说刘悟去讨伐藩镇叛臣朱克融、王廷凑、史宪成等人。刘悟打算休养一段，拒绝出兵。杜牧看了很着急，于是写下《上昭义刘司徒书》，大谈治国平叛方略。削平藩镇，扫平外侮，一直是他强烈的愿望。

元和十五年（820年）正月，宣宗为宦官陈弘志所杀，立太子李恒为帝，是为穆宗。但穆宗登位后，整天跟戏子混在一起，宴乐不休，游猎无度，不视朝政。穆宗胡混了四年，死了。长庆四年（824年），十六岁的太子李湛（敬宗）即位，照样成天游宴、抛球、奏乐。这种荒唐行为，传闻官外，长安百姓议论纷纷。敬宗还大兴土木，征军丁、民夫两万人，自春至冬，"穿池修殿"，下诏监造竞渡船，同时还准备重修洛阳的行宫。这个少年皇帝如此不惜民力，使杜牧忧愤难平，于是写下第一篇千古名作《阿房宫赋》，讽谏皇帝。全篇最使人惊叹的是末一段的议论：

> 呜呼！灭六国者，六国也，非秦也。族秦者，秦也，非天下也。嗟乎！使六国各爱其人，则足以拒秦；使秦复爱六国之人，则递三世可至万世而为君，谁得而族灭也？秦人不暇自哀，而后人哀之；后人哀之而不鉴之，亦使后人而复哀后人也。

灭六国的是六国，非秦；族秦的是秦，非天下。杜牧的见识已是高人一等，卓越不凡。更可惊奇的是他指出六国和秦灭亡的原因，是六国不爱其国人，以致不能拒秦；秦灭六国后不爱六国的人，以致转眼消亡。这种说法谁能不为之首肯？特别是结末四句，虽老师宿儒不能道。谁能相信出于二十二三岁的青年杜牧之手？

《阿房宫赋》给杜牧打开了进士之门。

大和二年（828 年），二十六岁，参加进士考试。在考试之前，杜牧把自己这篇《阿房宫赋》投献给时任大学博士的吴武陵。吴武陵读了《阿房宫赋》之后，觉得杜牧确实才气过人，决心提拔这位后生。

这一年的进士考试是在东都洛阳举行的，主持考试的是礼部侍郎崔郾。当吴武陵找到崔郾时，当时正好朝中三署公卿在为崔郾钱行。崔郾见吴武陵急匆匆赶来，问他有何贵干？吴武陵说：你老兄德高望重，为天子选拔人才，我哪不敢不为你效力呢？前不久，我看见十几个太学生高声朗诵着一篇文章，我凑过去一看，原来是杜牧写的《阿房宫赋》。据我看，杜牧"真王佐之才也"！你官当得大，事务多，想必没有时间看这篇文章啊。说着，当众朗诵起《阿房宫赋》。杜牧这赋，辞句警拔，文采斐然，崔郾听了极为惊奇，满座宾客也都赞赏不已。

吴武陵把这篇赋给了崔郾，说，你得把杜牧取头名状元。

崔郾说，状元已经有人了。

吴武陵又说，第二，第三，第四名，崔郾都说，已经有人了。

吴武陵说，实在不得已，就取第五名吧。崔郾还在犹豫。

吴武陵说，如果第五名还不行，你就把这篇赋还给我！

崔郾应声而出：就按你老兄说的，取第五名吧。

杜牧及第回长安，大约一个月后，又应了贤良方正宣言极谏科的制举考试，再次高中。这时杜牧感到志得意满，他兴高采烈地题诗一首道：

> 星汉离宫月出轮，满街含笑绮罗春。
> 花前每被青娥问，何事重来只一人。

（《重登科》）

长安街上好多美女看他了！正当杜牧得意非凡走到城南丈八寺，一位穿粗布衣服的禅师却说，自己没听说过杜牧的名字。杜牧不由万分失落，惆怅之余，写了一首《赠终南兰若僧》感叹：

> 家在城南杜曲旁，两枝仙桂一时芳。
> 禅师都未知名姓，始觉空门意味长。

诗人名动京师，而禅师浑然不知，杜牧从中意识到尘世间的名利，在禅师看来不过是过眼云烟，这佛门真是意味深长啊！功名利禄是人们所追求的，而一些有识之士早就看穿了这一套，也有不买这个账的，宋人陈仲微就说过："禄饵可以钓天下之中才，而不可啖尝天下之豪杰；名航可以载天下之猥士，而不可陆沉天下之英雄。"（《宋史〈陈仲微传〉》）宋人陈仲微说：丰厚的待遇可以招揽那些内才（有小才的人），但是不能招揽那些真正的豪杰；名航（类似于那艘叫名声的船）可以搭载那些才能有限的人，却不能搭载真正的英雄豪杰。

· 210 ·

2 幕府暗消魂

通过制举考试后，杜牧被任命为弘文馆校书郎、试左武卫兵曹参军。但当京官没多久，大和二年（828年）十月，他就跟随着沈传师到江西观察使做幕僚去了。

沈传师，字子言，苏州吴县人。杜牧的祖父杜佑跟沈传师之父沈既济颇为友善，将自己的表甥女许配给了沈传师。这样，沈、杜两家既是世交，又是亲戚。

沈传师很喜欢招纳人才。赴任前，有很多人向他推荐幕僚，他都没接受，独独欣赏杜牧少年英俊之才，而再三罗致杜牧到其帐下。这种盛情下，杜牧没办法推却，只得答应了。

杜牧跟着沈传师先后在洪州、宣州住了四年多时间，直到沈传师升迁吏部侍郎，他才离开沈传师。

沈传师在江西观察使任上蓄过一个歌妓张好好，后来带到宣州。

张好好当时十三岁，长相动人，"玉质随月满，艳态逐春舒"。歌唱得好，"主人再三叹，谓言天下殊"，沈传师再三赞叹，认为她的好嗓子天下少有。杜牧可能对她产生了暗恋。他曾说"自此每相见，三日已为疏"。三天没见就茶不思、饭不想，浑身不自在。

沈传师有个弟弟叫沈述师，也江西幕府，他看上了张好好，要沈传师把张好好给他做妾。杜牧写《赠别》：

> 多情却似总无情，唯觉樽前笑不成。
> 蜡烛有心还惜别，替人垂泪到天明。

后来，杜牧写了《赠沈学士张歌人》诗：

> 拖袖事当年，郎叫唱客前。断时轻裂玉，收处远缲烟。

> 孤直缥云定，光明滴水圆。泥情迟急管，流恨咽长弦。
>
> 吴苑春风起，河桥酒斾悬。凭君更一醉，家在杜陵边。

杜牧称赞张好好的歌喉：歌唱到停顿的时候，就好像玉轻轻裂开，一曲唱罢好像是丝烟收回，余音袅袅；高亢的时候，响遏行云；明亮的时候，又像水珠那样圆润；情感激越的时候，如繁弦急管；幽怨的时候，又好像长弦呜咽。

而张好好好像也喜欢上了杜牧，二人似乎有过暗中约会，山盟海誓，打算结为连理。张好好在出嫁前写了一首诗：

> 孤灯残月伴闲愁，几度凄然几度秋。
>
> 哪得哀情酬旧约，从今而后谢风流。

所嫁非人，张好好也只有暗暗垂泪叹苦了。

想不到，六年后，杜牧在洛阳遇见了张好好。原来沈述师抛弃了张好好，张好好流落到洛阳一个酒家当垆卖酒。

二人相见，悲喜交集。杜牧为张好好飘零的身世感伤不已，张好好却"怪我苦何事，少年垂白须"，她怜爱地问诗人这些年忙什么，怎么年纪轻轻就有了好些白头发。

临别时，杜牧写了著名的《张好好诗》赠给她。诗中描写了张好好的动人姿容："翠茁凤生尾，丹叶莲含跗"，像一只羽毛刚刚丰满的彩翼，一朵含苞欲放的莲花。这首诗也是杜牧唯一的传世书法真迹，现存故宫博物院。

杜牧大概是张好好爱上的第一个男人，当杜牧再遇好好时，对她已没有了爱情，只剩下同情，但好好对他感情依旧。

据说后来在杜牧死后，张好好闻之悲痛欲绝，独自到长安祭拜，最后，竟自尽于杜牧的坟前。

沈述师，字子明，时任翰林学士，自称是李贺的好友，曾得李贺诗千首，是李贺亲自交给他的。沈述师托杜牧为李贺诗集作序。

推辞不过，杜牧答应了。

杜牧从九个方面高度赞美了李贺诗，也是他自己对诗歌审美的标准，《李长吉歌诗序》曰：

> 云烟绵联，不足为其态也；水之迢迢，不足为其情也；春之盎盎，不足为其和也；秋之明洁，不足为其格也；风樯阵马，不足为其勇也；瓦棺篆鼎，不足为其古也；时花美女，不足为其色也；荒国侈殿，梗莽丘垄，不足为其恨怨悲愁也；鲸呿鳌掷，牛鬼蛇神，不足为其虚荒诞幻也。

杜牧甚至说，如果假以天年，李贺的诗歌还要超过《离骚》。

在沈传师幕府，杜牧受命出过两次差，一次是到长安找王易简联系刻漏，一次是到扬州联系沈传师的好友牛僧儒。

大和七年（833 年）四月，沈传师内升吏部侍郎，杜牧遂离开沈传师，应淮南节度使牛僧儒之邀，来到扬州。他先是做推官，不久即转为掌书记。在唐代，节度使掌书记是个相当重要的职务，因为节度使府中，"凡文辞之事，皆出书记，非闳辨通敏兼人之才莫宜居之"，由此可见牛僧儒对杜牧的重视。

扬州自古繁华地，烟柳温柔乡。杜牧写了许多脍炙人口的扬州诗，这些诗朗照着盛唐气象。如他的《扬州三首》（其一）：

> 炀帝雷塘上，迷藏有旧楼。谁家唱水调，明月满扬州。
> 骏马宜闲出，千金好暗游。喧阗醉年少，半脱紫茸裘。

隋炀帝曾花费一年多的时间，建成扬州著名的迷楼。迷楼幽房曲室，相互勾连。炀帝看到迷楼，喜不自禁：在迷楼仙游，连自己都要迷住了。炀帝开凿汴渠后，自己制作"水调"，有人听了"水调"后说，这曲子只有"去声"而无"回声"，炀帝恐怕"去而不返"了，后来隋炀帝后来果然葬在扬州城北的雷塘。

这首诗借炀帝故事，写出了扬州歌吹满地，明月满楼，少年倜傥，挥金如土，玉杯斗酒，脂粉香浓的富贵气，令人心驰神往。

杜牧的《寄扬州韩绰判官》更把扬州衬托得人间天上：

> 青山隐隐水迢迢，秋尽江南草未凋。
> 二十四桥明月夜，玉人何处教吹箫。

放眼一望，扬州青山隐隐，绿水迢迢，秋天过去了，扬州还绿草如茵。最喜到了夜晚，明月照在二十四桥上，每一个桥孔都有一轮月亮，天水辉映，银波荡漾，更有不知在何处的玉女倚在明月楼上吹洞箫，这种意境美轮美奂，给人特别的明丽之美。

杜牧笔下情窦初开的的江南少女：

> 娉娉袅袅十三余，豆蔻梢头二月初。
> 春风十里扬州路，卷上珠帘总不如。

（《赠别二首》其一）

杜牧赞扬她是扬州歌女中美艳第一。这位身姿轻盈美好的女子，正是豆蔻年华，就像是含苞待放的花蕾一样清新脱俗。诗人看遍扬州城十里长街的青春佳丽，卷起珠帘卖俏的粉黛没有人能比得上她。特别是"春风十里扬州路，卷上窗帘总不如"两句，以星拱月，写扬州佳丽极多，唯独她俏，更是成为人们所喜爱的千古名句。

在"纤腰间长袖，玉佩杂繁缨""天碧台阁丽，风凉歌管清""秋风放萤苑，春草斗鸡台"的水润江南，杜牧仍忘不了对国家的忧患：

> 烟笼寒水月笼沙，夜泊秦淮近酒家。
> 商女不知亡国恨，隔江犹唱《后庭花》。　　　（《泊秦淮》）

浩渺寒江之上弥漫着迷蒙的烟雾，皓月的清辉洒在白色沙渚之上。入夜，我将小舟泊在秦淮河畔，临近酒家。金陵歌女似乎不知何为亡国之恨黍离之悲，竟依然在对岸吟唱着淫靡之曲《玉树后庭花》。

金陵曾是六朝都城，繁华一时。杜牧目睹如今的唐朝国势日衰，当权者昏庸荒淫，不免要重蹈六朝覆辙，无限感伤。"不知"抒发了诗人对"商女"的愤慨，也间接讽刺不以国事为重，纸醉金迷的达官贵人，即醉生梦死的统治者。"犹唱"二字将历史、现实巧妙地联为一体，伤时之痛，委婉深沉。清代评论家沈德潜推崇此诗为"绝唱"。

他那时也还写有《江南春》：

千里莺啼绿映红，水村山郭酒旗风。

南朝四百八十寺，多少楼台烟雨中。

这首诗可谓是对南北朝时期因大兴佛教而广建寺庙的奢侈状况的一种反讽与兴叹。

杜牧供职之外，在扬州一度纵情声色。《太平广记》记载说："牧少隽，性疏野放荡，虽为检刻，而不能自禁……扬州，胜地也。每重城向夕，娼楼之上，常有绛纱灯万数，辉罗耀列空中，九里三十步街中，珠翠填咽邈若仙境。牧常出没驰逐其间，无虚夕。"

牛僧孺跟杜牧是同乡人，对杜牧关怀备至。杜牧的私生活，他又不便过问。于是，他派兵卒换了便服，每晚跟踪，暗中保护他。

大和九年（835年），杜牧升任朝廷的监察御史。牛僧孺在送别的宴会上，语重心长地对杜牧说："杜御史啊，以你的气慨才气，今后一定平步青云，只是别风情太盛，注意一下身体啊！"而杜牧却不以为然。牛僧孺笑而不语，让人拿来一只小箱子，打开箱子，让杜牧自己看。原来满满一箱都是探子的密报：某年某月某夜，杜书记在某妓院中歇息，平安无事；某年某月某日，杜书记在某妓院喝酒，无恙。

这哪里是密探的"平安帖子"，分明是自己的寻欢日记啊。杜牧既惭愧又感动，流泪下拜致谢。"牧对之大惭，因泣拜致谢，而终身感焉。故僧儒之薨，牧为之志，而极言其美，报所知也"。杜牧对牛僧孺终身感激，牛僧孺死后，杜牧给他写墓志铭，极尽赞美之词。

杜牧反省了自己的扬州行迹，写下著名的《遣怀》：

> 落魄江湖载酒行，楚腰纤细掌中轻。
> 十年一觉扬州梦，赢得青楼薄幸名。

尽管杜牧说"十年一觉扬州梦"，实际上他在扬州前后不过三年多的时间。

杜牧回到长安，忽然有郑注就要出任宰相的传闻，杜牧的朋友李甘当面指斥郑注，声言如果郑注出相，要撕毁诏书。杜牧的其他朋友如李中敏、李款等，都因揭发郑注未成而被迫称病离京或含冤被逐。杜牧也托称身体有病，不久改任监察御史分司东都，遂离开长安来到了洛阳，意外遇见了当年的歌女张好好。

就在这年的十一月，长安朝廷发生了震惊朝野的"甘露之变"。杜牧忧愤交织，写下了《李给事二首》，谴责宦官屠杀朝官，造成"纷纭白昼惊千古，铁锁朱殷几一空"的残酷暴行。又作《李甘诗》、《昔事文皇帝三十二韵》诗，揭露李、郑及宦官集团的"操持北斗柄，开闭天门路"，"窜逐诸远相，苍茫远帝阁"致使朝廷由"菠酸芝兰圃"，变为"森森积棘藩"的阴森恐怖之地，同时赞项李甘不惧强暴，不畏陷害，"当廷裂诏书，退立须鼎组"，敢与权奸斗争的大义大勇。

这次事变后，宦官们的气焰更是嚣张之极，"天下事皆决于北司，宰相行文书而已"，而且，宦官"迫胁天子，下视宰相，陵暴朝士如草芥"。

杜牧在东都洛阳，心事浩渺，幽愤填胸，写了《洛阳长句二首》。其一云：

> 草色人心相与闲，是非名利百无问。
> 桥横落照虹堪画，村镇千门鸟自还。
> 芝盖不来云杳香，仙舟何处水器锡。
> 君王谦让泥金事，苍翠空高万岁山。

昔日繁华的东都，自从安史之乱以后，皇帝多年未来，而今却冷冷清清，不堪回首。

杜牧的寂寞无以排遣，写下了玲珑绝伦的《秋夕》：

银烛秋光冷画屏，轻罗小扇扑流萤。

天阶夜色凉如水，坐看牵牛织女星。

这是写失意宫女生活的孤寂幽怨。首句写秋景，用一"冷"字，暗示寒秋气氛，又衬出主人公内心的孤凄。二句写借扑萤以打发时光，排遣愁绪。三句写夜深仍不能眠，坐在石阶上，以"夜色凉如水"，暗喻君情如冰。末句借羡慕牵牛织女，抒发心中悲苦。蘅塘退士评曰："层层布景，是一幅着色人物画。只'坐看'两字，逗出情思，便通身灵动。"

唐文宗开成二年（837 年），杜牧因弟杜顗眼病加重，请假来到扬州。扬州风月依旧，杜牧却再也没有当年的闲情逸致。

按唐制，"职事官假满百日，即合停解"。百日很快就到，可是，弟弟的眼疾还不见好。杜牧辞去了洛阳的职务，而应宣歙观察使崔郸之请，到宣州当团练判官。

秋天，杜牧带着弟弟，由扬州出发，赴宣州就职。途经金陵时，听到了许多关于杜秋娘身世遭遇的传说。杜牧被这个传奇式人物的苦难一生所感动，写了一首很长《杜秋娘诗》：

京江水清滑，生女白如脂，其间杜秋者，不劳朱粉施。……愁来独长咏，聊可以自贻。

这是对杜秋娘的绝色容颜的描绘。

这个原籍金陵的少女，会唱民间小调《金缕衣》："劝君莫惜金缕衣，劝君须惜少年时。花开堪折直须折，莫待无花空折枝。"她年仅十五岁就成了镇海节度使李锜的侍妾，李锜谋反被杀，秋娘籍没为宫女。

后因容貌美丽，得到了宪宗李纯的宠爱。宪宗死后，穆宗命她作皇子李
凑的养母。李凑封淖王。大和五年初，文宗因不满宦官王守澄等专权，
与宰相宋申锡谋诛宦官。不料事泄，王守澄与门客郑注一起反诬宋申锡
谋立漳王，文宗昏聩无能，诿过于宋申锡，把他罢官贬职，谭王也遭废
削。秋娘亦受连累，放归故乡，被安排在一所道观之中，过着穷困潦倒
的生活。

　　杜秋娘这种被人玩弄、任人摆布的命运，使杜牧深为同情。"女子
固不定，士林亦难期"，诗人联想自己目前过的寄人篱下的幕吏生活，
很自然地产生了天涯沦落之感。

　　再到宣州，杜牧心情复杂。转眼五年，故主沈传师已是荒草满坟，
昔年朋友各奔前程，自己一事无成，而鬓已霜，他无限伤感地写下《大
雨行》：

　　　　今年阔茸鬟已白，奇游壮观唯深藏。

　　　　景物不尽人自老，谁知前事堪悲伤。

　　宣州城中的开元寺，是历史名胜。杜牧留恋其间，在水阁留下一首
著名的七律：

　　　　六朝文物草连空，天淡云闲今古同。

　　　　鸟去鸟来山色里，人歌人哭水声中。

　　　　深秋帘幕千家雨，落日楼台一笛风。

　　　　惆怅无因见范蠡，参差烟村五湖东。

　　　　　　　　　　（《题宣州开元寺水阁，阁下宛溪，夹溪居人》）

　　特别是"深秋帘幕千家雨，落日楼台一笛风"，景象壮阔，手法空
灵，吐韵清脆，萧然绝俗，铿金戛玉。

　　唐文宗开成三年（839 年）冬，杜牧迁官左补阙、史馆撰修，杜牧
先把因害眼疾而双目失明的弟弟杜顗和眼医石公集送到堂兄江州刺史杜

惊那里，托其照顾，这才放心地踏上赴长安之路。

但是，他到长安不久，又被踢出来了……

3　万山深处一孤舟

武宗会昌二年（842 年）春，杜牧由比部员外郎外放为黄州刺史，他正好四十岁。

外放原因，史书并无记载。杜牧自己猜测跟李德裕有关，《祭周相公文》：

> 会昌之政，柄者为谁？忿忍阴污，多逐良善。
>
> 牧实忝幸，亦在遣中。黄冈大泽，葭苇之场。

这个"柄者"，自然是指此时为相的李德裕。晚唐时期，政治上的牛、李党争，异常激烈；因杜牧跟牛僧儒关系很好，受到牵连，故李德裕的不赏识，甚至厌弃杜牧亦在必然之中。

黄州辖黄冈、黄陂、麻城三县，户不满二万，年税三万贯。当时是用兵之地，朝廷多用武人作刺史，军需孔急，自不免横征暴敛，而胥吏亦借端渔利，于是弊政丛生。杜牧下大力气整治乱摊派，规定不得在缴纳赋税时擅自向百姓额外强收一至二成的所谓损耗；革除下属官吏利用岁时伏腊，高出十倍地向百姓摊派祭祀所用的酒肉三牲费用。整顿吏治，打击顽恶，对僚属官吏，按其表现，良者勉进、顽者出之；对乡镇村长中的强悍之辈，加以甄别、清除，择汰一批顽劣之徒。这些措施未必能完全落实，但杜牧主观上希望做到为官清正，不要过分地去苛刻百姓。

在勤于政事的同时，杜牧心情却颇为郁闷孤寂。他在《郡斋独酌》中说：

往往自抚已,泪下神苍茫!郴史记分洛,举趾何猖狂!阙下谏官业,拜疏无文章。寻僧解忧梦,乞酒缓愁肠。岂为妻子计,来去山林藏。平生五色线,愿补舜衣裳。

诗人一腔忠愤,主要倾注在削平涪镇、收复河湟,使国家重新获得统一和强盛。然而由于唐王朝内部矛盾重重,已发展到不可救的地步。

正是这个时期,会昌二年(842年)八月,回鹘大举骚扰唐北方边境。乌介可汗帅众越过杷头烽南,突入大同,驱掠河东,虏牛马数万。

杜牧写《早雁》,用早雁比喻战乱中流离失所的百姓,寄托了对百姓的深切同情:

金河秋半虏弦开,云外惊飞四散哀。

仙掌月明孤影过,长门灯暗数声来。

须知胡骑纷纷在,岂逐春风一一回。

莫厌潇湘少人处,水乡菰米岸莓苔。

并表示有破敌良策,只要朝廷肯垂问自己,必将为国雪耻:

臣实有长策,彼可徐鞭笞。如蒙一召议,食肉寝其皮。

(《雪中书怀》)

在无人垂问的情况下,杜牧写《上李太尉论北边事启》,建议李德裕,如能在回鹘设防不严的五六月间,出其不意,"仲夏潜发",则可一举战胜。同时他还提醒朝廷,目前虽然利用黠戛斯,但从长久来说,却要保持警惕。对杜牧的这个建议,李德裕深为赞赏。

回鹘之战取得胜利后,次年四月,又发生了泽潞之叛。昭义节度使刘从谏卒后,其侄刘稹不道朝命,据镇自立,武装对抗朝廷。

杜牧再次上书李德裕。他在《上李司徒相公论用兵书》里,详细分析了当时军事形势后,提出速战速决、重点攻击泽潞西线,直捣上党(泽潞节度使驻地)的建议,得到了李德裕的赞赏和采纳。

杜牧在《东兵长句十韵》中，满怀信心地预言泽潞之战将在新年后取得胜利：

> 渐见长围云欲合，可怜穷垒带犹萦。
> 凯歌应是新年唱，便逐春风浩浩声。

泽潞之叛终在次年八月告平。犒劳获胜部队的是给事中李回。李回是李德裕的得力助手，也是杜牧的好友。杜牧投《上李中丞书》给李回，信中申述了自己的志向和抱负后说：

> 中丞即归廊庙，宰制在手，或因时事召置堂下，坐之与语，此时回顾诸生，必期不辱恩奖。

杜牧急于用世的心情，到了自告奋勇的地步。

黄州期间，杜牧与时任池州刺史李方玄往还密切。杜牧在《上池州李使君书》剖析了自己不注意小节、最痛恨逢迎拍马的性格。李方玄对他非常理解，把自己的小女儿许配给了杜牧的长子。

杜牧还游览了黄州的风景名胜。在赤壁、木兰庙、兰溪都留下了诗作，如《兰溪》：

> 兰溪春尽碧泱泱，映水兰花雨发香。
> 楚国大夫憔悴日，应寻此路去潇湘。

在一些无名的地方也留下传世之作，如《齐安郡后池绝句》：

> 菱透浮萍绿锦池，夏莺千转弄蔷薇。
> 尽日无人看微雨，鸳鸯相对浴红衣。

小池边造语清妍的杜牧，流露的却是难言的惆怅抑郁。

会昌四年（844年）九月，杜牧改任池州刺史。池州位于长江南岸，辖秋浦、青阳、至德、石埭四县。境内九华山和齐山，"九峰竞秀，神采奇异"，大诗人李白在这里写了《秋浦歌》。

当时徭役不均，有些劳役苦重，基层的办事人员从中作弊，都摊派到贫苦农民身上，富人可以免去徭役，或者用钱代替。杜牧亲自掌管徭役薄册，按户征发；又清理户税，免除豪强猾吏横加的赋税，兴修农田水利，时常走访农家，尽量减少民生疾苦。

为了"使民宜时"，"不违农时"，杜牧亲自谋划，吃了许多苦头，采用当时世界上最先进的"复壶"（受水型）装置技术，建造"铜壶刻漏"的计时器，放在州城南门楼上，并置钟鼓其上。从此，池州城内按时响起了晨钟暮鼓，县人可按时作息，人们闻钟声以节晨昏，生活有序。

杜牧还注重民风教化，重修了已经破败的"萧丞相搂"，重建了藏书楼，建造了翠微亭。

这时回鹘残部经常骚扰边境居民，杜牧上书李德裕，他分析回鹘残部的情况后，提出用幽、并二州的骑兵，酒泉善用弓箭的步兵，在五月出发，到达阴山还寒冷，可剿灭回鹘残部。

回鹘衰弱下去后，吐蕃发生内乱，朝廷想乘机收复河湟，杜牧非常兴奋，作《皇风》寄托他对武宗的期望。但武宗并未能收复河湟。

会昌五年（845年）秋，武宗下诏毁禁佛教。士大夫多不以为然，杜牧表示赞成，他在《杭州新造南亭子记》中深刻地指出：信佛的人之所以趋之若鹜，是因为佛教倡导的"有罪罪灭，无福福至"，指出当时庞大的佛教僧侣给国家、人民带来的巨大负担："古者三人共食一农人，今加兵、佛，一农人乃为五人所食，其间吾民尤困于佛。"一个农民要养活五个人，其中僧人占去大半。

在池州期间，杜牧也常跟朋友唱和。其中，最值得一提的是他跟诗人张祜的交往。

此时杜牧诗名很盛，传遍大江南北。听说杜牧调到了池州，寄居在丹阳（今属江苏）的张祜，便乘船溯长江而来拜访他。来之前，先寄了首《江上旅泊呈杜员外》给杜牧：

　　　牛渚南来沙岸长，远吟佳句望池阳。

　　　野人未必非毛遂，太守还须是孟尝。

　　张祜同杜牧一样，也怀才不遇。唐穆宗时，令狐楚上表荐举张祜，可另一位大诗人元稹却认为张祜"雕虫小技"，如果用他，恐怕会坏风教，于是穆宗遂没用张祜。

　　杜牧对张祜闻名已久，很欣赏他的"故国三千里，深宫二十年。一声《何满子》，双泪落君前。"

　　杜牧和张祜彼此仰慕，可此前还从没见过面。突然读到自己的前辈诗人寄来的诗，杜牧很高兴，立刻酬诗一首：

　　　七子论诗谁似公？曹刘须在指挥中。荐衡昔日知文举，乞火无人作蒯通。北极楼台长挂梦，西江波浪远吞空。可怜故国三千里，虚唱歌词满六宫。　　　　　（《酬张祜处士见寄长句四韵》）

　　诗中，杜牧即提到张祜在唐穆宗时的那次遭遇，对张祜很是同情。

　　几天后，张祜来到池州。二人一见如故，饮酒、谈心、论诗，甚是欢洽。张祜盛赞杜牧的《杜秋娘诗》，题诗《读池州杜员外杜秋娘诗》评价：

　　　年少多情杜牧之，风流仍作杜秋诗。

　　　可知不是长门闭，也得相如第一词。

　　重阳节那天，杜牧与张祜登齐山游玩。两人同在山壁上题名，并和诗一首。杜牧题诗《九日齐山登高》：

　　　江涵秋影雁初飞，与客携壶上翠微。尘世难逢开口笑，菊花须插满头归。但将酩酊酬佳节，不用登临恨落晖。古往今来只如此，牛山何必独沾衣？

　　张祜题诗《和杜牧之齐山登高》：

秋溪南岸菊霏霏，急管烦弦对落辉。红叶树深山径断，碧云江静浦帆稀。不堪孙盛嘲时笑，愿送王弘醉夜归。流落正怜芳意在，砧声徒促授寒衣。

二人的这种相互知遇，成就了晚唐诗坛的一段佳话。为此，当时的另一位诗人郑谷曾说，"张生'故国三千里'，知者惟应杜紫微"。

会昌六年（846年）九月，杜牧由池州调往睦州任刺史。

从会昌二年（842年）离开长安，到这次调去睦州，杜牧远别故乡已五个年头了。这几次迁官是越来越往东走，离长安也就越来越远，而他的乡思情怀也日益浓重，《新定途中》云：

无端偶效张文纪，下杜乡园别五秋。

重过江南更千里，万山深处一孤舟。

张文纪即东汉时的张纲，因得罪外戚而被贬，杜牧以之比况，意思是说自己也因得罪权臣而被排挤至此的。"万山深处"便是就睦州荒僻的环境而言。在另一处，即《祭周相公文》中，杜牧对睦州的恶劣环境有更进一步的描绘：

万山环合，才千余家。夜有哭鸟，昼有毒雾。病无与医，饥不兼食。抑暗逼塞，行少卧多。逐者纷纷，归轸相接。

唐宣宗大中二年（848年），杜牧意外地接到吏部尚书高元裕的一封信。杜牧做池州刺史时，高元裕为宣歙观察使，曾是他的上司。由于离开长安以来，一直没有朝廷大臣与他通书问候，故接到高元裕的信，杜牧非常感动。在回信中，杜牧不由发了一通牢骚：

某启：人惟朴樕，材实朽下，三守僻左，七换星霜，拘挛莫伸，抑郁谁诉？每遇时移节换，家远身孤，吊影自伤，向隅独泣。将欲渔钓一壑，栖迟一丘，无易仕之田园，有仰食之骨肉。当道每叹，末路难循，进退惟艰，愤悱无告。

（《上吏部高尚书状》）

但高元裕不久就出任山南东道节度使，结果没能来得及引援杜牧。

不过，由于当朝宰相周墀的赏识，杜牧在这年八月，被内升为司勋员外郎、史馆修撰。重返长安的杜牧心情非常好，这在他是很久没有过的了。"水声侵笑语，岚翠扑衣裳"，正可道出他的喜悦之情；而刚来时的以张纲比况，到这时就变成了"浅深须揭厉，休更学张纲"了。

大中三年（849年）二月，被吐蕃占领的秦（今在甘肃天水）、原（今在宁夏固原）、安乐（今在宁夏中卫）三州及石门等七关的人民起义归唐。八月，唐宣宗在延喜门楼接见来到长安的一千多归唐人民。他们和围观群众一起欢呼跳舞，"万岁"之声响彻云霄，成为一时盛事。

一直关心河湟收复之事的杜牧看到这一盛况，非常高兴，贺诗《河湟诸群次第归降》：

捷书皆应睿谋期，十万曾无一镞遗。
汉武惭夸朔方地，宣王休道太原师。
威加塞外寒来早，恩入河源冻合迟。
听取满城歌舞曲，凉州声韵喜参差。

大中四年（850年）夏，杜牧迁升为吏部员外郎。但不久，他就再三上书请求外放：主要是考虑到照顾双目失明的弟弟以及经济负担问题。最后，朝廷外放他到富庶的湖州去当刺史。

不过，聪明智识却因眼疾而废弃的杜𫖮还是在第二年的二月二十五日去世了；而一直赏识杜牧的周墀也于这个月在剑南东川节度使任上去世。一个是自己亲爱的弟弟，一个是对自己有知遇之恩的长者和朋友，他们在同一个月的相继而去，给杜牧很大的打击。

于是，杜牧又回到了长安：大中五年（851年）秋末，他就任考功郎中、知制诰；大中六年（852年），迁中书舍人。

　　大中五年冬回到长安后，杜牧就拿出湖州任上的积蓄，在长安乡下为自己修建了樊川别墅。修好那天，他邀请了许多亲戚朋友欢宴。酒酣耳热时，他吩咐外甥裴延翰待其殁后，将他的文章结集为《樊川集》。裴延翰答应了。

　　从湖州赴京的时候，他写了一首诗，里面有两句："自怜流落西归疾，不见春风二月时。"一语成谶，第二年，杜牧便在京去世了，享年五十岁。

　　在他去世之前，曾梦见有人告诉他说："您的功名到中书舍人为止了。"又梦见有人给他题写了"皎皎白驹"几个字，意思是人生如同白驹过隙，一辈子很快就玩完了。醒来后，仆人前来禀报说，正在蒸饭的甑突然烧裂了，一锅米全煮成了夹生饭。

　　杜牧自知不久于人世，就为自己撰写了墓志铭，叙述平生经历，并赋诗一首，献给当时的宰相裴休：

　　　　贤相辅明主，苍生寿域开。青春辞白日，幽壤作黄埃。
　　　　岂是无多士，偏蒙不弃才。孤坟一尺土，谁可为培栽？

　　　　　　　　　　　　　　　　　《忍死留别献盐铁裴相公二十叔》

4　人间唯有杜司勋

　　杜牧一生创作极富。临终前，他自己检阅其诗文创作，把大部分作品都烧掉了。只留下十之二、三。但由于他特别欣赏外甥裴延翰，其平生所作诗文，无论长篇短制，无论相距远进，他都要抄录一份寄给裴延翰。因此，到最后，在裴延翰那里保存的杜牧诗文，比杜牧自己还多。

　　杜牧死后，裴延翰遵照他生前的吩咐，将其诗文四百五十首编为一集，共二十卷，取名《樊川文集》。由于杜牧生前即负盛名，所以当其文集结成后，流传很快，影响很大。

《石洲诗话》则称杜牧的诗才，自王维之后，无人能比。"小杜之才，自王右丞后未见其比。"

明代杨慎在《升庵诗话》中则对杜牧在唐代诗歌史上的地位加以突出："律诗至晚唐，李义山而下，唯杜牧之为最。"这些学者对杜牧诗文风格、成就亦作了肯定的评价。也有一些学者着眼于杜牧生前风流放浪的生活与伤春伤别的诗歌创作，对其颇有微词，如南宋刘克庄批评说："牧风情不浅。"《四库全书总目》亦评道："牧诗冶荡甚于元、白。"

知人论文，杜牧究竟是怎样一个人呢？《新唐书本传》说杜牧性情刚直、气节不凡，做事不拘小节，敢于论天下大事，针砭时弊十分犀利。少年时候与李甘、李中敏、宋元几人为好友，他通晓古今事故，擅长辩处成败，李甘等人比不上他。"牧刚直有奇节，不为龊龊小谨，敢论列大事，指陈病利尤切至。少与李甘、李中敏、宋祁善，其通古今，善处成败，甘等不及也。"

像大多数文人一样，杜牧绝不会满足自己是一个诗人，他一生所抱负的是"经世之学"。

《唐诗谈丛》说杜牧出身高干子弟，聪颖非凡，计划、方针符合事物的规律，具有宰相之才。"杜牧之门第既高，神颖复隽，感慨时事，条画率中机宜，居然具宰相作略。"这个评价说到了杜牧的心坎上。

清代胡寿芝《东目馆诗见》则称赞杜牧熟悉军事谋略，洞悉形势，所以他的议论利弊，让人眼界大开。"熟于军计，洞知形势，故其议论利弊，胸开眼大"。杜牧注的《孙子兵法》，堪称曹操之后成就最大、影响也最大的注家。

全祖望为《杜牧之论》云：杜牧之才气，其唐长庆以后第一人耶？读其诗、古文词，感时愤世，殆与长沙太傅相上下。

综观杜牧之才气及其一生遭际，应该说，这一比况是很有道理的。

同其他传统文人一样，杜牧也从没想过只做一单纯的诗人、文人，其志乃在济世报国上；而不同于他人的地方，更在杜牧不仅有此心志，而且有此才气。他对时事的敏锐洞察力及其好论兵事、且有卓越的军事才能，都非一般文人可比。

杜牧自己也以贾谊比况。他竭力把自己打造成经世致用的大才。在扬州期间，他虽然逛青楼，但并未沉溺其中。史书记载，他的《罪言》、《战论》、《守论》等著作就是在扬州期间写的，并且在这时开始注《孙子兵法》。虽然长期在下州转悠，杜牧抑郁不得意，但他"力学强悠悠"。仅在他注《孙子兵法》中，就大量引述了兵学的名言名句，所引者如《易经》、《周礼》、《风后握奇文》、《太公》、《老子》、《淮星经》、《左传》、《黄石公》、《尉缭子》、《管子》、《军志》、《军谶》、《司马法》、《阴符经》、《吴起兵法》，以及本朝人李淳风、李靖的言论和著作。

在晚唐弊病丛生、世运日下的时局中，杜牧秉有救弊图治的进步政治思想，无论是在未挤入仕途之时，或是在凤翔外郡，迁转于幕吏郡守之际，他都以自己的诗文唱出"乎生五色线，愿补舜衣裳"的爱国心声，表现出他那一个时代进步知识分子的共同忧虑与理想。

但是，他生活的时代却没能给予他以一施展其雄才大略的机遇。在晚唐政局腐败动荡、党争激烈、陷阱四伏的政治环境中，当朝腐败溃烂、江河日下的难挽颓势，不断地窒息着他革弊振兴的热情之火。诗人与牛党中人关系深切，又使他饱尝了如李义山的狭隙之迫的苦楚。另一方面，他性格刚直，爱憎过于分明，不喜逢迎，杜牧纵有天大才略，也只能付诸空文而已。

于是，他如贾谊，感愤于时世；也如贾谊，郁郁以终生。除了出身高门而固有之贵公子气息外，时代之压抑与不遇，应该才是他"刻意于伤春伤别"的至要因素。

杜牧的诗歌创作中，尤值得一提的是他的怀古咏史诗。这类作品不仅数量众多，而且不少即景抒情的作品，也往往融入深沉的历史感慨，而被归入此类创作当中。杜牧的怀古咏史诗，多数是表现对于历史上曾有的繁盛局面消逝了的伤悼情绪：

长空澹澹孤鸟没，万古销沉向此中。

看取汉家何事业，五陵无树起秋风。

（《登乐游原》）

并且，杜牧在其感慨中，又多融进了盛衰兴亡不可抗拒的哲理意味，而别具特色，如《题宣州开元寺水阁阁下宛溪夹溪居人》一诗中。"今古同"、"人歌人哭"等传达的都是那种普遍的哲理。

杜牧这类诗作还有一个特点，就是他多是借题发挥，表现自己的政治见解与感慨：

折戟沉沙铁未销，自将磨洗认前朝。

东风不与周郎便，铜雀春深锁二乔。

（《赤壁》）

个人怀才不遇的遭际在这里才是诗人表现的主旨。

杜牧同时代的另一位大诗人李商隐在《杜司勋》一诗中给予他的评价，也许是对杜牧最好的礼赞：

高楼风雨感斯文，短翼差池不及群。

刻意伤春复伤别，人间唯有杜司勋！

第十章
诗豪李商隐

晚唐，巴山，一个人独立窗前。苍山万重，山雨濛濛，池水不断地上涨，一如起伏的心事。

夜，如黯淡的水影，慢慢地拉长。他眼前仿佛看见千里之外，西窗下红烛高燃，自己和妻子在烛下拉家常。燃焦的烛芯剪了一次又一次，说不完今夜巴山的心事。

一个人有一个生命的印记，巴山，就是李商隐的一个寓言。千百年来，人们试图破译这个寓言，可是密码呢？是谁，不经意间丢失在历史的暗角？

李商隐（812—858 年）字义山，号玉谿生，樊南生，怀州河内人（河南沁阳）。他和杜牧称"小李杜"，与温庭筠合称"温李"。李商隐将晚唐诗推向了高峰。其诗构思清新，风格华丽，其爱情缠绵诗，为后人广为传诵。存世有《樊南文集》。

1 小李是个苦孩子

唐宪宗元和七年（812 年）年初，李商隐出生在河南荥阳获嘉县，他的远祖是李暠，实际上与李唐是非常疏远的同宗别派关系。这种出身，一方面使他充满对李唐王朝命运的密切关注和政治责任感，另一方面也由于他出身寒微，具有强烈的光大门楣的愿望。振兴家国，是李商隐纵贯一生的梦想。

李商隐降生于唐王朝覆亡前夜的漫长黑暗时期，而又成长于已经千疮百孔的晚唐帝国。他的少年时期，国家战乱不断；元和元年（806 年）正月，西川节度副使刘辟叛乱，九月讨平；三月，讨平夏绥节度留后杨惠琳叛乱。元和二年（807 年）十月，浙西节度使李锜叛乱，十一月讨平；元和四年（809 年）至五年，讨伐王承宗叛乱；元和七年（812 年），即李商隐出生那年，讨平田兴叛乱；元和八年（813 年）十二月，振武军乱，元和九年（814 年）正月讨平；元和九年十月开始了讨伐淮西藩镇吴元济叛乱，这是历时最长、影响最大的一场战争。元和十四年（819 年），李商隐七岁的时候，暂时平定内乱的宪宗，开始耽于享乐，胡乱吃所谓的"长生之丹"，弄得神智紊乱，狂怒起来，左右的宦官近侍，动不动就被他一脚踢开，喝令推出斩首。内常侍陈弘志在中和殿将熟睡中的宪宗缢杀，派小黄门去请宦官头子王守澄。王守澄见到呼吸停止的皇上时，却走出宫门，对手下人道："圣上药发，遽而升仙了！"当夜迎太子入宫，即时立为皇帝，开启了唐朝宦官杀皇帝和拥立皇帝的先例，宦官势力空前膨胀。

新皇帝穆宗即位时二十六岁，改年号长庆。长庆元年（821 年），由于科场不公，引发官僚集团内部斗争，以李宗闵、李德裕为首的朋党之争长达四十年。河北三镇反叛，一直到唐朝灭亡，不能收复。几年后，敬宗少年登基，更是荒淫，大兴土木，沉于游乐。宝历二年（826 年）十二月，在打猎回宫的时候，敬宗李湛被宦官杀死。宦官王守澄迎立李涵（后改名李昂）为帝，这就是文帝。

李商隐的家族带有浓厚的悲剧色彩。他的曾祖父李叔恒是孤根，二十岁就考上进士，二十九岁死在安阳作县尉任上，留下的又是孤根李俌。"夫人昼夜啼哭，抚视孤孙，家惟屡空，不克以邢州归"。曾祖母卢氏，出身范阳名门望族，自幼知书达礼。十七岁嫁给李叔恒之后，相夫教子，曾祖父的死，给她和整个家庭已经是巨大的打击，但是卢氏挺起坚强的腰肢，担负起教育儿子李俌的责任。李俌明经中第后，担任邢州录事，但不久，不幸再次降临到卢氏头上，李俌又因病早逝。卢氏含悲忍痛，担负起赋予孤孙李嗣的重任。"后十年，夫人始以寿殁，诸孤且幼。"到了李嗣长大，做到河南获嘉县县令，在李商隐十岁的时候就死了。从曾祖父到祖父到父亲，一连三代早逝，由曾祖母一人担任教养两代子孙的重任，李商隐的母亲也是孤儿寡母，竟无力送祖父、曾祖父回原籍安葬。这种三代孤寡的家世，长期积累的沉重压抑感、孤独无依感、对前途命运的渺茫无着落感，甚至自卑侮辱感等等，使李商隐比一般人的感受更为强烈。他那种多情、缠绵、内向、敏感、伤感的个性气质，与这种三代孤寡的家世有深刻联系。

李商隐的三个姐姐也很悲惨。大姐未婚早逝。二姐"生禀至性，幼挺柔范，潜心经史，尽妙织，锺曹礼法，刘谢文采"（《请卢尚书撰李氏仲姊河东裴氏夫人志文状》），是一位温柔贤惠、知书识礼的女子。她十八岁嫁给裴允元，裴允元是裴耀卿的儿子。这位裴耀卿就是王维贬谪到济州的领导，后来官至宰相。二姐刚嫁到裴家，对纨绔子弟裴允元的品性很不满，不久被裴家送回娘家。对丈夫不满，在唐代是"大不敬"，但又不符合"七出"，不算是离婚，相当于离异、休弃。二姐回娘家羞愤交加，不到二十岁就抑郁而故。他的三姐幼年照料弟弟，含辛茹苦，出嫁不久也死了。三个姐姐的早逝，使他的母亲无限痛楚，二姐死时，李商隐还是个吃奶的孩子，她的悲剧，是后来听母亲讲的。一个母亲含悲忍戚，对小商隐的影响可想而知。母亲和幼年李商隐一直笼罩在巨大的悲剧阴影中。姐姐的死，使商隐对女子不能婚姻自主有切肤之痛，他的感伤情绪和气质在早年就形成了。

李嗣成家二十多年，生有三个女儿，却还没有一个儿子。商隐的降生，使李嗣感到无限欣喜，他对这个蹒跚而来的儿子无比珍爱，取名商隐，取义"商山四皓"，父亲期望他长大后成为帝王之佐。对父亲寄托的这种厚望，李商隐有深刻领会，后来他在《四皓庙》和《娇儿诗》中，表示对"商山四皓"的钦敬，并把父亲的期望传给下一代。

李嗣一得空便抱着商隐，从《离骚》到《上林赋》，复述着一篇又一篇传世的经典。商隐虽然咬字还不是很清楚，却已经会跟着父亲摇头晃脑。到李商隐三岁的时候，李嗣说出上句，李商隐已能对出下句，李嗣惊喜得不能自已。

元和九年（814年）十月，李商隐随父李嗣赴浙江，在浙江生活了六年，"浙水东西，半纪漂泊"。

浙东当时是山水形胜之地，人文荟萃之区，优美的自然风光和浓郁的人文气氛，给早年的商隐以耳濡目染的影响。李嗣做孟简的幕僚，孟简工诗善文，公事之余，幕主幕僚之间少不了流连山水、诗文唱和之类的文艺活动，小商隐也经常参与吟诗作对。"冰消雪薄，江丽山春"，李商隐后来写了大量的描绘江南风物的诗文。

李商隐的启蒙教育就从这时开始，他是个学习刻苦的孩子，"五年读经书，七年弄笔墨"，打下了深厚的基础。

长庆元年（821年），李商隐十岁，父亲病故，母亲拖着孩子，千里迢迢，扶着李嗣的灵柩，一路颠簸，艰难地挣扎到郑州。父亲故后，家里穷困到极点。"四海无可归之地，九族无可倚之亲。既衬故丘，便同遍骇。生人穷困，闻见所无。"由于李商隐是家里的长子，支撑家庭的重任过早地落到他肩上。他开始"佣书贩舂"，给官府抄写文书，做小贩，舂米，工作之余，发愤苦读，以便将来科考。从一个官宦子弟沦落到社会的底层，饱尝世态炎凉，人间辛酸，李商隐对下层百姓的同情和民间立场，就从这时开始的。

家里穷，请不起老师，自然也没法上学。这时，他的堂叔从淮海回到荥阳，成了他们兄弟的老师。这位堂叔当年十八岁，精通五经，参加过乡贡考试。当时他的父亲病了，于是放弃了大学学业，回到荥阳照料父亲。父亲死后，他发誓终身不做官。长庆二年（822年）三月，武宁军副节度使王智兴邀请他当高级幕僚，他嘲笑王智兴事人不忠，犯上作乱，拂袖而去。此后他在家治学，在五经方面钻研更深，形成家学，密不传外族，也无意公诸于世。他还通石鼓篆与钟、蔡八分书法，"正楷散隶，咸造其妙"，但他不愿意自己的书法流传于世，跟朋友书信往来，他都是口述。有一次，为了给他的父亲祈冥福，他写了一通佛经刻石，后来模仿的人一多，把它运到了谷香佛寺，藏在古篆众经之中。

堂叔对李商隐的影响是多方面的。青年时代的李商隐很有独立思想和个性，他对四书五经有独到的理解，在堂叔指导下，李商隐兄弟"特善古文"，作文有厚重的内涵和坚挺的风骨，他十六岁写下《才论》、《圣论》，当时他的古文已经相当出名，甚至超越了文坛上一些年长的作者。这期间，李商隐还读了大量的书，如古代经典《礼记》、《春秋》、《周易》、《尚书》、《论语》和历史名著《史记》，都是手不释卷，"百经万书，品异殊流"。他的书法也非常棒，还在济源西北的玉阳山学仙和玉溪学道、学佛九年，准备参加"道经考试"（唐代皇帝姓李，奉道家老子李耳为先祖，曾设立"道科"考试，非儒家五经进士）。

2 虽遇名师，科举不顺

大和三年（829 年）三月，令狐楚由户部尚书，出任东都洛阳留守、东畿汝都防护使，十八九岁的李商隐从郑州来到洛阳，"以所业文干之"，受到令狐楚的赏识。

令狐楚（766—837 年）是晚唐历经四朝的高级干部，牛僧孺一党的重要人物。他五岁能辞章，贞元七年（791 年）中进士，他的四六骈文写得非常出色，是庾信之后的古文文宗。唐德宗喜好文章，每当太原有表奏到，都能分辨出令狐楚所写的文章。郑儋在镇守太原时暴病去世，来不及安排身后事宜，军中喧哗，将会发生严重变故。半夜，十几名军官骑马持刀胁迫令狐楚去到军营门前，众将领将他团团围住，让他起草郑儋的遗表。令狐楚在利刃圈中，挥毫即成，向三军将士宣读，无不感动落泪，军中情势方才安定。

令狐楚虽然参与了党争，但主要在宪、穆、敬宗时期，他与李逢吉友善，与裴度不睦。从敬宗宝历年间（825—827 年）起，不再参与党争。他倾力培植李商隐，自然是为了培养自己的门人。

李商隐献给令狐楚的诗文有《断非圣人事》、《让非贤人事》、《富平少侯》、《陈后宫》，这些诗文大约写于十五六岁，已经表现出关心国事、托古讽今、色彩浓艳，以《无题》寄予的特点。他的《初食笋呈座中》展现了他青少年时期的凌云志向：

> 嫩箨香苞初出林，于陵论价重如金。
>
> 皇都陆海应无数，忍剪凌云一寸心。

正是这些有思想、有才气的文章，引起令狐楚的注意和赏爱。一个贫寒学子能受到当过国家总理的高官赏识，并让他和自己的儿子一起学习，说明李商隐确实不同凡响。

令狐楚有两个儿子，长子令狐绪，幼时患有风痹，次子令狐绹。李商隐经常跟他们在一块儿学习、娱乐，对他们的学问、人品自然知根知底。于是，太和三年（829年），得到令狐楚赏识的李商隐从此出入洛阳高层的文艺沙龙，这年三月，他认识了文学大师白居易，对白大师顶礼膜拜。有趣的是，后来白居易却成了他的粉丝。《蔡宽夫诗话》："白居易晚年极喜李义山诗文，尝谓我死得为尔子足矣。"晚年白居易最喜爱读的是李商隐的诗文，曾经说，我死了能够做李商隐的儿子就心满意足了。李商隐有了儿子后，当真用"白老"作儿子的字号。

三月二十六日，李商隐的堂叔因病去世，商隐无限悲痛，写文祭奠他。堂叔之死，结束了李商隐的少年求学阶段，正式踏入社会。

十一月，令狐楚调任天平军（山东东平）节度使，治所郓州。他决意进一步栽培李商隐，邀请李商隐到他的幕府去做巡官。按照唐律规定，入幕府需要有公务员资格（进士出身），李商隐白身入幕，是令狐楚对他的破格厚遇。实际上，李商隐在他的幕府并没有明确的职事，令狐楚把他放在身边，主要目的是为了精心培养他。

令狐楚亲自教李商隐写作四六骈文。唐代写表奏启牒等公私应用文，都用骈体。写一手好骈文，是胜任幕府掌书记的基本条件。要写好这些种类繁多的公文、材料，并不是一件容易事，"读书倾五车"，是骈文章奏的保证，不仅要求作者有深厚的才学、广博的知识，还要有非凡的驾驭语言的能力。所以商隐得他的骈文真传，欣喜异常，给他写感谢信："自蒙半夜传衣后，不羡王祥得佩刀"（《谢书》）。

令狐楚邀请李商隐入幕，教他写骈文，都是为了让他速登青云。他自己就是这样爬上来的。

这期间，令狐楚政绩颇丰。《旧唐书》说他在郓州"属岁旱俭，人至相食，楚均富赡贫，而无流亡者。"在人吃人的大荒之年，能做到均富安贫，没有饥民流亡，足见他广施仁政，在减轻农民负担方面下力气，受百姓爱戴，这些，都给青年的李商隐以良好的影响。

令狐楚不仅精心培养李商隐，还在大和五年（831 年）、六年（832 年）两次资助他进京参加进士考试。唐朝高考，考生不糊名，因为"贾（餗）相国所憎"，李商隐都落榜了。这两次落榜，对李商隐打击并不大，他对自己还充满信心，终当"脱遗鳞鬣""冲唳霄汉"。

大和六年（832 年）二月，令狐楚调任太原尹、河东节度使，当时李商隐还在长安，落榜后不久，又追随令狐楚来到太原，做了他的幕府，彼此间相处和乐，有许多酬唱。

大和七年（833 年），仍因"贾相国所憎"，李商隐第三次落第。这一年，文帝患风疾，不能说话，宦官头子王守澄推荐郑注看病，文帝的病情有好转，郑注赢得信任后，把李训推荐给王守澄，王守澄又把李训推荐给文帝，李训因讲《易经》赢得皇帝宠信。不久，李训当上宰相，郑注当了节度使，手握一方兵权。

大和六年（832 年）六月，令狐楚入京当检校右仆射兼吏部尚书，吏部不设僚幕，李商隐回到郑州，给刺史萧浣当幕府。十二月，在华州刺史崔戎门下当秘书。崔戎是李商隐的表叔，对他的才华很欣赏，"丈人博陵王名家，怜我总角称才华"，给了他很高的工资，对他极力提携，悉心指点，包括写作上的指导。崔戎还送他到华州南山的僧寺中温习文化课，预备明春的高考。

大和八年（834 年）三月，崔戎调任衮海观察使，李商隐又开始了短期的充幕生活。这时李商隐的公文写作已经比较圆熟。李商隐自己对这方面的才能和学养也很自负，经常把自己比作王璨、祢衡。

华州距衮海一千六百余里，他们在路上走了两个多月，直到端午才抵达。崔戎到任后，抑止土豪，"民大喜"，正当他准备进一步展开综合治理时，突然感染霍乱，第二天就死了。对于这样一位亲戚兼知己的长者的死，李商隐悲痛莫名，此后他的作品中悲伤情调更浓了。

崔戎死后，李商隐回到郑州，萧浣仍是郑州刺史，对他很厚待。萧浣在政治上依附李宗闵，但李商隐当时"沦贱艰虞"，萧浣对他有知遇之恩，又给与物质上的帮助，对萧浣感情很深，写了很多诗赞美他。大和八年

(834年)，商隐因病未能参加进士考试。年底，萧浣调任刑部侍郎，令狐楚还在尚书侍郎任上，李商隐上门拜访他们，请他们为自己高考说情。

大和九年（835年），因被主考官崔郸所斥，商隐又第四次落第，这年秋，返回郑州。这时朝政在李训、郑注的把持下已经发生剧烈的震荡和变化。李训、郑注打击李宗闵党。李宗闵、李德裕、杨虞卿、萧浣遭两次贬谪，这时萧浣下派到遂州当了个司马的闲职。整个朝局笼罩在浓重的阴霾之下。

连续几次落第，对李商隐的打击是巨大的，现在又听闻知交远谪，抚今追昔，不知前途何在。一天，他登上萧浣当郑州刺史时建的夕阳楼，遥望夕阳下孑然南征的大雁，写下情志凄婉的七绝《夕阳楼》：

> 花明柳暗绕天愁，上尽重城更上楼。
>
> 欲问孤鸿向何处，不知身世自悠悠。

大和九年（835年）十一月，发生震惊朝野、人人色变的"甘露之变"。在文帝的授意下，李训令人在早朝时，诈称左金吾卫大厅石榴树上夜降甘露，想诱使宦官头子仇士良率领众宦官去验看，预埋伏兵一举诛灭，仇士良带领宦官来，发觉有伏兵，逃回殿上，劫持文帝，派禁军大肆搜捕杀戮朝官。时任宰相李训，节度使郑注、韩约、王璠、郭行余、罗立言，御史中丞李孝本均遭处决，连未参加预谋的宰相王涯、贾餗、舒元与等也被灭九族，造成"流血千门，僵尸万计"的大惨剧。"甘露之变"使文帝彻底沦为宦官的玩偶，宦官权倾朝野，朝政十分混乱。

"甘露之变"后，改元开成。开成元年（836年）上巳节，文宗赏赐百官在曲江亭聚宴。令狐楚认为新近诛杀大臣，不宜赏赐欢宴，只有他一个人称病不去赴宴。由于权柄掌握在宦官、近臣手中，令狐楚接连上疏，请求解除使臣职务。同年四月，令狐楚任检校左仆射、兴元尹，担任山南西道节度使。

"甘露之变"发生的时候，李商隐已经离开长安，他在郑州写了《为郑州天水公言甘露事表》，在表中，他直言被仇士良诬为"谋反"

的王涯等，不但不是"罪不容诛"的"叛臣"，而是希望改革朝政、有所作为的人，只是采取诛杀宦官的手段低劣，既骗不了宦官，又惊吓了皇帝。这样公开地说出来，需要很大的勇气，所以邵博称赞李商隐"独明其无反状，亦难矣！"

"甘露之变"给李商隐思想感情以巨大的震撼，写下一系列"地老天荒"的诗作，如《行次西郊作一百韵》《曲江》《有感二首》等。他的《重有感》：

> 玉帐牙旗得上游，安危须共主君忧。
> 窦融表已来关右，陶侃军宜次石头。
> 岂有蛟龙愁失水，更无鹰隼与高秋。
> 昼号夜哭兼幽显，早晚星关雪涕收。

诗中对刘从谏上表之事予以肯定，主张各地的武装力量进兵京城，铲除阉党，恢复皇帝的自由，为朝廷分忧，体现了作者关注国家命运的精神和强烈的正义感。

在相当长的时间内，李商隐对"甘露之变"进行了历史性的深思。他对李训的志大才疏，文帝的暗于知人、浮于决断，宦官草菅人命、践踏法律、掠夺财物等见解是一针见血的，既有沉痛激烈的反思，又有忧伤慎重的前瞻，在当时的文坛可以说是独一无二的。白居易、刘禹锡等诗人大都退出文坛，变得明哲保身。如白居易的《九年十一月二十一日感事而作》：

> 祸福茫茫不可期，大都早退似先知。
> 当君白首同归日，是我青山独往时。
> 顾索素琴应不暇，忆牵黄犬定难追。
> 麒麟作脯龙为醢，何似泥中曳尾龟？

白居易的避祸全身的思想，与李商隐的直面现实的精神、强烈的正义感、忧患感，形成鲜明的对比。刘禹锡时任同州司马，也为李训、郑注被斩，上了两通贺表。当时的文人大多抱冷眼旁观的态度，认为国事不可为，相形之下，越发显出李商隐创作的可贵。

开成二年（837年），李商隐第五次入长安参加进士考试。这是一次最高规格的命题作文。命题人：文帝。题目是二选一：《琴瑟合奏赋》、《霓裳羽衣曲诗》。皇帝亲自出题，这在封建时代极为罕见。多年后，李商隐还激动不已。"空记大罗天上事，众仙同日咏《霓裳》。"

这次考试，由高锴主持贡举。令狐楚一向与高锴要好，把商隐推荐给高锴，极为赞誉，所以李商隐被拔为进士。

那时候，从小和李商隐一起学习的令狐楚的儿子令狐绹已经考中进士做了官，他也帮李商隐宣传。李商隐后来在开成五年（840年）写的《与陶进士书》中记载："时独令狐补阙最相厚，岁岁为写出旧文纳贡院。既得引试，会故人夏口主举人，时素重令狐贤明，一日见之于朝，揖曰：'八郎之交谁最善？'直进曰：'李商隐'者。三道而退，亦不为荐托之辞，故夏口与及第。"

李商隐参加进士考试的这一年，令狐绹刚刚官任左补阙，他在夏口拜见了考官高锴，高锴是令狐绹的老朋友。李商隐《与陶进士书》这段记叙说，当时令狐绹跟我关系最亲密，每年他把我的作品交给贡院（推荐商隐）。将要举行进士考试的时候，正碰上高锴主持贡举，高锴一向敬重令狐绹贤能，有一天，高锴在朝廷看到令狐绹，问他："你跟谁的交情最好？"令狐绹只说："李商隐"。这样说了三次就退出了，也没有为我说情，所以高锴录取了我。

无疑，令狐绹的举荐起了作用，这当然也是由于他父亲令狐楚的崇高地位和威望。这年十月，令狐楚邀请李商隐入兴元府幕，但仅一个月，令狐楚病死，终年七十二岁。

令狐楚长期官居要职，颇有节操。临终的前三天，仍然吟咏诗文不改常态。病情危重，其子进药，从不服用，说："寿命长短的期限，命中早已注定了，何须这些药物。"临终前一天，他召来佐吏李商隐说：

"我的气息魂魄已到尽头，才情文思俱都衰竭，但心中的思念未了，想勉强自成文字奏禀天子，又担心语无伦次，你一定要协助我写完它。"商隐替他撰写了遗表。

令狐楚临终"以死相谏"，请求文帝给甘露之变中屈死的官员"昭雪洗冤，以期抚慰微臣死后的幽魂"。

写毕，对他的儿子令狐绪、令狐绹说："我生平对人无所补益，死后不要请赠谥号。殡葬那天，不要请鼓吹奏乐，仅用布帐丧车一辆，此外不要再加装饰。碑铭墓志只记宗族，撰写碑文不请高官。"

逝世的当晚，有大星殒落在寝室之上，星光照耀庭院。

令狐楚端身正坐与家人告别永诀，说完话后逝去。嫡长子遵从父亲遗愿治丧。李商隐护送令狐楚的灵柩回长安。文宗下诏策封赠官为司空，谥号"文"。

令狐楚对商隐情同父子，恩同再造。但是，李商隐和令狐楚的儿子令狐绹之间的关系却发生了裂变。令狐楚死后，李商隐入了王茂元的幕府。王茂元欣赏他的才华，就把自己女儿嫁给他。这导致了李商隐和令狐绹关系的破裂。当时正是牛李党争的时期，令狐楚父子属于牛僧孺党，而王茂元属于李德裕党。令狐绹看到他父亲一过世，李商隐就投入对方阵营，于是令狐绹开始暗中出手打压李商隐。

3　一春梦雨常漂瓦

李商隐从不把自己当作一个诗人，实际上，他的一生绝大部分时间在做幕府，从事繁重的文字工作，跟着幕主四处漂泊，离开了幕主就不能生存。这是令狐楚没有想到的，更是李商隐不愿意看到的。但，这就是他的命运。

从大和三年入令狐楚起幕，李商隐开始了长达二十年的幕府生涯。

除了大和七年、八年给萧浣、崔戎当幕府外，开成三年（838 年）

春，李商隐参加博学宏词科考试，录取后已注拟官职，却意外地被中书驳下。

李商隐参加授官考试，结果在复审中被除名。李商隐已经考上被录取了，以他的才华和自信，应该不会担心以后自己有负"博学宏词"的称号。然而有中书省的高官说他的坏话，把他的名字从录取名单里取消。他在后来写的《与陶进士书》中苦涩地自嘲说："所谓博学宏词者，岂容易哉。"后来有人猜测，抹去他名字的人，可能就是令狐绹的人。

不得已，这年暮春，李商隐应泾原节度使王茂元的邀请，来到离长安五百里之遥的泾原，当泾原幕府从事，不久，王茂元成了他的岳父。

开成四年（839年）仲春，李商隐参加礼部拔萃科考试，当上了京官校书郎。但上任三四个月后，突然下派外调为弘农（今河南灵宝）县尉，不但官品降了二级，而且从清职降为俗吏。县尉是对诗人良心的摧折。李商隐自己说："却羡卞和双刖足，一生无复没阶趋。"他的主要职责是抓捕人犯、盗贼，到任不久，出于对饥寒交迫为盗的犯人的同情，他减免犯人的刑罚，惹得上司孙简大怒，要免去商隐的官职，商隐以请假归京为名，愤而辞职：

> 陶令弃官后，仰眠书屋中。谁将五斗米，拟换北窗风？
>
> （《自贶》）

商隐性格中刚毅、倔强、傲岸的一面，在特定的环境中，闪耀着钻石一般的光芒。

开成五年（840年）正月，文帝在哀叹中死去，武帝即位，改年号会昌。朝臣中不同派别的人物勾结起来，展开新一轮的斗争。宦官头子仇士良大获全胜，宦官再次掌权，杨贤妃、安王溶等一大批人先后被杀。李商隐写了悼文帝诗，"运去不逢青海马，力穷难拔蜀山蛇"，准确地把握了唐朝江河日下、积重难返的颓势。

武帝即位后，李德裕由淮南入相，王茂元本是武将后人，李德裕一向与他关系很好，《新唐书·李商隐传》则说"茂元善德裕"，但没有说王茂元就是李德裕党。这时王茂元调为京官，李商隐代王茂元给李德裕连上三表，在一定程度上代表了商隐的看法，特别是"大朝无党比之忧"的赞词，等于说李德裕无党，反对结党营私，至少在商隐心里不把自己划入李德裕党。

开成五年（840 年）十月，李商隐从河南济源搬家长安樊南。秋冬间，王茂元处镇陈许，商隐临时代替掌书记段瑰随从王茂元入幕府，约在十二月中下旬离开陈许，在华州刺史周墀手下干了一阵子。期间，商隐往来长安、华州，通过令狐绹等一些关系积极活动，会昌元年通过试书判拔萃，被命任为秘书省正字，时去三年，反而比校书郎官品低半阶。但这并没有影响他的情绪，相反，他还感到高兴、自豪。他在秘书省正字任上只待了半年，阅读了大量前人文集。这年冬，他的母亲去世，丁忧三年，他把母亲的灵柩从长安扶往荥阳，同时将亲人的坟墓进行了一次大规模的迁葬。

我们看一下李商隐当秘书的生涯，是如何如飞蓬旋转：会昌五年（845 年），应郑州刺史李褒之邀，入李褒幕，后闲居洛阳，回长安。六年（846 年）入桂管幕府，大中二年九月，做京兆椽。大中三年应宁武节度使卢弘止之邀，入徐州幕。大中四年随随卢弘止赴宣武，入汴幕。大中五年，妻子王氏去世，回长安，向令狐绹求情，令狐绹推荐他当了太学博士，七月，随东川节度使柳仲郢，入梓幕，一干五年。大中十年回长安，大中十三年去世。

漂泊无定的生涯，使李商隐后期的诗风变化更为多样，诗境也日趋老成。在桂州时，除写了一些风神摇曳、气韵浑成的写景抒情诗如《晚晴》、《访秋》、《城上》、《高松》以外，还以五律和五排的形式写了反映异域民俗风物、具有鲜明地方色彩的风土诗，如《桂林》、《即日·桂林闻旧说》、《异俗二首》、《昭郡》。赴徐州幕府时，一度情绪较昂扬，唱出高歌慷慨、兴会淋漓的长篇古风《偶成转韵七十二句赠四同舍》和《戏题枢言草阁三十二韵》。丧妻后及任职梓州幕府期间，转而为凄苦酸楚之音，如《柳》、《北禽》、《天涯》、《初起》。同时仍保持对国事的忧虑，写下《井络》、《武侯庙古柏》、《杜工部蜀中离席》、《筹笔驿》之类吊古伤时、苍凉悲壮的名篇。而到了颓年乡居时写的《幽居冬暮》，则又一变激楚顿宕为深沉凝重，将无穷的悲愤含蓄在凄清衰飒的意境画面之中，发人深思，令人叹惋。

　　幕府工作究竟繁重到什么程度呢？李商隐桂管幕这一年写诗七十六首，表奏一百二十篇。从六月到九月，四个月之间所作表奏六十七篇，还不包括他的私人信件和文章。这些表奏，一类是例行的给皇帝、朝廷的表状，如刚到任时呈皇帝的谢上表，呈中书门的状，举人自代状，呈四位宰相的状，呈皇帝的谢借飞龙马，谢敕设馔，谢端午赐物，向皇帝进贺午银、冬银、正银的状。还包括朝廷临时有喜庆、丧吊、战伐之事给皇帝、朝廷的表状。如《为荥阳公谢赐冬衣状》、《为荥阳公进贺寿昌节银零陵香麂靴竹靴状》等，其繁文缛节，令人眼花缭乱。二类是给有关内外官吏的启状。其中有的是报告启程、到任或途中经过某地，有的是祝贺，有的是慰唁，也有的是对方现有书信、礼品送来，致书启显示感谢，状况不一，涉及官吏人数众多。如《为荥阳贺幽州破奚寇表》、《为荥阳公贺牛相公状》等。三类是为幕主代拟的祭神文、黄篆斋文、亲朋故旧的祭文。如《为中丞荥阳公祭长安杨郎中文》、《为荥阳公祭吕商州文》等。四类是为幕主拟的任命下属官吏的牒文，训诫、奖励的州、郡管理的牒状。如《为荥阳公与京兆李尹状》、《为荥阳公与河南崔尹状》等。第五类是代幕主拟的就某一问题向朝廷请示的奏状。如《为荥阳公奏请不叙录将士状》、《为荥阳公论安南行营将士月粮状》等。第五类是代幕主拟的重要书信和文章。如《为荥阳公上李太尉状》、《太尉卫公会昌一品集序》等。这些文章中真正属于方镇军镇要务，或者思想、艺术价值的，只有第二、第三类文，其他大部分文章都是循环应景式的应酬文，但却占据了书记的大部分时间，可以说一个人的时间和才能绝大部分浪费在毫无意义的事情上。

　　幕府工作凄惶困窘到什么程度呢？桂管幕，李德裕另一主要助手李回罢相，出镇西川时，身在李亚幕的李商隐，给李回写了《寄成都高苗二从事》，透露出想李回幕的意向。李亚再贬，走投无路的商隐，经过江陵时，赶紧拜访荆南节度使郑肃，到襄阳，向山南东道节度使卢简辞投求职信。在梓幕，他一再违心地恭维杜悰，诉说自己的困窘，但杜悰除了称赞他的诗外，没有给予任何实际的帮助。同时，他还不停地向朝廷、丞相、令狐绹写求助信。幕府工作需要时时注意自己的言行，小心侍奉。长期压抑，养成了他缠绵琐碎、内向软弱的悲剧性格，还要抽出不少的时间，结交新幕主，维系旧幕主的关系，比如他与从前的华州刺史周墀一直保持书信往来，桂管罢幕后，李商隐绵延奔波千里，不断地寻找幕主，终归无处托身，凄惶地回到长安，不得不低声下气地哀求当了丞相的令狐绹，才找到一个饭碗。他在长安的家也不得不搬到长乐，只得在长安临时找一个小窝安身，家小住在乡下，从开成四年同王氏结婚，到宣宗大中五年（851年）秋天妻子逝世，夫妻结合二十载，在一起生活的日子不到三年，真是凄惶无地。

这里就不能不说到商隐与李德裕和令狐绹的关系。

李德裕当丞相时，会昌三年，朝廷接连进行了两次讨伐战争。一次是对回鹘的反侵略战争，一次是讨伐泽潞叛镇刘稹的战争。李德裕坚持主战，采取一系列的措施，最后赢得了战争的胜利。李商隐的岳父王茂元与李德裕的关系一向很好，但是，就在这场战争中，王茂元病死。

这时，李商隐写了多篇檄文。《为李贻孙上李相公启》写得最是气势磅礴，冯浩认为商隐"尽全力为之"。绝妙好文，不可不赏：

> 而潞寇不惩两竖之凶，徒恃三军之力，干我王略，据其父封。袁熙因累叶之资，卫朔拒大君之诏。人将自弃，鬼得而诛；蛙觉井宽，蚁言树大。招延轻险，曾微吴国之钱；藏匿罪亡，又乏江陵之粟。所谋者河朔遗事，所恃者岩险偷生。今则赵魏俱攻，燕齐并入。奉规于帷幕，遵命于指踪。亚夫拒吴，惊东南而备西北；韩信击魏，叙临晋而渡夏阳。

说辞层次明晰，对仗工整。先责对方不义，人鬼共诛，势陷孤危险，把叛匪自恃的实力，小化为“蛙、蚁”；把叛匪据守的天险，揭露为“岩险”，使敌军胆颤心寒；后叙唐军的英勇善战，所向披靡，令敌闻风丧胆，词句之间有裂帛之声，众多典故信手拈来。笔墨酣畅，神思飞越。

《为怀州李使君祭城隍神文》：

> 况彼潞人，实逆天理。因承平之地，以作巢窠；殴康乐之民，以为蟊贼。一至于此，其能久乎！惟神广扇威灵，划开声势。俾犯境者，望飞鸟而自遁；此滔天者，听唳鹤以虚声。

对这场长达四年的战争，李商隐一直关注，写了一系列的诗文。而当时除了杜牧写了《东兵长句十韵》和上书用兵方略外，整个文坛一片沉寂，更显出李商隐的孤响独绝！

从这里可以看出，李商隐对李德裕的才德、为苍生谋十分膺服，公开称他是“千古一名相”。叶梦得《避暑录话》说李德裕是“唐中世第一等人物”，《东观奏记》说李德裕“疾朋党如仇雠”，宋孙甫《唐史论断》说：“德裕所与多才德之人，几于不党。”

会昌六年（846 年），武宗因服食金丹躁去世，宦官拥立李忱为帝，这就是宣宗，次年改年号为大中。宦官早就厌恶李德裕，加上宣宗想揽权，即位六七天，就把李德裕下派到荆南当节度使，任白敏中为宰相。于是展开一系列重大人事变更，李德裕派受到重大打击，牛僧孺派崛起。不久，李德裕的得力助手郑亚由给事中的高官贬谪为西南边缘地区的桂管观察使。期间，李商隐用极大的热情，给李德裕编文集，写《太尉卫公会昌一品集序》。郑亚再贬，商隐他写辩词，言辞亢直。随之，第二轮打击又到，李德裕的另一主手李回罢相，他自己也再次被贬崖州，这时，商隐陷入走途无路的绝境。

本来，李商隐出自令狐楚门下，这时正是他升官的大好时机，何况令狐绹从中央右郎中出为湖州刺史，有上升的势头，李商隐在京任秘书正字，只要稍微见风使舵，前途就一片光明，但商隐却选择了李德裕的得力助手郑亚，他的立场无疑站在李德裕一边。

李商隐的选择，触怒了当权的牛党，令狐绹当时就指责他"忘家恩，放利偷合"。当李商隐为郑亚写辩词的时候，令狐绹极为愤怒，以至后来他对李商隐的排斥。从李商隐的文集可以看出，李商隐多次向令狐绹求助，令狐绹十分冷淡，后来令狐绹把他推荐为太学博士，还是干不下去，不到半年又去干自己的老本行。

这反映了李商隐在内心深处，对令狐绹的态度。他写过一首《钧天》：

> 上帝钧天会众灵，昔人因梦到青冥。
>
> 伶伦吹裂孤生竹，却为知音不得听。

这首诗看似扑朔迷离，但看了裴庭裕的《东观奏记》的故事，就不难明白：有一天，宣宗在延英殿听政，问宰相白敏中："当年宪宗下葬景陵，忽遇大风雨，送葬的人们都急着避雨，只有一山陵使攀着灵驾不动，那是何人？"白敏中答："景陵山陵使令狐楚。"宣宗问："他有儿子吗？"白敏中答："长子绪，随州刺史。"宣宗说："有做宰相的才华吗？"白敏中答："绪小时候患有风痹，不能担重任；次子绹，湖州刺史，有台辅之器。"就这样，令狐绹被诏到长安，出任翰林学士，转年就当上宰相。《钧天》中的"昔人因梦到青冥"当指庸才而登贵仕的令狐绹。

李商隐终身潦倒落魄，从未扬眉吐气。后来商隐反思自己一生遇合，酸楚地发现，自己与令狐楚两代的关系，不料竟成为今日沉沦斥弃的根由，倒是随与令狐楚对立的李德裕在政治上建树。

但是，李商隐却来了一个一百八十度的大转弯，在梓幕，他吹捧劣迹斑斑的杜悰是"挺生"的"寒松"，大骂李德裕是"当路"的"恶草"：

> 恶草虽当路，寒松实挺生。人言真可畏，公意本无争。
>
> 《五言述德抒情诗一首四十韵献上杜七兄仆射相公（杜悰）》

这种转变，恰恰是李商隐的辛酸：从国家、民族利益的角度，他内心确实对李德裕的功绩持肯定、赞扬的态度，但为了求得杜悰关注，却不惜违心攻讦。这种人格的分裂，恰恰是生存的悖论。

4 何当共剪西窗烛

李商隐为文瑰迈奇古，写爱情诗独占鳌头。提起李商隐，就不能不提到他谜一样的无题诗，和谜一样的爱情生活。

尽管许多研究者写过李商隐爱情揭秘，如苏雪林的《李商隐恋爱事迹考》、陈贻焮的《李商隐恋爱事迹考辨》，苏雪林甚至宣称：李商隐的爱情"是千古以来文人中罕有的奇遇，情史中的第一悲剧"。唐朝幕府都开辟有官妓，李商隐有许多暗恋或绯闻也有可能，但这些绯闻都很难找到确凿的史实依据。

李商隐的爱情诗多，且含义隐晦，喻旨丰富。如"春心莫共花争发，一寸相思一寸心"，写追求幻灭的悲愤；"春蚕到死丝方尽，蜡炬成灰泪始干"，写执着追求；"曾是寂寥金烬黯，断无消息石榴红"，写热切期待。

李商隐的有一些诗，是明显别无寄托的纯爱情诗。如他的《燕台诗四首》。

这首诗交代了他第一个恋爱对象。只知道她是一位能歌善舞的贵家歌妓或姬妾。她有姊妹二人。在一个风和日丽的春天，商隐在湖南长沙一带与她相遇，看到她时，她正站在花开烂漫的桃树西边，梳着高高的云鬟，洁白的面庞与桃花相映红。李商隐知道她原有一个当官的夫君，但已经死了，只剩下她孤身一人。夏夜月华流转，清光四溢，李商隐与她窃窃私语，对方的气息如香熏兰绽，沁人心脾。不久，分别的时刻到来，两人难舍难分，李商隐送给她一幅尺素和耳珠，但此后一别，竟杳无消息。后来李商隐打听到这位女子流落到金陵，曾去寻访过她，但佳人已远去。孤独的李商隐为相思煎熬，在一个喝过酒的午后，迷迷糊糊地听见她的轻声细语，酒醒却发现美娇娘不在身边。又是一年春，柳絮飘飞，李商隐内心迷离，于是又四处寻找，毫无结果，只得在想象中重温她美好的姿容。到了月光皎洁的夏夜，他抬头遥望银河，恨不得银河落如自己怀中，免得牛郎织女相隔之苦。他牵挂此刻佳人流落在异乡，像一只啼血的杜鹃，不知在寂寞中，是否有女伴相慰相怜。李商隐的心一直情系在她身上，后来有人告诉他，这位女子已流转到岭南一带。悲伤的李商隐想象她在月华清冷的秋夜，颦眉独自愁，只听得檐前铁马，一夜叮当作响。李商隐又去他们相识的地方，当年玉树歌舞的佳人的旧居，现在深门重锁，荒凉冷寂，小苑荒废，变成行人的小路，他不仅悲从中来，这段无果的爱情，留下的是李商隐四季绵绵不断的相思。

　　李商隐第二个明确的恋爱对象，是柳枝。柳枝是洛阳姑娘，她的父亲是个商人，因为风波死在湖中。她的母亲最爱的就是这个女儿，柳枝天真活泼，纯情任性，对音乐和诗歌有特殊的爱好和超人的敏悟，能吹奏出"天海风涛之曲"，歌唱出"幽忆怨断之音"。李商隐的从兄李让山家住洛阳，与柳枝家是邻居。当李让山在她家门前朗读着李商隐的《燕台诗》，柳枝凭敏锐的艺术直觉，立刻被诗歌的惊艳袭中，激动得不能自已，急切地问："谁人有此？谁人为此？"谁有这样哀婉凄伤的爱情体验？谁写出了这样凄婉的诗歌？在《燕台诗》的感染下，她大胆地托让山带给李商隐博山香和香炉（博山香和香炉是唐代青年男女炽热爱情的信物），并邀请李商隐三天后在她洗裙的水边相会。但是不巧，李商隐的一位约好同去长安的朋友开玩笑，偷偷地拿着他的行李先走了，以至两人错失了相见的机会。不久，柳枝就被东边的一位节度使强行娶了去。实际上，李商隐并没有跟她谈恋爱。

　　关于李商隐在玉阳山与女道士不得不说的故事，炒得很热的是与宋华阳的恋爱。李商隐学道正是谈恋爱的年龄，搞点暗恋也难说，但并无确凿的史料证实它的真实性。商隐在玉阳山学道，对道教有很深的研究，他的许多诗歌，大量使用道教典故和意象，而且当时正准备着一波又一波的高考，与女道士暗传绯闻，恐怕他得有非凡的精力。虽然他对道教研究很深，但是他是反对道教的，这从他反对皇帝吃长生丹，反对搞迷信，反对男、女道士独守，认为是扼杀人性。对于当时女道士的开放、绯闻，和偷偷摸摸的苟且之事，他看得很多，写了很多有关修道和女道士的诗歌，真实地反映了道中生活。他的有一些诗是被误读，比如这首《月夜重寄宋华阳姊妹》：

偷桃窃药事难兼，十二城中锁彩蟾。

应共三英同夜赏，玉楼仍是水精帘。

"偷桃"，借用东方朔偷桃暗指男道士；"窃药"，借用嫦娥窃药暗指女道士。男女不得同观。美丽的宋华阳姐妹深锁观中，商隐与之不得相见。"锁"字，写出了女道士形同幽囚的生活。而那一道"水精帘"是阻隔不通的象征，至少商隐心中有一道过不去的门槛。

再比如他的《夜雨寄北》：

君问归期未有期，巴山夜雨涨秋池。

何当共剪西窗烛，却话巴山夜雨时。

商隐写这首诗的时候，他的妻子早已离世。在晚唐糜烂风行之际，从商隐对妻子的感情来看，他还是保持重情的本色，对妻子的感情可谓真诚。

李商隐对妻子王氏，可能在婚前就已属意。

王茂元有"七仙女"，李商隐的同科进士韩瞻娶王茂元的第六女。李商隐曾跟韩瞻开玩笑，说中进士时，自己的名次在韩瞻之上，当官和结婚，韩瞻都在自己之前。韩瞻于开成二年春结婚，李商隐估计参加过他的婚礼，想必韩瞻的夫人是非常美的。李商隐入王茂元幕府，甚至托过李十将军帮忙。李十将军是李晟的后裔，在朝廷御林军中任高级将领（千牛将军），因其排行第十，人称为"李十将军"，是李商隐的好友。

李商隐在《寄恼韩同年二首（时韩住萧洞）》中写道：

> 帘外辛夷定已开，开时莫放艳阳回。
> 年华若到经风雨，便是胡僧话劫灰。
> 龙山晴雪凤楼霞，洞里迷人有几家。
> 我为伤春心自醉，不劳君劝石榴花。

萧洞，指岳家，"洞里迷人有几家"，暗用刘晨、阮肇洞中遇二仙女的典故，显见他对王茂元的小女儿有意。实际上，李商隐与韩瞻同时提婚，"而韩先成"。王茂元的小女美若天仙，是李商隐自己说的。他在《病中早访李十将军遇挈家游曲江》尾联说："莫将越客千丝网，网得西施别赠人"，把王茂元的小女比作西施。李十将军也是王茂元的女婿，李商隐在曲江遇到李十将军带着家人游曲江，内中有其妻王氏，可能还有王茂元的小女，李商隐对她一见倾心。从其诗歌中看，这个小女，不仅貌美，而且很有才华，能作诗，"春风犹自疑联句，雪絮相和飞不休"，把她比作咏雪的谢道韫。

李商隐入王茂元泾原幕后，王茂元对他很欣赏，欣然把小女儿许配给她。李商隐与王茂元的小女基本上是闪婚，从认识、恋爱到结婚，前后不超过三个月，具体结婚时间不可考。

婚后，两人的感情非常好，李商隐善抚琴，王氏善弹瑟，夫妻之间可谓"琴瑟和鸣"，两人吟诗作对，说不尽的柔情蜜意。新婚后外出不久，李商隐思念王氏，写过一首《东南》，把妻子比作美丽、勤劳、坚贞的罗敷。

> 东南一望日中乌，欲逐羲和去得无。
> 且向秦楼棠树下，每朝先觅照罗敷。

婚后的第五年，他们有了一个女儿；又过了四年，生了一个儿子，李商隐给儿子取名叫"衮师"。李商隐希望自己的儿子将来能够成为

"王者之师"。他在《骄儿诗》中不无自豪地说："衮师我骄儿，美秀乃无匹。"看着一对儿女依依膝下，再贫穷的生活也觉得甜蜜。

大中二年（848年），李商隐失去桂林幕府掌书记的职务，一直赋闲在家。到三年十一月，虽然王氏已经有病在身，但是为了一家生计，李商隐不得不冒着大雪赴徐州再转汴梁幕府。

临离别时，大雪纷飞，他安慰妻子写了《对雪二首》，把妻子比作洁白多情的雪，写下"龙山万里无多远，留待行人二月归"这样感情真挚的诗句。

大中五年（851年）暮春，李商隐接到妻子病重的消息，他赶紧辞幕，往家里奔，到家时妻子已经逝世，仅四十多岁……对着王氏平时所弹的瑟，感叹"归来已不见，锦瑟长于人"，痛感物是人非：人走了，瑟仍在；瑟的"寿命"比人还长久！

李商隐四处漂泊，夫妻俩聚少离多，结婚二十余年，共处的时间不超过三年。王氏跟着他从长安搬到乡下，拖儿带女过着穷困的日子，怎么能长寿呢？李商隐将妻子安葬在蓝田玉山之上，后来他又写了许多悼念妻子的诗，如《谒山》、《玉山》、《锦瑟》等。

在东川梓州，府主河东公柳仲郢，非常同情李商隐，给他三十五万钱的工资，抚养远在长乐的孩子，还将东川乐营中的一个歌女张懿仙赏赐给他，商隐拒绝了。他觉得再也没有人能够代替妻子对他的深情挚爱。他无法不思念妻子，从此潜心向佛："一生几许伤心事，不向空门何处销！"

妻子故后，繁重的文字工作，不停地奔波，重重的困厄，李商隐的身体迅速地衰弱下去。大中十二年（858年），一代文学巨匠李商隐，永远去追随自己美丽的妻子去了，终年四十六岁。

"虚负凌云万丈才，一生襟抱未曾开"！崔珏的《哭李商隐》是对李商隐这位绝代才人悲剧遭遇的准确概括，也是晚唐悲怆的呜咽……

第十一章
诗鬼李贺

哦！好瘦好瘦的一位书生

瘦得

犹如一支精致的狼毫

你那宽大的蓝布衫，随风

涌起千顷波涛

　　　　　　——洛夫《与李贺共饮》

　　李贺（790—816 年）是继屈原、李白之后，中国文学史上又一位颇享盛誉的积极浪漫主义诗人，他与李白、李商隐三人并称唐代"三李"。其诗想象奇特、思维奇谲、辞采奇丽，鲁迅先生喜读李贺诗，毛泽东亦指出"李贺诗很值得读"。其存世有《李长吉歌诗》。

1 少年才名动长安

李贺，贞元六年（790 年）生于河南昌谷（今河南宜阳），远祖是唐高祖李渊的叔父大郑王李亮，李贺距李亮几近二百年。父李晋肃官职亦不高，爵禄最高时，只不过做了陕县令、陕虢都防御官。李贺就出生于这样一个旁支远裔、家境破落的宗室之家。

传说李贺出生时，夜有鬼哭，如同上古仓颉造字之夜。

李贺长相奇特，庞眉、青眼，身薄如纸，指如长爪，形销骨立，人称鬼相。他的父亲李晋肃担心他活不长，把他取名李贺，字长吉，祈望他天长地久，吉祥如意。

少年李贺天资聪颖，他四五岁时，就已作出了《苦篁调啸引》：

请说轩辕在时事，伶伦采竹二十四。

伶伦采之自昆丘，轩辕诏遣中分作十二。

伶伦以之正音律，轩辕以之调元气。

当时黄帝上天时，二十三管咸相随。

　　唯留一管人间吹，无德不能得此管，此管沉埋虞舜祠。

　　请让我说说轩辕帝在世时的事，乐官伶伦选取了二十四种上好的竹子（做成弦管）。这些竹子是从昆仑山采来的，轩辕帝命他分成两半，各作十二。伶伦用他们定准音律，轩辕帝用它来调正天地元气。当时黄帝驾鹤上天时，二十三弦管都随他上天去了，只留下一根管弦在人间吹，天下无德不能得这支弦管，这支弦管沉埋在虞舜祠。

　　李贺这首诗托物言志，既表现了自己的绝世才华，又暗含诗人横遭委弃的悲情。

　　昌谷是一个风景优美的地方，东依千年帝都洛阳市区，境内有唐代皇家最大的行宫之一的连昌宫；有武则天封名并亲题"锦屏奇观"的锦屏山，著名的灵山寺与中国佛教名刹洛阳白马寺遥遥相对，构成绝妙的"姊妹寺"；昌谷北有凤翼山、汉山，南有女几山、梅鹿山，昌涧水从凤翼山和汉山间缓缓穿过昌谷向东南流注洛水，"每岁运江淮米五十万斛，至河阴留十万，四十万送渭仓"（《旧唐书·食货志下》）。昌谷山奇、石怪、洞佳、水秀、雾美、林茂，是吴承恩所著《西游记》中花果山的创作原型。这里的灵山秀水，培养了少年李贺浪漫的气质。那云雾缭绕的仙山，引发他对神仙世界的神奇想象：

　　　　南风吹山作平地，帝遣天吴移海水。
　　　　王母桃花千遍红，彭祖巫咸几回死？

　　　　　　　　　　　　　　　　　　　　　　　　（《浩歌》）

　　南风把山作吹平地，上帝派水神天吴移来海水。西王母娘娘的桃花红了千回，长寿的彭祖和神仙巫咸能死几回呢？李贺感叹人生总难免衰老、死亡，雄心大志未必都能实现，但人不应为此烦恼，而要把握现实，珍惜少壮时光。一个普通的意思，在李贺的笔下，竟有这么多奇思妙想。

　　南园是李贺的读书之处，在这里，寄托着他种种喜怒哀乐：

> 花枝草蔓眼中开，小白长红越女腮。
>
> 可怜日暮嫣香落，嫁与春风不用媒。
>
> （《南园》其一）

　　放眼花开草蔓，红白相间，艳如越女之腮。最可爱的是日暮时分娇艳的花朵飘零，嫁给东风不用媒人。这首七绝以美女比拟鲜花，赞其美艳，怜其红颜不永，寄寓着作者怀才不遇、感慨青春易逝之意。

　　春天在李贺的笔下是那样的细腻入微，清新明丽：

> 春水初生乳燕飞，黄蜂小尾扑花归。
>
> 窗含远色通书幌，鱼拥香钩近石矶。
>
> （《南园》其八）

　　春水刚刚涨满，乳燕满园翩飞，黄蜂的小尾带着花粉归来。远处的美景与书斋中的帷幔窗帘连成一片，石矶边鱼儿正向钩游来。此诗体物细腻，描写逼真，颇见隐逸情趣。

　　秋天总是勾起他的功名未立的伤感：

> 桐风惊心壮士苦，衰灯络纬啼寒素。
>
> 谁看青简一编书，不遣花虫粉空蠹。
>
> （《秋来》）

　　秋风起，桐叶落，壮心惊。蟋蟀声声，因秋天转凉而哀鸣。自己的一部诗集久无人读，蠹虫已生其中。在这苦雨凄风之夜，他一面悲叹春秋代序，年岁不与，一面想象着古代怀才不遇者的魂魄会来慰问自己。

　　李贺更喜欢的还是鬼气森森的昌谷之夜。他喜欢在月辉中茕茕孑立，喜欢月色下田畴、池沟、村影、村庄、人影的巨大魅影，喜欢没有荷芰的寒塘中细长伶仃的鹤影，喜欢巨大的槐柏云翳下，种种霎动不已、时浮时现的怪影。他倘徉于夜色中，鬼才飘忽而至：

秋野明，秋风白，塘水潦潦虫喷喷。

云根苔藓山上石，冷红泣露娇啼色。

荒畦九月稻叉牙，蛰萤低飞陇径斜。

石脉水流泉滴沙，鬼灯如漆点松花。

（《南山田中行》）

少年李贺诗才高迈，难觅知音。他最喜欢就是在坟场游走，与孤魂野鬼为伴，听鬼的哭声：

思牵今夜肠应直，雨冷香魂吊书客。

秋坟鬼唱鲍家诗，恨血千年土中碧。　　　　（《秋来》）

李贺借前代诗人的魂魄来慰问自己，抒发怀才不遇之情。

李贺拜谒《苏小小墓》：

幽兰露，如啼眼。无物结同心，烟花不堪剪。草如茵，松如盖。风为裳，水为佩。油壁车，夕相待。冷翠烛，劳光彩。西陵下，风吹雨。

苏小小是江南名妓，传说每到风雨之夕，就能听到她的墓上有歌吹之音。李贺却看见苏小小的幽灵以风为衣裳，以水为佩饰。她眼含泪水，如幽兰带露。她不能再与人缔结同心，只能孤独地飘荡。往昔的幽会已成空幻，当年的情人已为鬼魂，只有翠烛似的鬼火孤凄地飘零。

李贺那鬼气森然、一片肃杀的诗章，是如此给力，惊动过的乡里风雅人士，都憋不住满腹好奇前来探秘，一窥这儿童诗鬼的真颜。

于是，人们经常可以看到这样的奇观：才及酒案高的李贺与苍髯及膝、白发皓首的老人对酌，或者围着一堆碎纸在满面溅珠喋喋不休地争吵。

李贺的才名越传越远，在昌谷的官道上，经常可以看到有人骑马飞驰而来，向李贺索取新词。李贺醉眼惺忪，随笔涂抹，掷笔而去：

> 上楼迎春新春归，暗黄着柳宫漏迟。
>
> 薄薄淡霭弄野姿，寒绿幽风生短丝。
>
> 锦床晓卧玉肌冷，露脸未开对朝暝。
>
> 官街柳带不堪折，早晚菖蒲胜绾结。

（《河南府试十二月乐词·正月》）

取词者大喜过望，如获至宝，小心翼翼地奉上一锭银子，一骑红尘飞奔洛阳。

十五岁时，李贺的诗名已经轰动京城长安。如《追赋画江潭苑四首》这类即兴之作，竟会获得勾栏瓦肆的歌伎们的一片喝彩声：

> 吴苑晓苍苍，宫衣水溅黄。
>
> 小鬟红粉薄，骑马佩珠长。
>
> 路指台城迥，罗薰袴褶香。
>
> 行云沾翠辇，今日似襄王。

他更没想到自己诗作中的那些故作丽靡的二流小诗，就足以征服那些口味挑剔的所谓泰斗南面王们。贞元二十年（804年），李贺就已经誉满京华与李益齐名了。此时，李贺年不过十五，而李益呢？已五十七岁了。

2 男儿何不带吴钩

小李贺博览群书，他很早就知道自己的家世，对李唐王朝极其关注，有强烈的责任感，又为自己一支流落到遥远的昌谷，家道衰微愤愤不平。他常常在古庙荒刹的檐铃声中遐想先王的庙堂宫阙，想象那一片展开的红墙碧瓦，可这一切只能在追忆中遥想了。

而他那个远亲、当今皇上德宗李适治下的大唐，也江河日下。自安史之乱后，李唐统治力大大削弱。德宗即位三年，魏博（今河北大名东南）、成德（河北正定）、淄青（山东淄川）三镇勾结山东梁崇义起兵反唐，酿成历史上的"四镇之乱"。"四镇之乱"未平，"四王之乱"又起，以卢龙（驻幽州）朱滔为盟主的田悦、王武俊、李纳分别自立为翼王、魏王、赵王、齐王，朱泚、李希烈更是霸气十足地称了帝。

大唐王朝的疆土，已成为藩镇们任意分割的菜园子了。对政治极端狂热的李贺痛心疾首。这个手无缚鸡之力、瘦得像影子一般的少年，狂热地爱上了兵书。

他以阅读《搜神记》、《山海经注》、《楚骚》、古诗汉赋、野史僻书、笔记孤本一样的热情，阅读着《战国策》、《史记》、《汉书》、《三国志》，研究着《六韬》、《孙子兵法》和名家集注的兵书上的各种战例。幻想着如秦始皇一般横扫六国，将那些骄纵跋扈、放肆得让人气炸了肺的藩镇们杀得流血漂橹、尸伏如山！

这使他在阅读史籍兵书时，十分专注那些酷烈的战例，或者出其不意、以少胜多、妙算如神的战役，并时时扼腕叹息当时将帅的失着，或不屑地鄙夷他们的无能。

他合上《三国志》，闭上眼睛。他看见自己骑着一匹赤骏，像闪电般凌空而去，溶入燃烧炙腾的天壁之中。一阕宏丽的天乐笼罩而来：

秦王骑虎游八极，剑光照空天自碧。

羲和敲日玻璃声，劫灰飞尽古今平。　　　　　　（《秦王饮酒》）

李贺常常骑着一头硕大无朋的瘦驴，背着锦囊，有了感想，随时写下一首诗歌，把它扔进锦囊，尔后，眼睛依旧半睁半合着，任驴把他带进小县城。

在昌谷县城，在那些下等的嘈杂的酒桌上，他密切关注着他的那个远在长安的亲戚。

贞元十六年（800年），判官薛正伦触怒了地方军阀于頔，于頔要把薛正伦贬官，德宗也就把他贬了。不久，頔官的怒气消了，又奏请薛正伦留任判官，德宗也就依准了。

德宗对这些军阀可称得上俯首帖耳。

李贺每每听到这些精彩的消息，都要气得咯血。他恨不得即得千里龙驹，马上就奋鬣出山，仅《马诗》就一口气作了二十三首：

> 大漠沙如雪，燕山月似钩。
>
> 何当金络脑，快走踏清秋。　　　　　　　　（《马诗》其五）

在燕山大漠，明月如银钩，在月光照耀下，沙尘像雪片纷纷扬扬。何时能够骑上我的铁甲快马，在清秋时节任意驰骋。这首诗歌描写了塞外奇丽的军中生活，李贺驰骋沙场，建功立业的英武形象栩栩如生，是边塞诗的优秀之作。

> 此马非凡马，房星本是星。
>
> 向前敲瘦骨，犹自带铜声。　　　　　　　　（《马诗》其四）

李贺以马自况，即使瘦，进军的脚步也带着铜音。这种自强不息的精神，是大唐风貌的回光。

不久，京师又传来消息，当今皇上德宗于贞元二十一年（805年）正月二十三日驾崩了，正月二十六日，李诵即位，是为顺宗，年号永贞。接着，宫廷又发生了令人眩目的"永贞之变"，不半年，革新派全军覆，以户部侍郎王叔文为首的柳宗元、刘禹锡等"八司马"，纷纷外贬。

李贺听着那些惊人之变，吸了一口凉气。他在虚织的竹影，徘徊复徘徊，像一个早熟的老头，写下一首老练的《艾如张》：

> 锦襜褕，绣裆襦。强饮啄，哺尔雏。
>
> 陇东卧穟满风雨，莫信笼媒陇西去。
>
> 齐人织网如素空，张在野田平碧中。
>
> 网丝漠漠无形影，误尔触之伤首红。

艾叶绿花谁剪刻，中藏祸机不可测。

这首诗借齐人捕鸟，写出了政治斗争的残酷和阴险。

"二王八司马事件"，使李贺对文人在政治上所起的作用深感怀疑。他更崇尚他的尚武精神。

三十未有二十余，白日长饥小甲蔬。

桥头长老相哀念，因遗戎韬一卷书。

（《南园十三首》其四）

男儿何不带吴钩，收取关山五十州。

请君暂上凌烟阁，若个书生万户侯。

（《南园十三首》其五）

李贺的这首诗使千余年后的鲁迅大为发噱：一个手无缚鸡之力的书生，竟想从师习武、舞枪弄棍，是不是太自不量力了？

鲁迅先生青年时很喜欢李贺的诗，但后来，鲁迅对李贺的豪言壮语产生了怀疑。鲁迅先生在《豪言的折扣》中说，"连留长了指甲，骨瘦如柴的鬼才李长吉"，也说"见买若耶溪水剑，明朝归去事猿公"起来，简直是毫不自量。这应该折成零，证据是"他到底并没有去。"

"他到底并没有去。"意思大致说凡文士们的豪言壮语有的只是说说而已，并非真的做。李贺仕途不顺，想弃文从武，只不过是唐朝时的精神胜利法。

这也许是一个不可实现的梦。而此刻李贺却是满怀热忱与单纯，慷慨激昂地做下去：

寻章摘句老雕虫，晓月当帘挂玉弓。

不见年年辽海上，文章何处哭秋风？

（《南园十三首》其六）

一丝冷风袭来，掀动高高摞在桌上的书册，忽然他惊呆了，似凸出纸张的黑字飘拂着一绺绺白发，李贺竟须发斑白！

他听见太夫人在身后一声叹息："是儿当呕出心乃已尔！"

3　长安访客

雨淅淅沥沥，瘦弱的李贺头戴斗笠，骑驴向女几山蹒跚而行，到香兰女神庙，他把驴系在一片水草丰茂的棠树下，径直往寺中走去。

女几山现在改称"花果山"，山上的香兰女神庙香火旺盛，香兰女神异常艳丽又极具神通。宪宗元和十二年（817 年），名相裴度出讨淮西叛军吴元济时曾到过女几山兰香女神祠，祈祷平叛胜利，"后果如所言，克期平贼"。胜利后，裴度在刻石题诗，当时韩愈随军未能陪同游山，却奉命写下一首和诗《奉和裴相公东征途径女几山下作》，诗中则表达了他游此山的渴望：

> 旗穿晓日云霞杂，山倚秋空剑戟明。
>
> 敢情相公平贼后，暂携诸吏上峥嵘。

李贺欣赏着香兰女神庙里一幅幅前贤的诗文，特别是看到唐玄宗为此写的《望女几山》，不禁技痒，在影壁上兴意遄飞地走笔，挥就一首《兰香女神庙》：

> 古春年年在，闲绿摇暖云。松香飞晚华，柳渚含日昏。沙炮落红满，石泉生水芹。幽篁画新粉，蛾绿横晓门。弱蕙不股露，山秀愁空春。……密发虚鬟飞，腻颊凝花匀。团鬓分蛛巢，浓眉笼小唇。弄蝶和轻妍，风光怯腰身。深帏金鸭冷，奁镜幽凤尘。踏雾乘风归，撼玉山上闻。

"哈哈哈哈……好辞，绝妙好辞！"

李贺身后传来爽朗的笑声，他蓦然回首，门外炫目的白光里，显出一胖一瘦的两个人，其中一个阔面短髯，一个白面长须。

"果然是'向前敲瘦骨，犹自带铜声'……"

"骨格清奇，俊逸超凡，真人间逸龙也……"

李贺看着两个浓重长安口音的的游客，迷惑地问："你们怎么认识我？……"

"哦，在下韩愈。"阔面短髯的壮年自报家门，又指着同伴介绍道，"这位是皇甫湜公。"

刚刚欣赏了韩愈的诗作，没想到在这里遇到了他。

李贺眼里闪出碧莹莹的亮光。李贺虽对"元轻白俗"却之不恭，但对这位以倡导"古文运动"一跃而成为文坛领袖的京中名吏颇为仰慕。尤其是韩愈极爱人才，提携过不少后进。李贺慕名已久，早想一识。

而皇甫湜，李贺也早就听说他在洛阳附近的陆浑县任县尉。他那孤傲峭拔、体势雄奇，一反当今文坛流行的骈体的古意盎然的文风，也颇不俗。

原来韩愈、皇甫湜听说李贺少年时便能写出很好的诗文，有点不相信，就来李贺家里造访。听说李贺去了女几山香兰女神庙，韩愈早就有意一游，便与皇甫湜一起来了。

韩愈、皇甫湜走到影壁前，品味片刻，玩笑道："嗬，觅到'乐府二李'中的小李的真迹了，字字生奇，设色浓丽。"他眯眼细看"密发虚鬈飞，腻颊凝花匀"几句，赞叹道，"描绘香兰女神真是细腻传神，难怪你那些歌，迷倒了那么多的京都狂蜂浪蝶。"

皇甫湜指着那句"沙炮落红满"："我就喜欢你用的'沙炮'二字，不知典出何处，不细看，还以为是古人的佚作呢。"

听到文章巨公的评价，李贺心里有几分高兴，又颇为不快："我就是靠这个才博取了他们的好奇？"

"当然，一些人也许是因为读不懂你的诗，才专看你的歌行。"韩愈的脸上仍是沉静的微笑。

李贺一听到这话，更颓丧了："可我的'寻章摘句老雕虫，晓月当帘挂玉弓。不见年年辽海上，文章何处哭秋风'，就从没让他们吃惊过？"

韩愈一脸讶然："原来你还有此等妙句。我怎么从没听说道，真乃大音希声，大象无形，这样的诗句应该蛟龙愁、鬼神泣，如让皇上听到说不定马上擢用你呢！"

三人一面说着，一面向庙外走去。此时，风停雨住，满院苍翠，连空气里也逸满藻郁的芬芳，他们不禁深深呼出了一口长气。

李贺在暮色中与韩愈分手，拎着几条瘦棱棱的小鱼回了家。天色已全黑了，从各家各户传来一片高低错落的"咚咚"舂米声。

一会儿，他听见租吏呵斥的催租声。刚才在韩愈、皇甫湜那里激起的壮志，这会儿消匿得无影无踪。

> 我在山上舍，一亩蒿磽田。
>
> 夜雨叫租吏，舂声暗交关。
>
> （《送韦仁实兄弟入关》）

李贺咬牙切齿，诗从口出。

一个月后，他的父母突然宣布给他娶亲。新婚之夜，他好奇地揭开了新娘的盖头：一颗硕大的黑痣，点在新娘的眼睑下……

这就是传说中的流泪痣？

毕竟，新婚燕尔，李贺乐不思蜀了。新娘子使他灵感汩汩而出。他在《咏怀二首》（其二）中描写了自己赋闲在家的心绪：

> 日夕著书罢，惊霜落素丝。
>
> 镜中聊自笑，讵是南山期。
>
> 头上无幅巾，苦蘖已染衣。
>
> 不见清溪鱼，饮水得自宜。

他陪新娘射猎钓鱼、下棋摘豆、投壶射覆，不时又吟咏几句：

> 长峦谷口倚嵇家，白昼千峰老翠华。
>
> 自履藤鞋收石蜜，手牵苔絮长莼花。

（《南园十三首》其十一）

4 洛阳声援

新婚后的一个月，李贺来到了洛阳。

他从诗友那里听说，宪宗李纯下达了一道赦令，在东都国子监增收学生一百名。

李贺已大半年没有见到韩愈了，便想去拜访他。

原来，韩愈因为流言，被贬官到东都洛阳，任国子监。

洛阳熙熙攘攘，朱门高楼无数，要想见到韩愈，还真不容易。

李贺在洛阳灰头土脸地找了大半天，好不容易找到韩愈的衙门，却被门卫挡住了。

当时正是下班的时间，韩愈处理完公务后，想中午睡一觉，便吩咐门卫不要放闲杂人等进来打扰。

李贺拿出一叠诗稿，对门卫说："你只要把这个给韩公，他一定会见我。"

门卫见他形色凄苍，便答应把诗稿送去。

到韩愈的书房，门卫见韩愈已在躺椅上，便把李贺的诗稿放在韩愈的案头，悄悄走出来。

这时一阵风吹来，诗稿的首页飘落到地上，韩愈顺手拾起，一行《雁门太守行》的小楷字映入眼帘：

　　黑云压城城欲摧，甲光向日金鳞开。

　　角声满天秋色里，塞上燕脂凝夜紫。

　　半卷红旗临易水，霜重鼓寒声不起。

　　报君黄金台上意，提携玉龙为君死。

　　首句发明惊挺、峭拔突兀，韩愈一见立即大汗淋漓，睡意顿消，急忙招呼李贺进来。

　　李贺走进来，掸掸幞头上看不见的灰尘，抹去那一脸的郁郁不平、冷睨一切的傲气，支撑起谦和的笑容，努力给韩愈留下一个好的印象："不好意思，打扰您了！"

　　"刚才我实在困倦极了，可一看《雁门太守行》，就倦意顿消，有你这样百年不遇的好诗，我还能睡得着吗？"韩愈兴奋地喊来"韩门子弟"。

　　听到韩愈的褒誉，李贺脸上露出了轻快的笑容。他知道，现在韩愈手下的"韩门子弟"个个怀瑾握瑜。

　　不一会儿，大历诗人杨凌之子杨敬之，宰相权德舆之子权璩，后为华州刺史赠尚书左仆射的崔植，还有孟郊、张籍、贾岛、张彻、王参元等人鱼贯而入。他们看了李贺的诗作，纷纷夸李贺好身手。

　　李贺顺利地进了东都洛阳国子监。

　　青年才俊们在一块读书求学的生活，说不尽的浪漫快乐。不久，李贺组织闹起了一次学潮。

　　元和四年（809年），宦官吐突承璀为了讨好皇帝，请缨统领二十万大军讨伐成德王承宗叛乱。宦官涉足军界，手握重兵，朝野为之沸然。朝臣中不少人力主反对，其中李绛、白居易反对呼声最高，冒的风险也最大。

　　李贺他们决定声援李绛、白居易。李贺安排崔植负责租一滑稽女伶，在东坊闹市相狎相抱，聊作调戏吐突承璀这老鸭儿；王参元率国子监学士在王府神策军驻地喊口号；权璩与李贺留在家里做文字宣传工作，并协助权璩在西肆挑动群众。

李贺又忙活了大半夜，写了一首极其隐晦的《吕将军歌》，抄了两大叠准备第二天散发：

> 吕将军，骑赤兔。
> 独携大胆出秦门，金粟堆边哭陵树。
> 北方逆气污青天，剑龙夜叫将军闲。……
> 圆苍低迷盖张地，九州人事皆如此。
> 赤山秀铤御时英，绿眼将军会天意。

这首《吕将军歌》用些典故拐着弯儿嘲讽吐突承璀。李贺还谱上曲让大家传唱。

次日，洛阳上演了一出好戏。权璩分撒着《吕将军歌》的传单，士子歌姬们高唱《吕将军歌》，崔植在屋顶上装扮滑稽女伶相狎相抱，引来观者如堵，一时人流阻塞于巷。人们见政府军就雀跃狂呼，见神策军巡逻马队就飞之以鸡蛋、果核、瓦片，整个洛阳西部都搅得人声鼎沸，每条主要街道都注满了人流。

吐突承璀仍然耀武扬威地上任去了。

幸亏权璩、李贺只是一帮乳臭未干的娃娃，若是朝臣，神策军的长矛早就把国子监大院的石子瓦片挑得一块不剩。

吐突承璀缺乏统帅的能力，使得战局陷入被动，之后他又暗中议和，以为王承宗谋得节度使为条件，让他上表请罪，朝廷撤兵。历时一年，无功而返。

而朝廷在讨伐镇海之叛中却取得了胜利。虽然朝廷在这场大规模的战争上打赢了，却对付不了邕州（今广西左、右江一带）的流寇黄洞蛮。李贺对这支使大部队无可奈何的"黄洞蛮"所采取的机动灵活的游击战术，十分欣赏，一幅前无古人的奇诡作战图立即跃于笔端：

> 雀步蹙沙声促促，四尺角弓青石镞。
> 黑幡三点铜鼓鸣，高作猿啼摇箭箙。

> 彩巾缠跨幅半斜，溪头簇队映葛花。
>
> 山潭晚雾吟白鼍，竹蛇飞蠹射金沙。
>
> 闲驱竹马缓归家，官军自杀客州槎。

（《黄家洞》）

这首诗在"韩门子弟"中间流传，大家十分惊讶，十八岁的李贺竟是这么酷爱战争，比军事专家还要内行，简直超过了他的诗才，大家纷纷劝他举武进士，说他必然高中，日后定能成为像霍去病那样，使海内藩镇蛮族夷狄闻风丧胆的上将军。

可惜，李贺丧父，必须守孝三年。

5 长安噩梦

在昌谷守孝期满后，李贺仍在家乡滞留了半年，他与妻子渐渐泡出了欢乐。他不时想着新点子游乐，还插手田间事物，兴致极高地挥锄除草，把庄稼锄去一片；和短工们偷着豪饮，半夜醒来，不住地咳嗽，吐痰一地。早起，他看见痰里有不少血丝，悄悄扫了。

这一天，他接到韩愈来信，韩愈劝他举进士。

从十八岁守父丧，直至二十一岁，李贺整整延误了三年。

李贺重新陷入了社交的漩涡，结识着名人巨卿，为自己的仕途助一臂之力。

他半醉地骑在马上，任凭马蹄在顺青石衔而上，"得得"地敲出清越的声响，矜持与不屑地微仰着头颅徐徐而行，两旁的衔柳拂着他的脸颊与双肩。

他不禁又癖习难改地拼凑着诗句，《河南府试十二月乐词·四月》：

> 晓凉暮凉树如盖，千山浓绿生云外。
>
> 依微香雨青氛氲，腻叶蟠花照曲门。

金塘闲水摇碧漪，老景沉重无惊飞，堕红残萼暗参差。

好不容易，李贺府试完毕，从考场中出来，就想直奔长安。然而河南府尹非要这些士子们吃一桌酒席再走不可。恰好韩愈也迁河南令，李贺便留下来与韩愈一叙。在韩愈的敦促下，李贺凑齐了《河南府试十二月乐词》的十二月：

日脚淡光红洒洒，薄霜不销桂枝下。

依稀和气排冬严，已就长日辞长夜。

诗毕，他们头上盘旋着几只白鹤，也像他们一样得意地洞鸣。杨敬之、崔植、王参元大呼祥瑞，说这是李贺举试的一个吉兆。

河南贡举试李贺顺利录取，不久来长安参加举进士。权瑶、王参元、杨敬之，张彻、陈商、沈亚之、张又汉也纷纷前来凑趣。

在壮丽的长安，李贺看了许多神奇的表演，一路诗作不断。听李凭弹箜篌，李贺神思飞越：

吴丝蜀桐张高秋，空山凝云颓不流。

江娥啼竹素女愁，李凭中国弹箜篌。……

梦入坤山教神妪，老鱼跳波瘦蛟舞。

吴质不眠倚桂树，露脚斜飞湿寒兔。　　　　（《李凭箜篌引》）

玉砌的群山在坍塌崩裂，迸发出响彻九霄的清鸣，万顷芙蓉在倾洒着渐渐沥沥的弥天情泪，泼洒出一片馥郁的芬芳，粗犷的、不谙音律的吴刚，也停下了伐桂的巨斧，在那里缠绵徘恻，任凭斜飞的清露打湿了寒兔的绒毛。

十几天下来，李贺静观默察，居然也学会了不少宫廷应对之术，了解到不少朝中内阙秘闻，和宦官朝臣间的微妙残酷争斗。

他知道自己一心潜于歌行，不治他技，平时除了同几个谈得来的朋友啸聚一处外，几乎不理其他什么人物。这种脾气，曾得罪过不少人，给社会造成了李贺恃才傲物的印象。

洛阳甚至流传着这样一个传说,李贺因善为歌篇,深为韩愈器重,在官僚中每加延誉,由此声华甚重。时元稹在东都任东台监察御史,亦工篇什,常愿结交李贺。一日,他执贽造访,李贺揽刺不答,当即让仆从转告:"明经及第,何事来看李贺?"元稹无复致情,愤然而退……

还有一个传说,侍郎李藩曾经想编纂自己的诗歌集,他让李贺的表兄请李贺作序,表兄答应了。李藩大喜,把诗集都交给了表兄。表兄不但没有作序,连诗稿也丢了。李藩大怒,当面质问表兄,表兄却说:我跟李贺从小相处,恨李贺傲慢,就想报复他,把诗稿丢进厕所去了。

一个人如果给这个社会塑出某种固定的形象,众口烁金,纵有翻云覆雨之如簧巧舌,也难以改变自己的形象了。

想到这里,李贺不禁有感而发,写道:

> 南山何其悲?鬼雨洒空草。
>
> 长安夜半秋,风前几人老。　　　　　　　(《感讽五首》其三)

写毕,他松了一口气,放心地往床上一倒,鼾然睡去了。

"长吉、长吉!"一阵剧烈的摇晃,将李贺从梦中撼醒。李贺睁眼一看,权璩那紧张得变形的脸,在自己朦胧的视线中晃动,他身后是崔植、王参元、杨敬之,个个如同泄了气的瘪皮球。

李贺心头一紧,忽地坐起:"怎么啦?"

"哎呀,事情坏了。"权璩有些气急败坏,"十几天的功夫全白费了。主考那里已放出话来,说你父亲名'晋肃',与'进士'犯讳。"权璩飞快地说。

李贺眼前一黑。他感到脚下的地面、眼前的房屋在嘎嘎诉裂、崩塌,整个城市的屋宇,像骨牌一般被推倒、陷落……

实际上,是由于李贺才高名大,一些竞争者故意借"晋肃"与"进士"谐音犯讳,目的自然是要搞掉李贺这个强大的竞争对手。韩愈大略知其内里,几天后,写了传世名篇《讳辩》。

李贺收拾东西准备回家，被朋友们劝住了。他常常徘徊在寺庙佛塔之间，在佛火灯烛之中，与眉长及髯的老和尚聊天。春天来了，他穿行在教坊给歌姬们写《大堤曲》：

> 妾家住横塘，红纱满枝香。
> 青云教绾头上髻，明月与作耳边珰。
> 莲风起，江畔春；
> 大堤上，留北人。
> 郎食鲤鱼尾，妾食猩猩唇。
> 莫指襄阳道，绿浦归帆少。
> 今日菖蒲花，明朝枫树老。

李贺以前写诗，是为了及第，现在专心为艺术。凡教坊之约、待友唱酬一概不辞，他要以文名而不是以功名名动天下。一时间，他的诗被人们认为词风无双了。"其奇峭处不可攻也"，"使为词者莫得偶矣"。

秋天，李贺该应酬的事儿都应酬了，他托驿使给朋友们留下便条，一个人悄悄离开了长安。

回到昌谷已是午夜，他渐渐看到了山脊上越浮越高、他曾经以为会永远抛掷的草庐。

在那空荡像旷野一般的厅堂里，李贺知道了妻子已死于一场肺结核，他僵硬的手，缓缓地缓缓地，仿佛用了一年之久的时间才掀开了灵柩。

幢幢的鬼影在他身边围绕着，吃吃地尖哭尖笑，揶揄着这个曾雄心万丈却永远落拓的书生……

整整一冬，他都执著地在结满坚冰的洲上钓鱼……

他爬上昌谷的华岳，在这最接近天国的地方，静静俯瞰着山下一片枯槁的平畴：

> 秋风吹地百草干，华容碧影生晚寒。

> 我当二十不得意，一心愁谢如枯兰。
>
> 衣如飞鹑马如狗，临歧击剑生铜吼……

（《开愁歌》）

昌谷实在寂寥得很，他便急忙驱车去了长安。

元和六年（811 年）春，李贺重返长安，就任太常寺奉礼郎。这是一个具体执行宗庙祭祀礼仪的卑微小官（从九品上）。傲岸自尊的李贺将它视为奉箕帚的臣妾，感到屈辱，不到三年就告病辞官，再次离开了长安。在京期间，李贺写了《赠陈商》和《送沈亚之歌》等不少诗篇。

6 诗鬼用兵

人们常听说李贺虽弱不禁风却好谈兵法之道，这回李贺倒真的前去冲锋陷阵了。权璩他们以为潦倒的李贺头脑发昏了，纷纷前来泼冷水。

李贺不争辩，也不解释，一定要离开这烟柳繁华之地，到战火烧得最为炽烈的地方去。

裹着滚滚红尘，李贺就这样"秦风帽带垂"地上路了。元和八年（813 年），他经河阳（今河南孟县）、入太行、到长干（今小西晋城）、适高平（今河南汝阳），然后抵达潞州。

刘衍："贺南游吴楚，北上潞幕，他去是去了，只是终究未得志，郁郁而止罢了。"

这支部队的统帅是郗士美，张彻在郗士美手下当幕府，他和李贺是朋友。

当瘦小孱弱的李贺出现在这所兵营里，张彻左右的顶盔贯甲之士，都投以好奇的目光。他们真不相信这像影子一样的一介书生，竟是来投军的。

张彻向李贺介绍了军中情况，把他留在军中当协理文书。

· 272 ·

几个月下来，李贺对双方的作战地形、兵力部署、优劣都有了了解。看到昭义军的种种不足，他曾几次憋不住想拦住郗士美的马头，与他抵掌而谈，但他都憋住了。

在整个冬天里，郗士美一直很紧张。在以往的这个季节里，十分耐寒的吐蕃兵或朔北藩镇大举南下，常把畏寒的唐兵打得溃不成军。

李贺将自己的军事建议草成一篇简短的折子，并结合潞州的地理气象环境、提出了一套具有针对性的战术设计，准备通过张彻呈给郗士美。张彻先看了这份折子，但认为李贺提的建议不符合实际，朝廷对昭义军的每一个细节控制得十分苛严。

次年春，淄青、成德之敌，集中了一万七千人马，想夺取潞州西北榆社的粮草、辎重。李贺随张彻开赴前线。

第三天下午，昭义军总算先期抵达榆社附近。斥候来报：敌军仍在北营、鸿李一带徘徊，丝毫没有南下的迹象。郗士美总算呼出一口长气，根据"百里趋利蹶者半"的兵法原则，命令部队入城休整，以待竖逆。全体将士发出一声喧天的欢呼。

李贺从张彻处听到这个消息，连连摇手："不妥不妥。我们行军两日，焉能不为敌所知？如果再入燕赵关锁处榆社扎营，恐怕会引来淄青、成德二逆。"

张彻思忖片刻，也觉此举失当，便报告给郗士美的。郗士美详细地听了张彻的意见，笑道："哈哈，想不到张彻门下还藏着一名张良，好，我们就再赶一两个时辰。"

于是昭义军在那偏西的日照下，又绕开榆次向北蠕动了。

在峡口一片隐天蔽月的密林中，郗士美召来手下的判官、参军和裨将，召开帐前军事会议。

约莫半个时辰，这些在军中混了几年、十几年的老军人们，凭自己的老经验，自信地定下了一个粗糙的作战方案，决定先遣一支前哨部队，将成德军、淄青军诱入石塞堡，然后再在那里布阵御敌。郗士美几乎就要同意老军人们的方案，并准备派几名斥候连夜侦察地形，派前哨抓几名活口的时候，他们听到一个人奋袂而起声。

李贺从张彻身边站了起来："石塞堡非制敌之理想地形，那里沟堑纵横、支壑甚多，如欲设伏、围歼敌军的话，只能制其一不能制其二。况近日时至春季，阴雨连绵数日，那里的道路或有冲坏，沟堑或为洪水淹埋，实非理想的狙敌之处。在石塞堡设伏，不如在佛峪或北田受迎敌。"

"何以见得呢？"郗士美放下在魏州潞州图册上圈点的朱笔。

"佛峪、北田受皆有一条西北东南走向的黄石峪，长约两里，宽约十丈，高约四五十余尺的大堑，是敌军进入榆社的必经之路。如于此设伏，十有九胜。"

部将们为他们自己对于这致命的缺陷，浑然不觉而暗暗吃惊。

"你怎么对这一带勘察得如此仔细、丝毫不漏？"

"我在幕府帮张彻协理奏章文书，闲暇无事，几乎走遍了潞、成之地的每一条山川。"

郗士美又向手下的部将们转过头去："那如何将敌军引入黄石峪呢？"

有老军提出以一哨人马诱敌深入。

"一哨人马？"李贺微微一笑，"不可不可。我们还是人衔枚、马摘铃，蹑足而行的好。黄石峪是其入潞必经之地，不怕他不进去，如果万一他改往西行，我们还引数百轻骑在东阳附近大张旌帜，扰敌惑敌……"

"如果敌军还是不肯入峪呢？"

"可再找一两个熟悉当地情形的斥候，引敌入峪。让他们扮成放羊的老乡，截住他们的去路。"

"唔，有理有理。"

"伏击时，我们尤要多备箭矢、滚木、柴草，必要时，还可将数十头耕牛突入敌阵，打深沟之敌。到时候，我们要给他制造出弓矢如雨、烈焰如海的壮丽景色哇。"李贺的怪眼在暗夜里下哔剥闪光。

这一战，全歼淄青、成德之敌。昭义军除数百人负伤十几人阵亡外，几乎没受什么损失。

这一仗，除了保住了榆社的粮草辎重外，似乎没给昭义军带来什么好处。

在天子心中，比起河中、河阳、河东、魏博四道行营那二十万兵马，昭义军近乎忽略不计。而淄青、成德之敌经此一败，增加十几万兵力对付昭义军区区二万兵马。唐魏博、河东、振武几镇，也为昭义军大获全胜深深震慑，纷纷封锁边境，不仅不愿意给这支孤军提供任何军事上的配合与帮助，还时时向朝廷弹劾昭义军的种种"非分之举"。

郗士美还没开心几天的笑脸，又变成铅灰色。李贺又开始无聊起来。

好不容易捱到五月，屯居蔡州拥兵自立的彰义节度使吴元济起事，竟将战火燃进了东都洛阳。淄青节度使李师道和成德军王承宗明讨暗助，甚至为其内应，募东都恶少数百，攻入河阳转运院，杀伤十余人，烧钱帛三十余万缗匹，谷三万余斛，使朝廷不暇自顾，朝中群臣竟多请罢兵。

时至六月，京都竟传来主战派武元衡和御史中丞裴度被刺的消息。

李贺闻此大惊，没想到堂堂宰相，就这样被王承宗给随随便便地抹了脖子，他忧愤难禁，写下了《古邺城童子谣效王粲刺曹操》：

> 邺城中，暮尘起。探黑丸，斫文吏。棘为鞭，虎为马。团团走，邺城下。切玉剑，射日弓。献何人？奉相公。扶毂来，关右儿。香扫途，相公归。

元和十一年（816年）正月，王承宗纵兵四掠，朝廷终命河东、幽州、义武、横海、魏博、昭义六镇进讨。

"对付王承宗这个六年前朝廷派二十万兵力也拿不住的老滑头，我倒是有一计。"李贺掣过一张地图揣摸片刻，拿起一张诗笺在上面划了几个字、几幅图，把它塞到张彻手里，"你先别看。你把它交给郗长史，看他是不是与我所见略同。"

等李贺看完半本《三国志》，张彻满头雪花地回来了。一进门，他就对李贺微笑："郗长史这回定下了三条妙计，你的那一计我也遵嘱奉上了。不过，我看郗士美倒不见得用你这'病夫之谋'。"

"是吗？"李贺狡黠地一笑，"你们赵地什么特产最出名？"

"蔺相如完璧归赵的那块和氏璧。"张彻开着玩笑。

"好，那我们就赌白璧一双，若郗长史依计而行，白璧归我，若弃之不用，那这对白璧我就完璧归张。如何？"

张彻大笑："这回你白输给我一双白璧。"

李贺指着桌上一支三斤重的蜡烛："你晚饭时将它点上，如果它燃过三更，则郗长史胜；如果燃不过三更，我们就一刻也不耽搁地收拾行李吧。薛镕的轻骑可是日行千里不溅泥尘哟。"

张彻半信半疑："你真有此神算？"

"军中无戏言，愿以此头担保。"李贺正色道。

晚上，两人守着巨烛聊一会儿，到深夜没事做便翻看兵书。时至二更半，张彻紧张得出了一头汗，李贺便故意说他好像听到薛镕的马队，在离潞州不足百里的平顺西南敲响。这时张彻便要去巡视城关营帐，叫醒那些尚在酣梦中的士卒，以防备成德军陷地拔城。

"别慌，这会儿三更还没到呢？"李贺轻轻提醒。

张彻便无奈地坐下，长髯蓬起，两眼死死地盯着那滩烛泪托起的、几乎只剩下一根烛芯的蜡烛……

计时漏壶终于停在了三更时分，张彻的心急速地一沉，那烛焰摇晃了一下，又稳稳神，继续舔着那浮泛的黄晕。张彻那蓬起的长髯，终于又开始飘逸潇洒起来：

"看来，郗长史奔袭成功了。"

张彻再看李贺，早已鼾然入梦。

过了四日，昭义军在百姓的欢呼中回城了。经刘参军讲述，整个战事竟处处与李贺所料暗合。

7　悲满千里心

　　昭义军的屡战屡捷，并没给同在一朝号令之下的近邻魏博军、横海军带来多大鼓舞，反而使他们的注意力从成德军身上转移到昭义军身上来，比以前更紧张地窥视着郗士美的一举一动。每当昭义军孤陷敌阵时，他们没有出援过一兵一卒；而当郗士美需要更大的辗转回旋时，他们更没有出让过自己的一寸地盘。相反，只要是昭义军身陷窘境，他们似乎比他们共同的敌人成德军还要暗自窃喜。以致当六镇之中，兵力最弱的昭义军再次引兵独压成德之境时，其他五镇竟没有一镇出动。谁都看得出，他们是在暗中希望成德军耗掉这个兵马最少而最为强悍的劲旅。

　　这使郗士美的再次出征多少带点悲剧意味，尤其是这次出征的战略目标，竟是离潞州六七百余里、本应由魏博招讨的柏乡。

　　在征讨前的战前动员会议上，郗士美歃血盟誓："佛说，'我不下地狱谁下地狱？'我们昭义军就是要打出个样子来给他们看。希望各位理解我这一片苦心。"

　　"郗长史指向柏乡，我们就打向柏乡！"

　　李贺看着这一张张满腔孤愤的脸，心底不觉生出一丝悲凉。郗士美这一仗，如果没有其他五镇的配合，实属慷慨悲歌的军事冒险。孤军深入六七百里，究竟有多少胜算呢？李贺不得而知，只知道柏乡是一望无际的平原，安禄山的幽州兵马就是在那里兵败如山倒，直至玄宗把他们赶进了蜀地的崇山峻岭，而郗士美正是要以这区区两万兵马，阻挡这股滔滔之势，岂非以抔土掩大江乎！

　　郗士美没有丝毫的犹豫，就点起兵马出发了。望着这支钢铁之师，李贺不由击节吟唱：

> 玉塞去金人，二万四千里。
>
> 风吹沙作云，一时渡辽水。
>
> 天白水如练，甲丝双串断。
>
> 行行莫苦辛，城月犹残半。
>
> 晓气朔烟上，趌趄胡马蹄。
>
> 行人临水别，陇水长东西。 　　　　　　　　　（《摩多楼子》）

尽管前方等待他们的是不可测的命运，这支部队还是日复一日地艰苦推进。

长期在军队中转战南北，李贺身体已极度虚弱，以致不能骑马了。他只好坐在幕府的一辆装载文书干粮的油壁车上，昏昏沉沉地摇晃。

"嗬，这就是当年始皇麾下的老将王翦大败燕国的古战场，也是项羽大败章邯之地。不知长吉对柏乡之战有何高见?"张彻望着那坦荡无垠的漠漠平川问。

"天合之作，天纵之笔，大胆得让朝廷、让魏傅、横海、幽州、河东、义武以及成德军的王承宗本人，都瞠目结舌，到时，那场面一定如沧海横流，画面十分好看。"

张彻一愣："这算什么高见?"

"没高见就是高见，到时你捡根方天画戟照直往里冲就是了。"李贺闭着眼睛答。

这一战，打得毫无惊险，昭义军溃不成军，郗士美好不容易带着几百个残兵逃回。

半月后，在朝中一片主和之声中，无可奈何的郗士美只得告病，请朝廷批准到洛阳休养，无事可做的张彻，也抽身回长安照料家事。李贺知道自己已无缘效力军伍，便也乘上了回乡的鸡栖车……

> 悲满千里心，日暖南山石。
>
> 不谓承明庐，老作平原客。

四时别家庙，三年去乡国。

旅歌屡弹铗，归问时裂帛。　　　　　　　　　　　（《客游》）

李贺在车内剧烈地咳嗽着，他再也懒得去打量车外的风景……

元和十一年（816年），李贺溘然长逝。是年，李贺二十七岁。

李贺去世的时候，李商隐还没有出生。后来李商隐写了一篇《李贺小传》，记载："帝成白玉楼，立召君为记。天上差乐，不苦也。"即，"天帝刚刚建成一座白玉楼，立即召你为楼写记。天上的差事很快乐，不苦啊！"李商隐不禁仰天长呼：天苍苍而高，那里真有天帝吗？难道这样有才而奇特的诗人不独地下少有，天上也不多吗？

在俊彩星驰的中国古代诗坛上，李贺独秀逸出，他的奇诡、艰涩、阴冷，和那沸扬不已的世纪末的妖岚鬼氛，使一代又一代的读者心旌摇荡、着迷不已。我们阅遍古今，大概再很难找到他这样鬼斧神工、富于前瞻性的"诗坛鬼才"了。

无怪余光中先生说，李贺是一位一千多年前象征派、意象派的极具现代性的诗人。余光中十分推崇李贺，他还把李贺和西方现代主义诗歌各流派联系起来。余光中在《象牙塔到白玉楼》写到李贺时说，李贺虽是中唐的诗人，他的创作却有现代性，在古典的时代，李贺的存在显得畸零而独特，如果他生在二十世纪，很容易找到同道。无论是意向主义、超现实主义，还是象征主义，李贺都是当之无愧的"先知"。

第十二章
诗相元稹

千年以来，对元稹的评价众说纷纭，毁誉不一。陈寅恪先生之评贬抑多于褒扬，而责之最深者则是元稹弃寒女、婚高门，"以巧婚而致通显"。青年时代的元稹积极向上，善于经营，两次荣膺科考的第一名；入仕后，他嫉恶如仇，敢于向黑恶势力挑战；栽了几次跟头后，他发现了为官之道，改变人生策略，不惜使用卑劣手段，终于登至一人之下、万人之上的相位。

元稹（779—831 年），字微之，别字威明。河南（属今河南洛阳）人。唐代文学家，与白居易齐名，并称"元白"。他在散文和传奇方面也有一定成就，存世有《元氏长庆集》，收录诗赋、诏册、铭谏、论议等共一百卷。

1 公务员考试的超级男生

元稹原姓拓跋氏，鲜卑族人，建魏后，始改姓元。元稹血管里流淌着十代祖后魏昭成皇帝的血液，第六代祖元岩，是隋朝的兵部尚书。父元宽，任比部郎中、舒王府长史，元稹当上宰相后，追赠左仆射。元宽的弟弟，即元稹的叔父元宵时任待御史。他的同曾祖兄弟大多为官。

元稹的有两个同父异母的哥哥元沂和元秬，都做过县尉，大姐元秀十四岁嫁给夏阳县令陆翰，三十五岁就死了，二姐出家当尼姑，道号真一，元和元年（806 年）以前就死了。

元稹出生于长安的靖安坊元家老宅。这套房子是隋朝时皇帝赐给元岩的，异常壮丽。

大历十四年（779 年）春，元稹出生时，母亲三十三岁，父亲五十岁，晚年得子，元宽欢喜不胜，对元稹爱若掌上明珠。元稹在兄弟辈中排行第九，所以通常称元九。

元稹幼年，先后发生了田悦、李惟岳、朱滔、李希烈等十来起藩镇叛乱事件，特别是元稹的父亲死时，堂兄元沂因兵乱未能参加父丧，以后也不知下落，身在长安的元稹自然感同身受。

贞元二年（786 年），元稹八岁时，叔父元宵和父亲元宽先后离世，为了办丧事，母亲郑氏打算把元家老宅卖了。这套房子华丽异常，元柜跪哭劝阻，郑氏才把它留了下来，后来元稹一直住在这套房子里。

元稹的母亲出自荥阳郑氏。"天下有五甲姓，荥阳郑氏居其一"。她不仅是名门之女，而且知书明礼。守丧期间，元稹见邻里孩子请老师读书，暗暗伤心。母亲郑氏见此情景，亲自执教。"夫人亲执诗书，诲而不倦，四五年间，二子皆以通经入仕。"同时，郑氏也很善于治家，"母其家二十五年，专用训械，除去鞭扑"，闺门之内，人人心服。

元稹的父亲死后，家里非常贫困。没有办法，母亲带着子女搬到凤翔住，因为郑氏兄弟姐妹都在凤翔。但到凤翔后，郑氏并没有住到娘家，而是独立门户，生活非常艰苦。郑氏用旧农物改做棉衣御寒；用押当的钱买米下锅。尽管如此，对于人情份往，仍然做得比较周到。由于郑氏治家有方，还能维持住官宦人家的面子。

元稹天资聪颖，九岁能作诗赋文，而且学习勤奋，虚心向人求教。家里穷，元稹到处借书，请姐夫陆翰讲解。元稹曾说，每得书中一义，如得"珍珠船"。

元稹毕竟是官宦家的子弟，生活上也有其放纵的一面。当时与他同辈的表兄胡灵之、姨兄吴士矩、吴士则等十数人，既在一起读书、学诗、习骑射，也常常一起饮酒、胡闹。元稹当时也只十几岁，可是他能饮"斗酒"，而且随着别人参加酒会，喝拳行令，听歌看舞。他在《寄吴士矩端公五十韵》中说：

> 昔在凤翔日，十岁即相识。未有好文章，逢人赏颜色。
> ……
> 将军频下城，佳人尽倾国。媚语娇不闻，纤腰软无力。
> 歌辞妙宛转，舞态能剜刻。筝弦玉指调，粉汗红绡拭。
> 予时最年少，专务酒中职。……

但元稹并没有沉溺于这种花天酒地的生活，而是及时提醒自己，刻苦攻读：

> 学问攻方苦，篇章兴太清。囊疏萤易透，锥钝股多坑。
>
> （《答姨兄胡灵之见寄五十韵》）

由于家境困难，急于出仕，他决定"避难趋易"，不考进士，而考明经科。贞元八年（792 年）冬，元稹自奉母命离开凤翔，奔赴长安应试。次年春天，元稹以明二经一举高中，时年十五岁。

元稹考取后，两位堂兄长对他的态度大为改观，他可以在老宅中随意进出了，最后来他还发现了大量先人遗留下的书籍，高兴极了，于是手不释卷地读起来。因为元稹知道将来还要应试，放松不得。于是起早睡晚，练习写文章，学习写诗，对自己要求非常严格。正如他自己所说的："年十有五，得明经出身，自是苦心为文，凤夜强学。"这时，陈子昂、杜甫的诗歌对他都有很大影响。

贞元十年（794 年），姨兄胡灵之自凤翔来到长安，为了结邻读书，元稹住进永乐坊的开元观，胡灵之住在永寿寺。元稹在这里写了《清都夜境》诗，认识了李宗闵、辛丘度、庾敬休、杨巨源等后来很有作为的诗人、政治家。

贞元十五年（799 年），元稹赴河中府河西县挂职锻炼，为入仕族准备。次年春，元稹留居蒲州，与崔莺莺演绎了一场才子佳人的爱情。五年后，元稹在靖安坊家中写下了名垂千古的《莺莺传》，李绅为作《莺莺歌》。秋天，元稹为应吏部考试，离开蒲州赴长安。贞元十七年（801 年），元稹落选，留在长安读书。十月，韦夏卿出任京兆尹，李绅登门拜访，元稹后来因李绅认识了韦夏卿。贞元十八年（802 年），李绅落第，元稹仍留长安读书。

当时吏部考试以考政事为重，很像现在的国家公务员考试，考的内容包括"身、言、书、判"四个方面。所谓"身"，就是长相、外貌，状貌雄伟者容易过关。这个对元稹不成问题，他身形伟岸、长相俊美，

"仪形美丈夫"。所谓"言",就是口才,口头表达能力,论辩能力。所谓"书",就是书法。元稹的书法很好,比书法家差不了多少。所谓"判",就是判文,对时务施政作出判断,以文理具佳者为优。如果这四个方面同时入选的,则考察入选者的品德;如果德行差不多,就考虑才能;如果才能不相上下,就考察吃苦耐劳的能力。合格的就留下来,不合格的就刷下了。

这四个方面,最难的自然是判文。命题人与时俱进,以难倒考生为要务。开始的时候拿州、县的案例来考考生。后来这些案例大家都熟悉了,难不倒考生。于是命题人放宽考试内容,拿历朝历代经典古籍上的案例,假设甲乙,让考生判断。在后来,一般的经书、典籍不足以命题,于是拿冷僻的书、旁门左道来考考生。总之,不能让考生押题、猜题命中。

元稹日夜钻研分析判文。他根据政务,拟做了上百道模拟题,写了上百篇判文。比如,他拟了一个《田中种树判》:

> 乙於田中种树,邻长责其妨五谷,乙乃不伏。
>
> 判语:百草丽地,在物虽佳,五稼用天,于人犹急。乙姑勤树,事颇害农收。列植有昧于环庐,播稼遂妨于终亩。虽椅桐梓漆,或备梓人之材;而黍稷稻梁宜先后稷之穑。苟亏冒陇,焉用成蹊。纵有念于息阴,岂可侔于望岁。植之场圃,合奉周官;置在田畴;殊乖汉制。既难偿责,无或顺非。

一起再普通不过的田地种植树木的纠纷,而元稹对此写的判词却文字优美,见之如沐春风、令人忘俗。其大意是:"种类繁多的草木生长在肥沃的土地上,对于世间万物来说总是好事,但庄稼的成长却完全依附于农时,对于人而言更是着急的事情,民以食为天吗?你虽然在田间勤奋地种树,但对农作物的收成却是有害的呀。在田地中种树这种做法本来就违背了在茅庐周围种树的道理,田地中的树木虽然是柔韧之材,或许可以成为木匠的有用之物,但谷物的成长收成却是我们最先考虑的事情。如果庄稼长势不好，人连肚子都填不饱，纵使种上成排成排的树又有何用？树木即使长得再茂密葳蕤、蓊蓊郁郁，又怎么能同盼望谷物丰收的心情同日而语呢？将树木种在场圃符合常理，而要将树木种在田地，却是有违礼制的。既然你难以承担赔偿之责，那就不要做这些不对的事情了。"

贞元十九年（802年），吏部考试的试题是《毁方瓦合判》：太学官孝胄子"毁方瓦合"，司业以为非训导之本，不许。

题目的意思是：中央大学的教授在教育学生毁弃自己的原则，迎合世俗，教务官认为这个方法不是教育的根本。这是一个教育问题。

元稹的判文：

> 教以就贤，虽无黩下，俾其容众，则在毁方。太学以将务发蒙，宜先屈己。君子不器，须怀虚受之心；至人无方，何必自贤于物。爰因善诱，式念思恭，将戒同尘之诚，遂申合土之誉。况卑以自牧，仲尼尝述于为儒；礼贵用和，子张亦非于拒我。义存无傲，道在可嘉，长善之本不乖，成均之言何懵。

元稹判文的意思是：教育人的目的在于使人成为贤能的人，"毁方瓦合"的教育方法，即使没有玷污才能一般的人，然而让贤明的人丢弃自己的原则，让众人都能接纳他，从而使贤明的人变得低下，这种过错则在于教授。中央大学的任务是让大学生们发展个性，启迪智慧，不应该采取专制的方法。古代所说的君子，不是为了培养技术员，应该怀着谦虚的胸怀；教无定法，何必要认为自己更贤明呢？因材施教，循循善诱，常思谦恭，以众人都变成尘土为警戒，却获得合众的美誉。拿自己不如人来修养自己，这是孔子所说的"儒"；礼貌待人，即使是子张那样有过错的人，也不会拒绝我。不存傲慢之心，常怀赏识他人，使人向善也不是做不到的，让贤明的人都变得与大众一样，是多么愚昧啊！

元稹的判文观点鲜明，说理能服人，而文辞典雅，可谓文理并茂，所以擢拔为第一。

这一年的考官权德舆、郑珣瑜、裴垍都是当世名流。权德舆和裴垍都当过宰相，素以知人著称。这一次录取的还有白居易等八人，都分配到秘书省当校书郎。

贞元二十一年（805 年）正月，德宗死了，顺宗即位，开始了为王叔文等为首的"贞元革新"，不半年，宣宗即位，"贞元革新"失败，"二王八司马"都贬出京，元稹、白居易、李绅等人都是倾向于革新派的，但由于官职微下，没有机会参加，而且元稹对镇压革新派很不满，早在永贞元年（805 年）正月初二，宪宗改元元和，登上丹凤楼宣布大赦，朝官无不参加这个盛典，可是元稹却与李绅、庾敬休闲游曲江池。他还写《贞元历》诗，对宪宗一年连改三元予以嘲笑：

> 象魏才颁历，龙镳已御天。犹看后元历，新署永贞年。
>
> 半岁光阴在，三朝礼数迁。无因书简册，空得咏诗篇。

这一年的十月，元稹的大姐死了，他竟假托请不了假，没有参加大姐的葬礼。实际上，元稹决定参加由皇帝主持的制举考试，他正在废寝忘食地积极准备。

为了在这场最隆重的考试胜出，元稹从元和元年（806 年）就开始了准备。元和元年二月，元稹和白居易迁居永崇坊的华阳县，共同钻研，深下苦功。他们听说以往制举考试以指责时弊为最优策略，于是与白居易一起，搜集当时的时务、热点政事，闭门一个多月，编成七十五个门类，编写成一本《策林》，白居易后来把它编成《新乐府》。考试之前，裴垍又给元稹透风，嘱咐他不要以"策苑为虑"，元稹专门找时政的缺点，决心以"直言敢谏"取胜。

在元和元年四月十三日举行的制举考试中，元稹放胆直言：

> 微臣以为将欲兴礼乐在先富黎人，将富黎人在先息兵革，息兵革之术臣请略言之：夫古所谓销兵革者，非请幅裂其旗章，销烁其锋刃而已也。益诚信着于上，则忠孝行于下；敬让立于内，则夷狄

和于外；夷狄和则边鄙之兵息，敬让立则争夺之思销，争夺之患销，则和顺之心作，和顺之心作，而扎乐之道兴矣。此先王修改、辑兵、保礼、喜黎人之大略也。

元稹这篇"策对"写得洋洋洒洒，很是动人。简单说，要兴礼乐，就要让百姓先富起来，要百姓富起来，就要减少战争，而减少战争的关键，是皇帝要立诚信，国内要树立敬、让的风气。

围绕发展是硬道理，元稹提出的措施就是奖励生产，戒除游惰，澄清史治，选贤任能。

这次考试元稹再次获得第一名，白居易获二等第二名（当时不设一二等，元稹获三等第一名，白居易获四等第二名）。

元稹国考两次获第一，是超级牛人。所以白居易则下派当县尉，而元稹却留京任左拾遗。

2 反腐镇恶的小钢炮

元稹任左拾遗后，立即呈上一道洋洋数千言的奏疏《论教本书》。为了迎合宪宗憎恶王叔文集团的心理，他一反过去同情"永贞革新"的态度，极力讽刺王叔文等人。他以胡亥、李斯为例，大谈选官的重要性。宪宗看了，甚为赏识。

初试啼声就引起了天子的关注，元稹大为振奋，当天又上了一份论谏官的奏疏，指陈当前谏职存在的弊端，要求宪宗单独接见他。

恰巧裴度正上了一道密疏，专说权贵佞臣，十分切直。于是宪宗在延英殿召元稹问对，元稹支持了裴度的政见，不承想激怒了宰相杜佑。你小子跟裴度一伙儿是吧？那好，你跟裴度一起走！

当时裴度正贬官河南府功曹，于是把元稹贬为河南尉。

元稹无端被踹，十分气愤。时值秋夜，元才子夜不能寐，写《晚秋》云：

> 竹露滴寒声，离人晓思惊。酒醒秋簟冷，风急夏衣轻。
> 寝倦解幽梦，虑闲添远情。谁怜独敧枕，斜月透窗明。

竹叶上的露水滴下秋天的声音，离别人早上的忧愁就更让人心惊。酒醒了觉得秋天的席子更寒冷，北风劲吹夏天的衣裳就更显轻薄。越睡越疲倦只因睡觉多梦，思虑悠闲增添思念远方的心情。谁能同情我独自斜抱枕头，看着透窗前斜西的月亮不眠到窗前天色黎明。诗歌表达了晚秋的夜晚，诗人思念离人的心情。

不巧的是，元稹是九月十日奉诏，到河南不几天，九月十六日，他母亲就病故了。元稹又匆匆回长安奔丧。此时元稹相当穷困，幸亏白居易安慰、资助，才度过困境。白居易还为元稹的母亲写了墓志铭。

三年守丧期间，元稹多病。元稹对社会问题仍十分关切。所以守丧期满，元稹随即与李绅、白居易一起掀起了中国文学史上著名的新乐府运动，创作了一批留传后世的诗歌。元稹看到李绅创作的《乐府新题二十首》后，首先积极响应，立刻唱和，随后白居易推而广之，写成《新乐府》五十首，并初步提出了新乐府基本理论。

元稹创作的《行宫》，寥寥二十字，抵得上白居易的《上阳白发人》。

> 寥落古行宫，宫花寂寞红。白头宫女在，闲坐说玄宗。

元和三年（808 年）十二月，元稹丁忧期满。这一年裴垍出任宰相，朝廷人事相应地发生了很大变动。裴垍为人刚正不阿，而且支持革新派人物，对元稹、白居易等人都十分熟悉。次年二月，元稹授监察御史，不仅入京当了朝官，级别一下子提高了三级。这在当时少见的，可见裴垍对其寄予厚望。

元和四年（809 年）三月，元稹奉命当剑南东川详复使，查办泸川监官任敬仲的贪污案。元稹连夜跋涉在蜀道之上，《使东川·夜深行》记当时情景：

> 夜深犹自绕江行，震地江声似鼓声。
>
> 渐见戍楼疑近驿，百牢关吏火前迎。

在时隐时现的月色中，山岭迎面壁立，江水奔涌如鼓，在山岭的深处偶尔传来狮虎的吼叫，在大树的枝头不时听到猿猴的哀鸣。正在元稹无所适从之际，幸好山那边传来了时断时续的人声，几个火把转过山脚，突然出现在元稹的面前，原来是百牢关的官吏前来迎接诗人。

元稹本来是去查任敬仲这样的小官的贪污案，结果却查出了严砺等人的贪污大案。此案不仅情节严重，数额巨大，民愤极大，而且牵涉人员众多。元稹开始彻夜不眠地审理案件。他在《使东川·望喜驿》中描述：

> 满眼文书堆案边，眼昏偷得暂时眠。
>
> 子规惊觉灯又灭，一道月光横枕前。

这样大的贪污案件，若不是元稹弹奏，任何人也不敢和不愿去理会的。

不巧的是，严砺已于元和四年（809年）三月八日病故。可是元稹知道严砺已死，却坚决要求惩办严砺。元稹同时还弹劾山南西道贪污案。

元稹的两道弹奏，涉及人事较多，宰相于頔有意回护。新任宰相裴垍上任不久，也不便过于支持元稹。况且严砺已死，无从追先，只得"恕罪"。山南西道一案，观察使罚俸一月，刺史罚俸一季。如此庞大的贪污案，就这样草草了结。

但是，元稹由此得罪了旧官僚集团与各大方镇，受他们的联合打击，元稹在六月回长安，七月就改官到东都。元稹悲愤莫名：

> 二月除御史，三月使巴蛮。蛮民詀誦诉，咭指明痛瘰。怜蛮不

解语，为发昏帅奸。归来五六月，旱色天地殷。分司别兄弟，各各泪潸潸。

（《台中鞫狱忆开元观旧事呈损之兼赠周兄四十韵》）

六月底，元稹和夫人韦丛从长安动身，其时韦丛已抱病。他抱着新的希望，打算节约俸钱，在东都陆浑买一座别馆，以后退休来住。不想韦丛在七月九日就死了。元稹悲愤已极。

元稹虽陷于亡妻之痛，但对御史职权范围内的事一丝不苟，不畏强暴，不徇私情。

元和四年（809 年）七月，武宁军节度使王绍，违诏将前监军使孟升进的丧柩，放在驿亭停放，还要驿亭管理人员提供上等食宿条件和马匹的草料。驿亭工作人员按照规章没有同意他们的要求，于是他们就无理取闹，借故殴打驿站工作人员。元稹接到报告后，立即命人把丧柩移出驿站外，还通知沿途驿站不得允许他们进入和勒索，并向朝廷报告了他们违反朝规、横行跋扈的罪行。

元和五年（810 年）一月，浙西观察使韩皋抓住鸡皮蒜毛的问题，命令军将把湘州安吉县令孙澥当堂打死，谎称孙澥暴病身亡。元稹立即上报朝廷，使韩皋得到应有的处罚。

元稹在洛阳任上还做了不少惩办不法之徒之事。如：河南尉叛官离局从军职、河南尹杜兼诬蔑杀害书生尹太阶、魏傅节度使田季李安盗娶洛闻衣冠女、宣武东节度使韩弘吞没已死商人的钱物、义成军节度使袁滋巧取豪夺百姓钱财等几十件事。这其中，杜兼是宰相杜佑的亲信，元稹竟然在他太岁头上动土，他在《论追制表》毅然打击杜兼。杜佑对元稹的忌恨和接下来的报复可想而知。元和四年，杜兼死了，接替他的是宰相房管的侄儿房式。房式在洛阳为所欲为，横行不法，元稹按照朝廷制度，把房式拘留起来，停止他的职务，并罚房式俸禄一个月，然后飞表奏朝廷。元稹一个八品的小官竟敢擅自拘留三品大员的房式（河南尹是三品官），为了维护旧官僚的面子，宪宗居然降旨罚元稹一季俸料，并召还长安。

元稹匆匆还京，三月十日前后，走到华阴县西的敷水驿（今陕西华阴县西南），住在驿馆的上厅。黄昏时分，宦官仇士良、刘士元等人到驿，要住上厅，威逼元稹搬开。元稹素来恨宦官作威作福，颐指气使。当时九个皇帝，两个被宦官所杀，七个是宦官所立，千余宦官官居七品以上，宦官势力不可一世霸道至极，皇帝尚且怕他们，朝臣只得依附。元稹偏不怕他们，他根据规定，不肯让出上厅，于是仇士良唆使刘士元带着属下踢破驿门，用马鞭把元稹的脸打得皮开肉绽。仇士良等回京后反而上奏元稹无礼。杜佑等利用这次争厅事件恶意攻击元稹，宪宗也祖护了宦官。

元稹弹劾的都是有权有势的旧官僚和宦官集团，他们对元稹诽谤、忌恨、仇视，也如潮水一般涌来。不久，元稹被贬为江陵士曹参军，管理兵器仓库的小官。

元稹性格刚毅，无畏权势。他在《梦游春七十韵》中自述，面对着黑暗的社会、腐败的朝政，他感到"不言意不快"，以一吐为快，一吐为荣。虽身处逆境而初哀不改，志向不变，并以松柏山花坚贞的品质自喻，勉励自己要像荷花那样：荷叶水上生，团团水中住。泻水置叶中，君看不相污。（《梦游春七十韵》）

就这样，元稹第三次被逐出了长安，开始了他"山水万重书断绝""暗风吹雨入寒窗"的贬谪生涯。

这个曾经锋芒毕露、年少轻狂的才子，无论如何也不会想到，他这一去，就是整整十年。

3 从绝境到宰相

元和五年（810年）十月，元稹带着五岁的女儿保子和仆妇等人来到江陵。而河南尹房式，十二月却升为宣州刺史，宣、翕、池观察，采石军等使。一个贪污诈援的官僚，反而升官了；一个惩戒贪污行为的元稹，反而贬官了，公理何存？

元稹在心灵深处开始了一场对自己的革命。

元和五年冬，裴垍中风，辞去宰相，李吉甫复用。次年六月，李吉甫的亲信严绶出任江陵尹、荆南节度使。严绶是旧官僚集团的人物，与宦官集团也勾结得很紧，与他同来的监军叫崔潭峻就是一个宦官。元稹过去最恨宦官，是宦官把他害到今天这步田地的。但现在他改弦易辙，变节投宦官靠崔潭峻。崔潭峻喜欢诗词，对元稹也高看一眼。元稹经常把自己的诗歌送去请他指教，并跟崔潭峻结成了朋友。

元稹与严绶、崔潭峻谈诗论画，为他们歌功颂德，他们也对他额外照顾，叫工匠修整了元稹在江边的住宅，元稹病假期间，严绶也没有减少他的工资。

元稹在江陵度过艰辛的五年后，元和十年（815年），终于调回了长安。他的心情异常激动，在《酬卢秘书》中写到：

> 惟望魂归去，哪知诏下来。涸鱼千丈水，僵燕一声雷。

元稹把自己比作涸鱼得水，僵燕惊雷，复生有望了，词气之间，洋溢着无限喜悦。但高兴没几天，又被下派到通州（今四川达县）当司马。元稹心情自然十分郁闷，沿途作诗五十一首，沿嘉陵江东岸南下时，元稹写了一首富有禅理的小诗，《嘉陵水》云：

> 尔是无心水，东流有恨无？我心无说处，也共尔何殊。

流水无情，不应有恨；我心有恨，欲诉无由。反映了他对远去通州的不满。去往通州的途中，元稹大病一场，他甚至安排了自己的后事。这一年，因上书武元衡被刺一事，白居易被贬官任江州（今江西九江）司马。元稹闻讯后寄诗云：

残灯无焰影幢幢，此夕闻君谪九江。

垂死病中惊坐起，暗风吹雨入寒窗。

（《闻乐天授江州司马》）

灯影昏暗中，听说白居易贬谪的消息，病得奄奄一息的元稹吃惊得坐了起来，可见他对友人白居易的关切之情。

元和十二年（817 年）冬，李朔雪夜入蔡州，活捉吴元济，裴度任宰相。元和十三年（818 年），为庆祝吴元济之捷，宪宗大赦天下，元稹静待赦令，但毫无迹象，他上书裴度。裴度看了上书后，其遭遇引起了他对元稹的关注。这时恰好通州刺史死了，于是裴度任命元稹代理通州刺史，总算升迁了。虽是代理刺史，元稹兢兢业业，下乡走访，发展生产，开荒三十里。这年十二月，元稹改任虢州长史。

元和十四年（819 年）二月，元稹赴虢州的途中，与忠州（今重庆忠县）上任的白居易意外相遇，两人特别高兴，与白行简一起流连三天三夜，无意中发现一个奇妙的石洞，各有诗作，传为一时佳话。后世因三个大诗人游览此洞，命名为"三游洞"。

元和十四年（819 年）七月，群臣给宪宗上尊号。宪宗大赦天下，初冬，令狐楚出任宰相。令狐楚久闻元稹诗名，任命元稹为膳部员外郎。所谓膳部员外郎，就是宫廷里面管伙食的。元稹又回到了帝国的首都，裴度自然更高兴了。

元和十五年（820 年）正月，宪宗被宦官毒死，穆宗登基，令狐楚又推荐元稹为山陵使判官。五月，再提拔元稹为稠部郎中，知制诰（起草皇帝诏令），赐绯鱼袋（五品以上佩鱼符袋）。元稹知制诰后，对制诰文体予以革新，他首创以古文制诰，格高词美，为人效仿。"务纯厚明切，盛传一时"。七月宪宗下葬不久，发现令狐楚贪污大案，穆宗罢去令狐楚的宰相，两贬为衡阳刺史。令狐楚的贬谪诏书是元稹写的，令狐楚读后十分生气，认为元稹忘恩负义，从而也证明元稹不徇私情的美德。

元稹对令狐楚的不留情面，遭到另一位宰相萧俛的仇视。萧俛与令狐楚是同年进士，在穆宗那里抖出了元稹的勾结宦官等见不得人的一面。元稹上书穆宗洗刷自己，三次与穆宗密谈。

早在当太子的时候，穆宗李恒就经常听宫人吟咏元稹的诗歌，对他印象甚佳。元稹自然不放过表现自己的机会，上《论西戎表》，主张"寓兵于农"，加深了穆宗对他的了解。与此同时，元稹结交宦官魏宏简，他的一些知友李德裕、李绅、庾敬休、白居易等相继回朝，有的居显要位置。元稹为自己营造了比较好的人际关系。

穆宗长庆元年（821 年），改号长庆，二月，元稹正式任中书舍人，入翰林院后，元稹代替李德裕为承旨学士，离宰相只有一步之遥。元稹进一步与宦官勾结，长庆二年（822 年）二月十九日，元稹当上宰相，所以诏下之日，"朝野无不轻笑之"。

长庆二年（822 年）三月，李逢吉以兵部尚书（国防部长）回长安。穆宗做太子时，李逢吉是他的侍读老师，李逢吉暗中与宦官勾结，果然回了长安，当上兵部尚书。同月，裴度从淮南节度使任上入中书，当上宰相。同为宰相，元稹与裴度的关系恶劣。李逢吉见有机可乘，于是派人诬陷元稹，说元稹派于方手下的王昭、王友明二人计划刺杀裴度。经过三司会审，认定元稹派人刺杀裴度一案证据不足。但是这个谣言闹得沸沸扬扬，有失大臣体统，于是，穆宗同时罢免了元稹和裴度二人的宰相。裴度为国家建立了大功，留在朝廷当仆射，元稹再次下派当同州（今陕西大荔）刺史。

元稹仅仅当了三个月的宰相。笑得最欢的人是李逢吉，元稹和裴度二人罢相后，他轻松地登上宰相之位。

元稹被贬到同州后，愤懑难平，就给穆宗上了一道奏表，竭力表明对朝廷的忠心。他在奏表的结尾说：

臣若余生未死，他时万一归还，不敢更望得见天颜，但得再闻京城钟鼓之音，臣虽黄土覆面，无恨九泉！（《旧唐书·元稹传》）

然而，奏表呈上却如泥牛入海，一点回音也没有。最后，元稹终于意识到——这一生，他再也没有机会听到长安的"钟鼓之音"了。

十年后，元稹暴疾卒于鄂州（今湖北武汉）刺史任上，终年五十三岁。

4 绯闻最多的才子

元稹的诗与白居易齐名，同为新乐府运动倡导者，世称"元白"。他的诗，"自衣冠士子，至闾阎下俚，悉传讽之，号为'元和体'"（《旧唐书·元稹传》），被中唐时期皇家御封为"元才子"。他擅长书法、精通声律。当时女性特别崇拜元稹，经常诵读元稹的歌诗，并谱成曲传唱。他的诗最有特色是乐府诗、艳体诗和悼亡诗。可以说，元稹是李商隐之前第一个大量创作爱情诗的诗人，他大胆地写自己的恋爱生活、夫妻之情及悼亡之情。

虽然元稹在在诗坛上所取得了巨大成就，但其生前身后俱受非议，特别是指责元稹在爱情上对初恋情人始乱终弃，然后是忘怀糟糠之妻，接着又跟当时著名的才女薛涛闹出绯闻。可以说，元稹是古代诗人中绯闻最多的，以至于现代国学大师陈寅恪说："综其一生行迹，巧宦固不待言，而巧婚尤为可恶也。"

元稹的初恋情人是崔莺莺。

贞元十六年（800年），元稹正准备进京应吏部试，应试前，他先到蒲州游览。蒲州的东面十多里处，有个庙宇名叫普救寺，他就寄住在那里。当时正好有个崔相国的寡妇郑氏，将要回长安，路过蒲州，也暂住在这个寺庙中。

话说贞元十五年（799年）十二月，浑瑊卒于蒲州。浑瑊是个很有威望的将领，善骑射，屡立战功，以忠勇着称。他死后，宦官丁文雅不会带兵，军人趁机大肆抢劫蒲州人。崔家财产很多，又有很多奴仆，旅途暂住此处，不免惊慌害怕。元稹跟蒲州将领有交情，就托他们求官吏保护崔家，因此崔家没遭到兵灾。

郑氏非常感激元稹的恩德，于是摆酒席款待他。崔家寡妇是郑家的女儿，元稹的母亲也姓郑，论起亲戚，算是另一支派的姨母。于是席间叫女儿崔莺莺作陪。

这一年，崔莺莺十七岁，元稹二十二岁。崔莺莺长得美若天仙，元稹一见惊艳。他在《莺莺诗》中这样描绘：

> 殷红浅碧旧衣裳，取次梳头暗淡妆。
>
> 夜合带烟笼晓日，牡丹经雨泣残阳。
>
> 低迷隐笑原非笑，散漫清香不似香。
>
> 频动横波嗔阿母，等闲教见小儿郎。

在元稹眼里，崔莺莺虽浅妆淡抹，却如早上的太阳，经雨的牡丹，娇艳欲滴。特别是那欲笑还隐的情态，目若秋波的娇嗔，浑身散发出的清香，责怪娘亲无缘无故让她见一个青年男子的大家闺秀的情致，令元稹情不能自已。他在另一首《赠双文》，描写得更加传神：

> 艳极翻含怨，怜多转自娇。有时还暂笑，闲坐爱无憀。
>
> 晓月行看堕，春酥见欲消。何因肯垂手，不敢望回腰。

崔莺莺"颜色艳异，光辉动人"，使元稹达到了"行忘止，食忘饱"的程度。他央求莺莺的丫鬟红娘帮自己追求崔莺莺，红娘给他出了个主意，让他写诗打动莺莺。元稹大喜，立即写了两首《春词》：

> 春来频到宋家东，垂袖开怀待好风。
>
> 莺藏柳暗无人语，唯有墙花满树红。　　　　　　　　（其一）
>
> 深院无人草树光，娇莺不语趁阴藏。
>
> 等闲弄水流花片，流出门前赚阮郎。　　　　　　　　（其二）

这两首诗都把崔莺莺的名字"莺"字嵌入其中，写自己对她的爱慕之情，期望崔莺莺像"弄水流花片"一样出来与他相见。

崔莺莺不仅美貌动人，聪颖异常，而且文学才华很高，她"其工刀札，善属文"，善鼓琴。经过反复的思想斗争，她决定与元稹相见。她托红娘送来一首约会诗："待月西厢下，迎风户半开。拂墙花影动，疑是玉人来。"

此后，两人经常幽会。两人初次幽会是下半夜至拂晓，窗前月色朦胧，"斜晖半床"而寺钟初鸣之时，以后相会都是在夜间，一般都是元稹翻墙而过。所以此后他只要碰到"满树墙花"、月色、莺、寺钟这些情景，就抑制不住地想念崔莺莺。两人相会后做些什么呢？元稹后来在《杂忆五首》记下了"西厢秘居"的情景：

今年寒食月无光，夜色才侵巳上床。

忆得双文通内里，玉栊深处暗闻香。　　　　　　　　（其一）

花笼微月竹笼烟，百尺丝绳拂地悬。

忆得双文人静后，潜叫桃叶送秋千。　　　　　　　　（其二）

寒轻夜浅绕回廊，不辨花丛暗辨香。

忆得双文陇月下，小楼前后捉迷藏。　　　　　　　　（其三）

山榴似火叶相兼，亚枝低墙半拂檐。

忆得双文独披掩，满头花草倚新帘。　　　　　　　　（其四）

春冰消尽碧波湖，漾影残霞似有无。

忆得双文衫子薄，钿头云映褪红酥。　　　　　　　　（其五）

诗中连用五个"忆得"表现了他对崔莺莺的刻骨铭心的思念，点点滴滴不能忘怀。他们在一起捉迷藏、打秋千、倚帘而立等，两人如胶似漆。从元稹回长安后写的、也给白居易看过的《会真诗》来看，他与崔莺莺偷食了禁果：

> ……残调初微拒，柔情已暗通。低鬟蝉影动，回步玉尘蒙。转
> 面流花雪，登床抱持丛。鸳鸯交颈舞，翡翠合欢笼。眉黛羞偏聚，
> 朱唇暖更融。气清兰蕊馥，肤润玉肌丰。无力偕移腕，多娇爱敛
> 躬。汗光珠点点，发乱绿葱葱。方喜千年会，俄闻五夜穷。

所以后来崔莺莺谴责元稹始乱终弃。这一年的秋天，元稹为应吏部
考试，不得不西去长安。两人对未来能否相晤，都无把握，所以倍感哀
痛。莺莺鼓琴相送，奏《霓裳羽衣序》曲，不数声，哀音怨乱，遂掷琴
而走，内心极度悲痛。

元稹到长安后，立刻投入紧张的备考。这期间，元稹给崔莺莺送了
一盒花胜、五寸口脂，崔莺莺则送他一枚玉环、一缕头发、一枚文竹茶
碾子。不能说崔莺莺的礼物就一定比元稹的贵重，但元稹的赠品是无差
别的，可以送给这个女人也可以送给那个女人，而崔莺莺送的则是贴身
之物（玉环是婴儿时期就开始戴的），倾心相与。

元稹走后，崔莺莺也意识到他们之间可能有始无终，写了一封感人
至深的长信，最后一段说：

> ……则当骨化形销，丹诚不泯；因风委露，犹托清尘。存没之
> 诚，言尽于此；临纸呜咽，情不能申。千万珍重！珍重千万！
> 　玉环一枚，是儿婴年所弄，寄充君子下体所佩。玉取其坚润不
> 渝，环取其终始不绝。兼乱丝一绚，文竹茶碾子一枚。此数物不足见
> 珍，意者欲君子如玉之真，弊志如环不解，泪痕在竹，愁绪萦丝，因
> 物达情，永以为好耳。心迩身遐，拜会无期，幽愤所钟，千里神合。
> 千万珍重！春风多厉，强饭为嘉。慎言自保，无以鄙为深念。

大约在贞元二十年，元稹把自己与崔莺莺的恋爱故事，写作传奇
《莺莺传》，又名《会真记》，元代王实甫根据《莺莺传》改编成流传千

古的《西厢记》。

一年多以后，崔莺莺嫁给了别人，元稹也娶了亲。有一次，元稹恰好经过崔莺莺住的地方，就通过崔莺莺的丈夫转告崔莺莺，要求以表兄的身份相见。丈夫告诉了崔莺莺，可是她始终也没出来，而是给了他一首诗：

> 弃置今何道，当时且自亲。还将旧时意，怜取眼前人。

可恨的是，元稹为了自身的清白，竟然在《会真记》里诬陷莺莺，即所谓"矧桃李之当春，竟众人之攀折。我自顾悠悠而若云，又安能保君皑皑之若雪……幸他人之不我先，又安能使他人之不我夺"（元稹《古决绝词》之二），并说"大凡天之所命尤物也，不妖其身，必妖于人……予之德不足以胜妖孽，是用忍情"（《会真记》），以此为自己辩白，可见元稹的诗歌虽然写得好，人品却真的不怎么样。这也是为后人所诟病的地方。

但是崔莺莺毕竟是元稹的初恋，他对崔莺莺的感情是刻骨铭心的。每当旧日相恋的情景重现时，元稹便会触景伤情，充满一种难掩的失落感。直到近二十年后，宪宗元和十四年（819年），元稹四十一岁的时候，在一个拂晓的特定时刻，两鬓斑白的诗人又触景伤情，以无穷的怀思、无限的怅惘，写成了有名的《春晓》：

> 半欲天明半未明，醉闻花气睡闻莺。
>
> 猧儿撼起钟声动，二十年前晓寺情。

晚年他在鄂州（今湖北武汉）还写了很多怀念崔莺莺的诗，如《梦游春》、《梦昔时》、《鄂州寓馆严涧宅》等。

贞元二十一年（805年）夏天，元稹通过吏部考试不久，韦夏卿改官太子宾客，元稹出任校书郎后，思想突然起了变化，一味要攀高结贵，在李绅和元曦方的介绍下，与韦夏卿的小女儿韦丛结婚了。

若论命薄，韦丛比崔莺莺更命薄。

　　韦丛，字蕙丛，比元稹小四岁。她不仅美貌无比，而且通书达礼，是真正的大家闺秀。她与元稹结婚的第二年，父亲死了。从此，她跟元稹算是过起了穷困的生活。在元稹的诗歌里，我们可以清楚地看到这种生活的拮据。如《遣悲怀》其一：

> 谢公最小偏怜女，自嫁黔娄百事乖。
> 顾我无衣搜荩箧，泥他沽酒拔金钗。
> 野蔬充膳甘长藿，落叶添薪仰古槐。
> 今日俸钱过十万，与君营奠复营斋。

　　作为秘书省的一个小小校书郎，元稹的俸禄低到有时添一件新衣的钱都没有；生活拮据到了朋友来了沽一壶浊酒的铜板也拿不出。不要说玉粒金莼美味佳肴，甚至窘迫到了以野菜充饥的境地；更不要提仆从如云，夫人韦丛亲自操理家务不算，有时竟然还连烧饭的柴草也难以为继。在贫困的生活面前，韦丛表现出了惊人的贤惠。丈夫衣服旧了，她用娘家陪嫁的布亲手为丈夫缝制衣裳。客人不期而至无酒相待，丈夫囊中羞涩，韦丛经不住夫君的甜言软语，把首饰金钗送到当铺换来美酒满足元稹的要求。他们生活非常艰苦，没有吃的，就只好去挖野菜充饥，或是采了豆叶子来吃，韦丛却也吃得很香甜。一日三餐合作一顿吃的情况是经常有。没有生火的木柴，韦丛亲手把院子里老槐树落下的叶子扫来烧。韦丛虽然来自权贵家庭，却没有一点小姐架子，尽心尽力操持这个家庭，让夫君感受到家的幸福。

　　在这首诗歌里面，诗人元稹将韦丛比作东晋名相谢安的侄女谢道韫，说自己有着王徽之那样的才华，但不得不清贫得如同战国时的齐国贫士黔娄。诗人是在为妻子屈身下嫁自己而感叹，也是为自己不能使妻子过上稍稍幸福的生活而愧疚。

　　生活虽然清贫，韦丛却和元稹同甘共苦。元稹多次遭贬谪，每到元稹遇到不顺心的事，她总是安慰他，耐心为他排忧解愁。如果元稹去了外地，她会经常给他寄信，安抚他在外的辛苦，倾诉相思之情。而自己在家里吃不上饭，饿着肚子的清苦日子她从来不提，如果元稹来信询问，她也轻描淡写地回信说这种日子她已经习惯了。而她心中深深系念的则是出门远行的元稹，担心他驿路奔波劳顿，饮食不调，让他注意休息，不要累坏了身子。她这种真挚质朴的爱，令元稹感动不已。元稹年少气盛，见不平之事当即就会发作，因而得罪许多权贵，屡遭贬谪。在这种情况下，韦丛不断地安慰他，给他关怀和体贴，使得他虽身处逆境，也不觉得孤苦无援。

韦丛和元稹生活七年，生了五个子女，却仅有一个女儿活了下来。作为一个母亲，她的内心是多么痛楚！物质和精神的双重打击，很快击碎了韦丛，二十七岁的时候韦丛就故去了。

元稹与韦丛相濡以沫的伉俪生活持续了七年。这七年，可以说是元稹生活中最贫困的七年。当元稹得到朝廷提拔任用时，妻子韦丛却一病不起，撒手人寰。这对元稹是个巨大的打击。在《遣悲怀》其二，元稹写道：

> 昔日戏言身后意，今朝都到眼前来。
>
> 衣裳已施行看尽，针线犹存未忍开。
>
> 尚想旧情怜婢仆，也曾因梦送钱财。
>
> 诚知此恨人人有，贫贱夫妻百事哀。

每当元稹闲下来的时候，每当他看到她的遗物的时候，他都会为她的早逝而悲伤。为了减轻这种悲伤，他把她的衣服都包裹起来。他不忍把当年她没有做完的针线丢弃，但看到后又感到悲伤，就把它保存起来，总也不忍打开。现在元稹的官职已经不低，再也不用过那种贫寒的日子了，可是韦丛已经无法享受。每当他梦到她后，他都会为她送去冥界用的钱财，让她不致在亡后还过着贫苦的生活。他不由地发出了感叹："贫贱夫妻百事哀"。他的"哀"，是在哀叹自己不能给妻子更好的物质条件、更优越的生活环境。

韦丛留给元稹的是往事中的一个个细节。这一个个细节在元稹心中，一次次地复活，一次次地重现，酸涩中透着浓浓的温馨，追忆中含着不尽的愧疚——刻骨而又铭心！元稹为亡妻韦丛留下了三十多首悼亡诗，在《离思五首》的第四首，他高度赞颂了韦丛在其心中不可替代的位置：

> 曾经沧海难为水，除却巫山不是云。
>
> 取次花丛懒回顾，半缘修道半缘君。

如果说，元稹的情感生活到此为止，也许不会有那么多人斥责他，但不久，他又引发了一桩绯闻。元和四年（809 年），元稹被唐宪宗任命为监察御史，视察东川。就是这次机遇，让元稹、薛涛相遇。

薛涛生于京都长安，后来随父亲入川，比元稹大十一岁。薛涛八九岁的时候就能写诗，后来因为父死家贫，十六岁堕入乐籍，脱乐籍后终身未嫁，定居浣花溪。知音律，工诗词。薛涛正式集子叫《锦江集》，共五卷，诗五百余首，可惜没流传下来。后世各家所本的明本《薛涛诗》一卷，是从《万首唐人绝句》等选本拼凑起来的。

薛涛当时的才名之盛，可以说是无论达官贵人还是文人学士，都渴慕与其一会。韦皋任剑南西川节度使的时候，曾拟奏请朝廷授薛涛秘书省校书郎的官衔。限于薛涛的身份，朝廷当然不予批准，但这件事也从一个方面说明了薛涛的才情。世人以"女校书"来称呼薛涛。当时的著名诗人王建也为薛涛写了一首《寄蜀中薛涛校书》：

> 万里桥边女校书，枇杷花里闭门居。
>
> 扫眉才子知多少，管领春风总不如。

对于这样的人物，元稹当然渴望一见。他到东川时，官居御史，皇命在身，加上韦丛尸骨未寒，他不便于主动见薛涛，但他的下级替他办了。十多年后，元稹在任唐穆宗朝翰林时曾以诗追忆此事，写《寄赠薛涛》，诗有小序，可以看出一点端倪：

> 稹闻西蜀薛涛有辞辩。及为监察使蜀，以御史推鞫，难得见焉。严司空潜知其意，每遣薛往。洎登翰林，以诗寄之。

地方官严司空知道上司元稹心里想什么，于是每次都让薛涛主动送上门，让薛涛去见元稹，"潜知其意，每遣薛往"。元稹对严司空自然感激在心。

元稹是否与薛涛有过闺秘之私，不得而知，不过从他们长达十年的酬唱交往来看，主要是对对方才貌的倾慕。

元和五年（810年）二月，元稹贬江陵府士曹参军，在分别七个月时，薛涛写《赠远二首》安慰元稹：

> 扰弱新蒲叶又齐，春深花发塞前溪。
> 知君未转秦关骑，月照千门掩袖啼。
> 芙蓉新落蜀山秋，锦字开缄到是愁。
> 闺阁不知戎马事，月高还上望夫楼。

诗中流露出诗人对元稹同情而又无可奈何的感慨，同时也抒发了对元稹的思念。长庆元年（821年），元稹《寄赠薛涛》云：

> 锦江滑腻峨眉秀，幻出文君与薛涛。
> 言语巧偷鹦鹉舌，文章分得凤凰毛。
> 纷纷辞客多停笔，个个公卿欲梦刀。
> 别后相思隔烟水，菖蒲花发五云高。

"锦江滑腻峨眉秀，幻出文君与薛涛"是写她的美丽，她不仅貌美，而且有才华，可与卓文君并肩。此诗叙述了元稹对其的爱慕与爱恋及其别后的思念，只可惜二人的爱情也只是昙花一现，不得善终，抛开年龄上的距离，他们一别十二载，这对于处于热恋中的男女无疑是一个考验，更何况当时的元稹和薛涛都不再是青春年少，精力是有限的。经过长时间的分隔，他们之间的爱早都不如当初那样热烈了，薛涛赠诗元稹

《寄旧诗与元微之》云：

> 诗篇调态人皆有，细腻风光我独知。
>
> 月下咏花怜暗澹，雨朝题柳为欹垂。
>
> 长教碧玉藏深处，总向红笺写自随。
>
> 老大不能收拾得，与君开似好男儿。

元稹和薛涛的爱情最终无疾而终。

元和六年（811年）春寒食后，经朋友李景俭的撮合，元稹纳妾安仙嫔。安氏贤惠多情，性情温和，能勤俭持家，给予元稹莫大安慰。安氏为元稹生了一个儿子元荆，两个女儿元樊、降真。元和九年（814年），严绶调任襄阳刺史、山南东道节度使，崔潭峻、元稹随军讨伐吴元济。就在他要出发的时候，和他只做了三年夫妻的安氏病倒，仅十个月就死了。元和十四年（819年）秋天，他的两个女儿，降真和元樊先后死去，元稹特别伤心。他的《哭小女降真》诗云，感叹她的生命过于短促，令人不忍卒读。

> 雨点轻沤风复惊，偶来何事去何情？
>
> 浮生未到无生地，暂到人间又一生。

真正走入元稹感情世界的，应该说是才女裴淑。

元和十一年（816年）春，经权德舆做媒，三十七岁的元稹与裴淑在涪州结婚。长庆三年（823年），四十五岁的元稹由同州刺史改任浙东观察使，裴淑不高兴，元稹写了一首诗《初除浙东，妻有阻色，因以四韵晓之》来安慰她：

> 嫁时五月归巴地，今日双旌上越州。
>
> 兴庆首行千命妇，会稽旁带六诸侯。
>
> 海楼翡翠闲相逐，镜水鸳鸯暖共游。
>
> 我有主恩羞未报，君于此外更何求。

诗歌大意思是，当年你嫁给我的时候，咱们还在穷山恶水地方待着，现在吹吹打打去越州上任，备受尊重，生活又那么惬意，还是不要闹别扭了。我还要为朝廷好好工作来报答皇上。

大和四年（830 年），五十二岁的元稹出镇武昌，写了一首《赠柔之》：

> 穷冬到乡国，正岁别京华。自恨风尘眼，常看远地花。
> 碧幢还照曜，红粉莫咨嗟。嫁得浮云婿，相随即是家。

柔之就是裴淑的字，诗歌下有一小注："稹自会稽到京，未逾月，出镇武昌，裴难之，稹赋诗相慰，裴亦以诗答。"意思是说，元稹从江南的会稽到京城，没有过一个月，就要远走出镇武昌，裴淑感到难过，于是元稹就写诗安慰她，裴淑也回赠了一首诗。在外为官，还很在意夫人的感受，在唐才子里也是绝无仅有的。大事尚且还要反复给妻子解释，给以劝慰，平时对妻子的尊重可想而知。

裴氏夫人十分伤感，写下了一首《答微之》：

> 侯门初拥节，御苑柳丝新。不是悲殊命，唯愁别近亲。
> 黄莺迁古木，朱履从清尘。想到千山外，沧江正暮春。

这既是她为夫君外放节度使鸣不平，又流露出对京城亲人的留恋，还有前途未卜的忧虑。

从他们夫妇唱和来看，他们夫妻的感情是十分深厚的，彼此相待也可说是举案齐眉、相敬如宾。最令人感叹的是元稹的"嫁得浮云婿，相随即是家"，既然跻身仕途，荣辱升沉都在情理当中，所有的一切都是宿命，只要夫妇相随，哪怕如浮云飘至天涯也有一个温暖的家。这样的诗句，不管是对裴柔之，还是对元稹来说都是一种温存的慰藉。

纵观元稹一生的恋情，他对每一个相遇的女子都付出了真情。这一点，是毋庸置疑的。文如其人、诗品即人品的最早提出者就是元稹，如果不是真情抒发，怎么可能有这样的诗歌创作理论呢？

参考文献

[1] 司马迁. 史记 [M]. 长沙：岳麓书社，2012.

[2] 周勋初. 李白评传 [M]. 南京：南京大学出版社，2011.

[3] 陈贻焮. 杜甫评传 [M]. 北京：北京大学出版社，2011.

[4] 蹇长春. 白居易评传 [M]. 南京：南京大学出版社，2011.

[5] 缪钺. 杜牧传 [M]. 天津：百花文艺出版社，1999.

[6] 孙昌武. 柳宗元评传 [M]. 南京：南京大学出版社，2011.

[7] 于赓哲. 巾帼宰相上官婉儿 [M]. 西安：陕西师范大学出版社，
     2014.

[8] 钟林斌. 韩愈传 [M]. 沈阳：辽海出版社，2009.